YAOPIN GMP
JIAOCHENG

药品GMP教程

● 邢永恒　主编 ● 赵玉才　白凤英　副主编

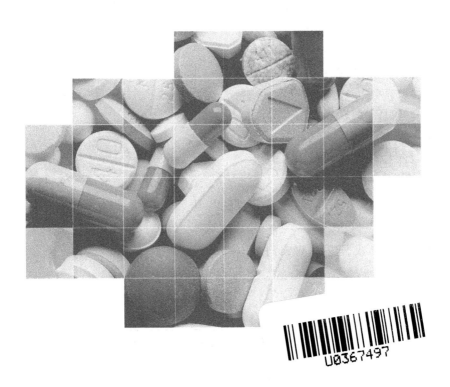

化学工业出版社
·北京·

本书是药品质量和生产管理人员的学习 GMP 的实用指南。

本书依据《药品生产质量管理规范（2010 年修订）》编写，主要内容包括绪论，厂房设施、设备，水系统，空调系统，物料与产品，质量管理，生产管理，确认和验证，文件管理，药品注册管理，质量风险管理等。

本书可作为药品生产企业相关人员培训用书，也适合本、专科学校药学类及相关专业学生使用。

图书在版编目（CIP）数据

药品 GMP 教程/邢永恒主编. —北京：化学工业出版社，2015.4（2021.7 重印）
ISBN 978-7-122-23125-3

Ⅰ.①药…　Ⅱ.①邢…　Ⅲ.①制药工业-质量管理体系-中国　Ⅳ.①F426.7

中国版本图书馆 CIP 数据核字（2015）第 039150 号

责任编辑：杜进祥　　　　　　　　　　文字编辑：向　东
装帧设计：韩　飞

出版发行：化学工业出版社（北京市东城区青年湖南街 13 号　邮政编码 100011）
印　　装：北京虎彩文化传播有限公司
787mm×1092mm　1/16　印张 14　字数 359 千字　2021 年 7 月北京第 1 版第 7 次印刷

购书咨询：010-64518888　　　　　　　　售后服务：010-64518899
网　　址：http://www.cip.com.cn
凡购买本书，如有缺损质量问题，本社销售中心负责调换。

定　　价：39.00 元　　　　　　　　　　　　　版权所有　违者必究

《药品 GMP 教程》 编写人员

主　　编：邢永恒（辽宁师范大学化学化工学院）

副 主 编：赵玉才（大连天宇制药有限公司）

　　　　　白凤英（辽宁师范大学生命科学学院）

编写人员：徐　缓（辽宁师范大学化学化工学院）

　　　　　李士秋（吉林省柳河广播电视局）

　　　　　倪珏宸（辽宁师范大学化学化工学院）

目前，高校药学类及相关专业的学生在学习专业理论知识的同时，都要安排一定的时间在制药企业进行专业实习和见习，目的是帮助学生理论联系实践，进一步巩固和拓宽学生的理论知识，培养学生分析问题和解决问题的能力，同时锻炼和培养学生的实践动手能力，进一步了解与药学专业相关的工作领域，对于今后的职业定位、就业前景等有一定的认识，提高就业竞争力。因此在制药企业的专业实习对药学类及相关专业学生来说是非常重要的教学环节。

《药品生产质量管理规范》（GMP）是一套适用于制药行业的强制性标准，药品生产必须严格按照GMP要求实施。随着（2010年修订）版GMP的实施，国家对制药企业要求和监管程度越来越高，提高行业门槛，淘汰、合并落后制药小企业，实行集约化、集团化，逐步与国际接轨，具有国际竞争力，走向世界。学生不仅要掌握制药学科相关知识，更要重视对GMP的学习和掌握，加强对法律法规及相关政策的学习，及时了解和关注制药企业的发展趋势和新动向。

本书依据2010版《药品生产质量管理规范》，结合医药生产企业的工作经验以及多年指导药学专业实习工作的积累编写而成，共分十一章，主要内容包括绪论，厂房设施、设备，水系统，空调系统，物料与产品，质量管理，生产管理，确认和验证，文件管理，药品注册管理，质量风险管理。针对药学专业实习涉及的基础知识和技术领域，使GMP实训更加简单实用。

开展制药企业实习见习工作，主要应对三个方面进行了解和学习：一是硬件，即药品生产的根本条件，如厂房设施、设备、检测仪器仪表及布局等；二是软件，即各种处方工艺规程、管理规程和质量控制系统等，一般为管理标准规程（SMP）、技术标准规程（STP）、操作标准规程（SOP）和记录等；三是湿件，即人员，各级管理人员和操作人员，包括人员素质、培训及企业向心力和凝聚力等。这也是与GMP息息相关的三个方面，大多数参加实习或即将就业的学生存在的问题是不知道怎样开展工作，或者不知如何甄别实际操作的对错，甚至即使操作正确也不知道具体的原因。基于这些问题，我们组织医药企业长期从事药品生产与质量管理、GMP认证人员和高校负责药学专业实习的教师编写了本书，为药学专业实习/见习工作在医药生产企业的顺利开展提供依据，使教师、管理人员和学生在GMP实训工作中有章可循，促进专业实习工作质量的提高。本书适合全国本、专科学校药学类及相关专业教师和学生学习和使用，也可供药品生产企业相关人员参考。

本书由邢永恒主编，赵玉才、白凤英副主编。其中第一章、第三章和第九章由邢永恒和倪珏宸编写；第二章和第五章由白凤英编写；第四章、第六章、第七章、第八章由赵玉才编写；第十章和第十一章由徐缓编写。全书由赵玉才、邢永恒、李士秋统稿、校稿。在编这本书的过程中，林晓濛、杜宁、李爽、尚迪等同学做了大量的文字编排和后期整理工作，在此表示诚挚的谢意！

由于编者能力和水平有限，愿读者提出宝贵意见和建议。

编者
2015年1月

药品GMP教程
CONTENTS
目 录

参考文献 ——————————————————————— **214**

第一章 绪 论

第一节 药品与药品质量

一、药品的定义

根据《中华人民共和国药品管理法》（简称《药品管理法》）第一百零二条关于药品的定义：药品是指用于预防、治疗、诊断人的疾病，有目的地调节人的生理机能并规定有适应证或者功能主治、用法和用量的物质，包括中药材、中药饮片、中成药、化学原料药及其制剂、抗生素、生化药品、放射性药品、血清、疫苗、血液制品和诊断药品等。

二、药品的特殊性

药品是不同于一般商品的特殊商品，其特殊性表现在以下几个方面。

(1) 药品的专属性 药品是专用于防病治病的，其经营者必须经有关部门认可，其使用应在医生或药师的指导下进行，即什么病用什么药，不像一般商品那样彼此间可以相互替代。

(2) 药品的两重性 药品管理有方使用得当，可以达到治病救人的目的，反之，则可危害人民健康甚至致命。例如链霉素，使用得当可以抗菌治病，使用不得当会使病人导致永久性耳聋；盐酸吗啡，使用合理是镇痛良药，管理不善、滥用又是成瘾的毒品。

(3) 质量重要性 药品用于治病救人，只有符合法定质量标准的药品才能保证疗效。国家制定了《药品管理法》，对药品严格监督管理，并制定和颁布了国家和地方两级药品标准，规定了严格的检验制度，以保证药品的质量。药品的质量与其他商品的质量要求相比，更有其独特的地方，它没有一级品、二级品、三级品或正品、副品、等外品之别，而只是合格品与不合格品之分。质量好的药品，能达到防病治病的目的，质量不好的药品，轻则延误病情，重则危及生命，给人民生命和财力都会带来不可弥补的损失。因此，国家除制定了药品标准外，还制定和颁布了《药品管理法》对药品质量施行严格的控制和管理，确保用药安全有效。

(4) 药品的限时性 人只有患病时才需要用药，但药品生产、经营部门平时就应有适当储备。只能药等病，不能病等药。有时药品虽然需用量少、效期短，宁可到期报废，也要有所储备；有些药品即使无利可图，也必须保证生产、供应、适量储备，以防急用。

三、药品质量

药品质量是指能满足国家规定标准要求与医疗和病患消费者需要的特性的总和。包括以下几个方面。

(1) 有效性（effectiveness） 药品的有效性是指在规定的适应证、用法和用量的条件下，能满足预防、治疗、诊断人的疾病，有目的地调节人的生理机能的要求。有效性是药品质量的固有特性。我国对药品的有效性按在人体达到所规定的效应的程度分为"痊愈"、"显效"、"有效"、"特效"。国际上有的则采用"完全缓解"、"部分缓解"、"稳定"来区别。

（2）安全性（safety） 药品的安全性是指按规定的适应证和用法、用量使用药品后，人体产生毒副反应的程度。大多数药品均有不同程度的毒副反应，因此，安全性也是药品的固有特性，只有在衡量有效性大于毒副反应，或可解除、缓解毒副作用的情况下才能使用某种药品。如各国政府在新药的审批中都要求研制者提供急性毒性、长期毒性、致畸、致癌、致突变等数据，就是为了保证药品的安全性。

（3）稳定性（stability） 药品的稳定性是指在规定的条件下保持其有效性和安全性的能力。所谓规定的条件是指在规定的效期内，以及生产、贮存、运输和使用的条件，即药品的各项质量检查指标仍在合格范围内。稳定性也是药品的固有特性。如某些物质虽然具有预防、治疗、诊断疾病的有效性和安全性，但极易变质、不稳定、不便于运输和贮存，所以，不能作为药品流入医药市场。

（4）均一性（uniformity） 药品的均一性是指药物制剂的每一单位产品都符合有效性、安全性的规定要求。即指药物制剂的每一片、一支注射剂、一包冲剂、一瓶糖浆具有相同的品质。由于人们在服用药品时是按每单位剂量服用的，若每单位药物含量不均一，就可能造成患者用量的不足或用量过大而中毒，甚至导致死亡。所以，均一性是在制剂过程中形成的药物制剂的固有特性。

（5）经济性（Economy） 药品在研发、生产和流通过程中会形成一定的价格水平。药品的经济性对药品价值的实现有较大影响。若成本价格昂贵，超过社会普通人群卫生健康消费水平，如一些利用高新技术研制的生物药品，目前尚不能作为药品，或者只能供社会上极少数人使用。另一方面，药品经济性对药品生产企业也十分重要，若成品价格低，则可提高企业的经济效益，如成品价格过高，企业就无法进行正常的生产，也就不能形成商品。

第二节　GMP 的产生与发展

GMP 是 Good Manufacture Practice of Drugs 的缩写，直译为良好的药品生产规范，即药品生产质量管理规范，是药品生产和质量管理的基本准则。适用于原料药生产、药用辅料生产、药物制剂生产、药用包装材料和直接涉及药品质量有关物料生产的全过程。GMP 是从原料投入到完成生产、包装、贮存、发运、召回等环节全过程实施标准而又规范的管理，以生产高质量的药品为目的，在保证生产条件和资源的同时，重视生产和质量管理，并有组织、准确地对药品生产各环节进行规定和记录。

世界卫生组织（World Health Organisation，WHO）对制定和实行 GMP 制度的意义作过如下阐述："在药品生产中，为了保证使用者得到优质药品，实行全面质量管理极为重要。在生产为抢救生命或为恢复或为保护健康所需的药品时，不按准则而随意行事的操作方式是不允许的。要想对药品生产制定必要的准则，使药品质量能符合规定的要求，这无疑是不容易的。GMP 是我们推荐的为生产符合规定质量要求药品的规范。恪守这些规范的准则，加上从生产周期开始到终了的各种质量检验，将显著地有助于生产成批均匀、一致的优质产品。"

世界各国药品生产与质量管理的长期实践证明，GMP 是防止药品在生产过程中发生差错、混杂、污染，确保药品质量的十分必要和有效的手段。GMP 的灵魂是"防止混药，防止交叉污染"。其中心指导思想是：药品质量是在生产过程中形成的，而不是检验出来的。国际上早已把是否真正实施 GMP 看成是药品质量有无保障的先决条件，是否符合 GMP 要求决定着药品能否进入国际市场。GMP 作为指导药品生产和质量管理的法规，在国际上已有近半个世纪的历史，在我国推行也有 20 余年。虽然我国实施 GMP 起步比较晚，但是目前的水平和速度已经接近国际先进水平。我国新版 GMP 于 2011 年 3 月 1 日起实施，标志着我国实施 GMP 已进入向国际化迈进的实质性关键阶段。

一、GMP 的产生与发展

GMP 是从药品生产经验中获取经验教训的总结。GMP 的理论和实践经历了一个形成、发展和完善的过程。药品生产是一门十分复杂的科学，从产品设计、注册到生产，从原料、中间产品到成品的全部过程，涉及许多技术细节和管理标准。其中任何一个环节的疏忽，都有可能导致药品质量不符合要求，进而导致劣质药品的产生。因此，必须在药品研发、生产的全过程中，进行全面质量管理与控制来保证药品质量。

GMP 是从药品生产经验中获取经验教训的总结。人类社会在经历了 12 次较大的药物灾难，特别是 20 世纪出现了最大的药物灾难"反应停"事件后，公众要求对药品制剂严格监督的法律。在此背景下，美国于 1962 年修订了《联邦食品药品化妆品法》（Federal Food Drug Cosmetic Act）。美国 FDA 于 1963 年颁布了世界上第一部 GMP，要求对药品生产的全过程进行规范化管理，药品生产企业如果没有实施 GMP，其产品不得出厂销售。如果制药企业没有按照 GMP 的要求组织生产，不管样品抽检是否合格，美国 FDA 都有权将这样生产出来的药品视为伪劣药品。1967 年，WHO 编写 GMP 首版"草案"——当时名为《药品的生产和质量控制规范草案》。1968 年该"草案"被提交到第 21 届世界卫生大会（WHA），并获得通过。1969 年 WHO 也颁发了自己的 GMP，并向各成员国家推荐，受到许多国家和组织的重视，经过三次的修改，也成为一部较全面的 GMP。1971 年，英国制定了第一版 GMP。1972 年，欧共体公布《GMP 总则》指导欧共体国家药品生产。1974 年，日本以 WHO 的 GMP 为蓝本，颁布本国 GMP。1988 年，东南亚国家联盟制定 GMP，作为东南亚联盟各国实施 GMP 的文本。此外，德国、法国、瑞士、澳大利亚、韩国、新西兰、马来西亚及中国台湾等国家和地区，也先后制定并执行 GMP，到目前为止，世界上已有 100 多个国家、地区实施 GMP 或准备实施 GMP。

二、我国 GMP 的产生与发展

我国提出在制药企业中推行 GMP 是在 20 世纪 80 年代初，1982 年，中国医药工业公司参照一些先进国家的 GMP 制定了《药品生产管理规范》（试行稿），并开始在一些制药企业试行。1984 年，中国医药工业公司制定《药品生产管理规范》（修订稿），经原国家医药管理局审查后，正式颁布在全国推行。1988 年，根据《药品管理法》，国家卫生部颁布了我国第一部《药品生产质量管理规范》，作为正式法规执行。1991 年，根据《药品管理法实施办法》的规定，原国家医药管理局成立了推行 GMP 委员会，协助国家医药管理局，负责组织医药行业实施 GMP 工作。1992 年，国家卫生部再次修订《药品生产质量管理规范》，并出版 GMP 实施指南。1993 年，原国家医药管理局制定了我国实施 GMP 的八年规划（1983—2000 年）。提出"总体规划，分步实施"的原则，即按剂型的顺序，在规划的年限内，达到 GMP 的要求。1995 年，经国家技术监督局批准，成立了中国药品认证委员会，并开始接受企业的 GMP 认证申请和开展认证工作。1995—1997 年原国家医药管理局分别制定了《粉针剂实施 GMP 指南》、《大容量注射液实施 GMP 指南》、《原料药实施 GMP 指南》和《片剂、硬胶囊剂、颗粒剂实施 GMP 指南和检查细则》等指导文件，并开展了粉针剂和大容量注射液剂型的 GMP 达标验收工作。1998 年，国家药品监督管理局总结近年来实施 GMP 的情况，颁布了《药品生产质量管理规范》，1999年8月1日起施行，使我国的GMP更加完善，更加切合国情，便于药品生产企业执行。正当我们大力推行GMP时，发达国家已开始推行"动态药品生产质量管理规范"（cGMP），更侧重于软件的管理，美国FDA推出了药品质量监管的风向标——"质量源于设计"（QbD）。基于此，我国颁布新版《药品生产质量管理规范（2010年修订）》（卫生部令第79号），自2011年3月1日起施行。规定自2011年3月1日起，凡新建药品生产企业、药品生产企业新建（改、扩建）车间均应符合《药品生产质量管理规范（2010年修订）》的要求。现有药品生产企业血液制品、疫苗、注射剂等无菌药品的生产，应在2013年12月31日前达到《药品生产质量管理规范（2010年修订）》要求。其他类别药品的生产均应在2015年12月31日前达到《药品生产质量管理规范（2010年修订）》要求。未达到《药品生产质量管理规范（2010年修订）》要求的企业（车间），在上述规定期限后不得继续生产药品。国家食品药品监督管理局要求药品生产企业结合自身实际，制订实施计划并组织实施。同时要求各级药品监督管理部门加强对企业的督促和指导。我国实施新版药品GMP，是顺应国家战略性新兴产业发展和转变经济发展方式的要求，有利于促进医药行业资源向优势企业集中，淘汰落后生产力，有利于调整医药经济结构，以促进产业升级，有利于培育具有国际竞争力的企业，加快医药产品进入国际市场。

第三节　GMP的类型和内容

一、GMP的类型

全世界GMP的形式多种多样，内容也各有特点。目前，世界上现行GMP的类型有三种，大体可分为国际组织、地区的GMP，国家政府颁布的GMP和制药行业或企业自身制定的GMP。

1. 国际组织的GMP

有关国际组织规定的GMP一般原则性较强，内容较为概括，无法定强制性。

（1）**WHO的GMP**　WHO的GMP属于国际性的GMP。WHO的GMP总论中指出，药品GMP是组成WHO关于国际贸易中药品质量签证体制的要素之一，是用于评价生产许可申请并作为检查生产设施的依据，也作为政府药品监督员和生产质量管理人员的培训材料。药品GMP适用于药品制剂的大规模生产，包括医院中的大量加工生产、临床试验用药的制备。

（2）**欧盟的GMP**　欧盟就是指欧洲国家联盟，前身是欧洲经济共同体，欧洲联盟是一个集政治实体和经济实体于一身、在世界上具有重要影响的区域一体化组织，组成国有法国、德国、意大利、荷兰、比利时、卢森堡、爱尔兰、丹麦等。欧盟的GMP属于地区性的GMP。1972年，欧共体颁布了该组织的第一部GMP，用于指导欧盟成员国的药品生产。而第一版欧盟的GMP出版于1989年，它是以英国GMP为蓝本制定的。后来欧盟规定，其颁布的第二部GMP（1992年版）可以取代欧盟各成员国的GMP，或者可以和欧盟成员国政府颁布的GMP并行使用。

2. 各国政府的GMP

各国政府发布的GMP一般原则性较强，内容较为具体，有法定强制性。

（1）**美国FDA的cGMP**　美国是GMP始创国，在实施过程中，经过数次修订，可以说是至今较为完善、内容较详细、标准最高的GMP。美国FDA对GMP的研究，一直处于全球领跑地位。美国的 GMP 又称为 cGMP，具有以下特点：① 强调实施动态的 GMP，即强调药品生产与质量管理的现场管理。② 强调验证工作的重要性，美国 FDA 认为达到 cGMP 的途径有很多，只要药品生产企业用规范的验证方法能够证明过程和目标的确定性就可以使用这个方法。因此，cGMP 也具有一定的灵活性。在 cGMP 实施过程中，美国 FDA 鼓励企业创新。③ 强调工作记录的重要性，因为只有有了真实的、及时的、规范的记录，才能对生产与质量管理活动的效果进行有效的追溯，才能为今后持续改进提供基础性支持。

（2）**英国的 GMP** 英国卫生与社会福利部于 1983 年制定了英国 GMP，内容丰富齐全，共分 20 章，有许多内容已成为以后其他各国制定 GMP 的依据。例如"第七章 确认"，即为现在验证的前身。"第十章 无菌药品的生产和管理"，率先列出了基本环境标准及洁净级别要求，还提出了环氧乙烷灭菌和射线灭菌方法。对于出口到英国的药品，需要由进口当局审定合格的人员负责鉴定批量小的药品，并且鉴定批量要做到符合英国的 GMP 要求。

（3）**日本的 GMP** 日本于 1974 年 9 月 14 日颁布了 GMP，1976 年 4 月 1 日起实施。日本于 1993 年开始推行国际 GMP，对国际进出口的药品需遵循国与国之间相互承认的 GMP，日本 GMP 和 WHO 的 GMP 版本被认为是等效的。

3. 行业组织的 GMP

制药行业的 GMP 一般指导性较强，内容较为具体，无法定强制性。例如英国制药联合会制定的 GMP、瑞典制药工业协会制定的 GMP 等。

此外，还有一些大型跨国医药公司也制定了本公司的 GMP。

二、GMP 的内容和特点

1. GMP 的主要内容

GMP 总体内容包括机构与人员、厂房和设施、设备、卫生管理、文件管理、物料控制、生产控制、质量控制、发运和召回管理等方面内容，涉及药品生产的方方面面，强调通过生产过程管理保证生产出优质药品。

从专业化管理的角度，GMP 可分为质量控制系统和质量保证系统两大方面。一方面是对原材料、中间品、产品的系统质量控制，称为质量控制系统；另一方面是对影响药品质量的、生产过程中容易产生人为差错和污染等问题进行系统的严格管理，以保证药品质量，称为质量保证系统。

从软件和硬件系统的角度，GMP 可以分为软件系统和硬件系统。软件系统主要包括组织机构、组织工作、生产技术、卫生、制度、文件、教育等方面的内容，可以概括为以智力为主的投入产出。硬件系统主要包括对人员、厂房、设施、设备等的要求，可以概括为以资本为主的投入产出。

2. GMP 的特点

（1）**原则性** 药品 GMP 条款仅指明了质量或质量管理所要达到的目标，而没有列出如何达到这些目标的解决办法。达到 GMP 要求的方法和手段是多样化的，企业有自主性、选择性，不同的药品生产企业可根据自身产品或产品工艺特点等情况选择最适宜的方法或途径来满足 GMP 标准，例如，无菌药品的灭菌处理必须达到"无菌"，也就是药品的染菌率不得高于 10^{-6}。但是，达到"无菌"的处理方式有很多，如干热灭菌、湿热灭菌、辐射灭菌、过滤灭菌等，企业可以根据自身产品和产品工艺要求进行选择，只要能满足 GMP 要求，就是适宜的方法。

（2）**时效性** 药品 GMP 条款是具有时效性的，因为 GMP 条款只能根据该国、该地区现有一般药品生产水平来规定，随着医药科技和经济贸易的发展，GMP 条款需要定期或不定期的补充、修订。这和制定药品标准类似，对目前有法定效力或约束力或有效性的 GMP，称为现行 GMP，新版 GMP 颁布后，前版的 GMP 即废止。

(3) **基础性** GMP 是保证药品生产质量的最低标准，不是最高、最好标准，更不是高不可攀的标准。任何一国的药品 GMP 都不可能把只能由少数药品生产企业做得到的一种生产与质量管理标准作为全行业的强制性要求。生产企业将生产要求与目标市场的竞争结合起来必然会形成现实标准的多样性，因此，企业有自主性，可以超越 GMP。

(4) **一致性** 各类药品 GMP 有一个最重要的特征，就是结构与内容的布局上基本一致。各类药品 GMP 都是从药品生产与质量管理所涉及的硬件，如厂房设施、仪器设备、物料与产品等；所涉及的软件，如制度与程序、规程与记录等；人员，如人员的学历、经验与资历等；现场，如生产管理、质量管理、验证管理等进行规定的，都基本分为人员与组织、厂房与设施、仪器与设备、物料与产品、文件管理、验证管理、生产管理、质量管理等主要章节。这些章节的具体分类也基本一致。比如质量管理这个章节，各类药品 GMP 都包括：质量控制实验室管理、物料和产品放行、持续稳定性考察、变更控制、偏差处理、纠正措施和预防措施、供应商的评估和批准、产品质量回顾分析、投诉与不良反应报告，虽然在具体内容方面有所侧重和差异，但具体框架和基本规定基本一致。各类药品 GMP 都是强调对这些元素或过程实施全面、全过程、全员的质量管理，防止污染和差错的发生，保证生产出优质药品。

(5) **多样性** 尽管各类 GMP 在结构、基本原则或基本内容上一致或基本相同，但同样的标准要求，在所要求的细节方面，有时呈现多样性，有时这样的多样性还会有很大的差别。例如，各国 GMP 中都对生产车间的管道铺设提出了一定要求，这主要是为了防止污染，保持室内洁净。但是，有的国家的 GMP 就要求生产车间中不能有明管存在，各种管道一律暗藏。也有国家的 GMP 中规定，只要能便于清洁并具有严格的卫生制度，管道不一定要全部暗藏。管道是否要暗设，对于药品生产企业来说，从厂房设计、管道走向设计以及随之展开的工艺布局，情况是大相径庭的。不同国家的 GMP 表现出一定的水平差异和各自特色，使得各药品 GMP 得以相互借鉴、相互促进和提高。

(6) **地域性** 一般而言，一个国家（地区）在一个特定的时期，有一个版本的 GMP，只有通过这个版本的 GMP 认证，药品质量才能得到这个国家（地区）有关政府部门的认可，才能在这个国家（地区）进行销售使用。但是，有的国家却可以通行多个不同版本的 GMP，比如有的国家既认可本国的 GMP，也认可 WHO 的 GMP、美国的 GMP、欧盟的 GMP 等。

三、实施 GMP 的三要素

硬件设施、软件系统、高素质人员被称为 GMP 的三要素。硬件是指厂区环境、厂房、生产设施设备、辅助设施设备、质量控制与检验仪器设备、原辅材料、仓储设施等为生产和质量控制所必需的基础条件。软件是指符合法律法规技术标准要求，适应某企业、特定品种和工艺特点的经过科学论证和验证，能够对生产全过程、各要素进行组织和有效控制的管理系统。包括企业组织管理体制机制、运行机制、规章制度、技术措施、标准体系、各种管理文档资料、记录等。人员也称湿件，是指生产企业的人员配备情况，应具有与生产性质、规模、要求相适应的人员配置，是最关键因素。硬件是基础，软件是保证，人员是关键。

1. 良好的厂房设备、完善的硬件设施是基础条件

良好的硬件建设需要充足的资金投入作保障，对于企业来说，资金充足与否始终是相对

而言的，而且投入的资金需要计入成本。因此，在 GMP 硬件改造和建设过程中，要抓住重点。在新厂房筹建或老厂房改造之前，应广泛征求专家、专业人士如生产车间、技术、质量、设备等部门的意见，对照 GMP 的要求，就设备的选型、建筑材料的挑选、工艺流程布局进行综合考虑，制订出合理的资金分配方案，使有限的资金发挥最大的效能。而不应本末倒置，在外围生产区域装修上占去较多的资金，使关键的生产设备、设施因陋就简，这将给未来的生产埋下隐患。例如粉针剂生产线，由于粉针剂产品对微细颗粒和微生物控制这两方面有特殊要求，因而与药粉直接接触的设备（分装机）、内包材料的清洁消毒设备（洗瓶机、洗胶塞机、隧道烘箱及运送轨道等）应不脱落微粒、毛点，并易清洁、消毒；在产品暴露的操作区域（无菌室）其空气洁净级别要符合工艺规定，不产生交叉污染等，这些是资金投入的重点。

2. 具有实用性、现行性的软件是产品质量的保证

质量是设计和制造出来的，而产品的质量要遵循各种标准的操作法来保证，同其他事物一样，企业的软件管理也经历了一个形成、发展和完善的过程。各种技术标准、管理标准、工作标准是在长期的生产过程及各类验收检查、质量审计中逐步形成的，这一时期的各类标准是低水平的、粗线条的。此后随着 GMP 实践的不断深入，从中细化出各类具有实用和指导意义的软件——标准操作规程（即 SOP）。发展到现在，GMP 引入了"工艺验证"这一具有划时代意义的概念，通过验证了解所制订的各种规程是否切合实际，是否随着时间的推移需要修订，因为 GMP 的实践是一个动态过程，与之相对应的软件也需要不断地补充、修订、完善。例如一些沿用已久的工艺规程在经过科学"验证"后，证明达不到预先设想的目的，需要进行修改。所以，经过验证的，具有实用性、现行性的软件是产品质量的保证，是企业在激烈的市场竞争中立于不败之地的秘密武器。

3. 具有高素质的人员是实施 GMP 的关键

一个企业从产品设计、研制、生产、质控到销售的全过程中，"人"是最重要的因素。这是因为优良的硬件设备要由人来操作，完善的软件系统要由人来制订和执行，全体员工的工作质量决定着产品质量，人员的素质决定工作质量。因此人员的培训工作是一个企业 GMP 工作能否开展、深入和持续的关键，企业必须按要求对各类人员进行行之有效的教育和培训，要像抓硬、软件建设工作那样，去做好"人"的素质提高的建设工作。建立和完善各类人员应受到的培训、考核内容，规定其每年受训时间不少于一定学时。例如粉针剂车间无菌分装岗位，为严格控制无菌操作室内环境，确保生产合格的无菌产品，制订了严格的工艺卫生操作规程，但如果操作者不能正确理解为什么要这么做，或质量意识不强，在没人监督时不认真执行，导致消毒灭菌不彻底，就会给产品质量带来隐患。因而企业必须认真、扎实地做好培训工作。

综上所述，良好的硬件设备（施）、实用的软件系统、高素质的人员参与是组成 GMP 体系的重要因素，缺一不可。

第四节 新版药品 GMP 的内容、特点和意义

1. GMP 的内容

中华人民共和国卫生部第 79 号令颁布《药品生产质量管理规范（2010 年修订）》于 2011 年 3 月 1 日施行。共十四章 313 条，具体内容如下。

第一章：总则，共 4 条，阐述了实施 GMP 的法律依据和 GMP 对药品生产企业的基本

要求以及 GMP 的适用范围。

第二章：质量管理，共分四节，11 条，确立质量目标，对质量保证、质量控制和质量风险进行概括和规定。

第三章：机构与人员，共分四节，22 条，对制药企业设立独立的质量管理部门和关键人员（企业负责人、生产管理负责人、质量管理负责人和质量受权人）资质和主要职责作了明确规定，以及人员培训和卫生作了详细要求。

第四章：厂房与设施，共分五节，33 条，规定了制药企业的厂房与设施及分区的基本要求和条件。

第五章：设备，共分六节，31 条，要求设备的设计、选型、安装、改造和维护必须符合预定用途，应当尽可能降低产生污染、交叉污染、混淆和差错的风险，便于操作、清洁、维护。

第六章：物料与产品，共分七节，36 条，要求原辅料、中间产品和待包装产品、包装材料和成品必须符合质量标准。

第七章：确认与验证，共 12 条，要求企业的厂房、设施、设备和检验仪器应当经过确认，应当采用经过验证的生产工艺、操作规程和检验方法进行生产、操作和检验，并保持持续的验证状态。

第八章：文件管理，共分六节，34 条，要求企业建立文件管理操作规程，系统地设计、制订、审核、批准和发放文件。文件的起草、修订、审核、批准、替换或撤销、复制、保管和销毁等应当按照操作规程管理，并有相应的文件分发、撤销、复制、销毁记录。重点要求质量标准、工艺规程、批生产记录、操作规程和记录。

第九章：生产管理，共分四节，33 条，重点要求在生产操作过程中防止污染和交叉污染，做到有效隔离。

第十章：质量控制与质量保证，共分九节，61 条，要求质量控制实验室的人员、设施、设备应当与产品性质和生产规模相适应。对取样、留样、持续稳定性考察、变更控制、偏差处理、纠正措施和预防措施、供应商的评估和批准、产品质量回顾分析、投诉与不良反应报告作了详细规定。

第十一章：委托生产与委托检验，共分四节，15 条，要求委托方和受托方必须签订书面合同，明确规定各方责任、委托生产或委托检验的内容及相关的技术事项。

第十二章：产品发运与召回，共分三节，13 条，规定了企业发运，同时建立产品召回系统，必要时可迅速、有效地从市场召回任何一批存在安全隐患的产品。

第十三章：自检，共分二节，4 条，规定质量管理部门定期组织对企业进行自检，监控本规范的实施情况，评估企业是否符合本规范要求，并提出必要的纠正和预防措施。

第十四章：附则，共 4 条，明确了主要术语的含义，自 2011 年 3 月 1 日起施行。

2. 新版药品 GMP 的特点

《药品生产质量管理规范（2010 年修订）》与《药品生产质量管理规范（1998 年修订）》相比较具有以下特点。

(1) 强化了管理方面的要求

① 提高了对人员的要求。"机构与人员"一章明确将质量受权人与企业负责人、生产管理负责人、质量管理负责人一并列为药品生产企业的关键人员，并从学历、技术职称、工作经验等方面提高了对关键人员的资质要求。比如，对生产管理负责人和质量管理负责人的学历要求由现行的大专以上提高到本科以上，规定需要具备的相关管理经验并明确了关键人员的职责。

② 明确要求企业建立药品质量管理体系。质量管理体系是为实现质量管理目标、有效开展质量管理活动而建立的，是由组织机构、职责、程序、活动和资源等构成的完整系统。新版药品 GMP 在"总则"中增加了对企业建立质量管理体系的要求，以保证药品 GMP 的有效执行。

③ 细化了对操作规程、生产记录等文件管理的要求。增加了指导性和可操作性。为规范文件体系的管理，增加指导性和可操作性，新版药品 GMP 分门别类对主要文件（如质量标准、生产工艺规程、批生产和批包装记录等）的编写、复制以及发放提出了具体要求。

④ 进一步完善了药品安全保障措施。引入了质量风险管理的概念，在原辅料采购、生产工艺变更、操作中的偏差处理、发现问题的调查和纠正、上市后药品质量的监控等方面，增加了供应商审计、变更控制、纠正和预防措施、产品质量回顾分析等新制度和措施，对各个环节可能出现的风险进行管理和控制，主动防范质量事故的发生。提高了无菌制剂生产环境标准，增加了生产环境在线监测要求，提高无菌药品的质量保证水平。

（2）提高了部分硬件要求

① 调整了无菌制剂生产环境的洁净度要求。1998 年修订的药品 GMP，在无菌药品生产环境洁净度标准方面与 WHO 标准（1992 年修订）存在一定的差距，药品生产环境的无菌要求无法得到有效保障。为确保无菌药品的质量安全，新版药品 GMP 在无菌药品附录中采用了 WHO 和欧盟最新的 A、B、C、D 分级标准，对无菌药品生产的洁净度级别提出了具体要求；增加了在线监测的要求，特别是对生产环境中的悬浮微粒的静态、动态监测，对生产环境中的微生物和表面微生物的监测都作出了详细的规定。

② 增加了对设备设施的要求。对厂房设施分生产区、仓储区、质量控制区和辅助区分别提出设计和布局的要求，对设备的设计和安装、维护和维修、使用、清洁及状态标识、校准等几个方面也都作出具体规定。这样无论是新建企业设计厂房还是现有企业改造车间，都应当考虑厂房布局的合理性和设备设施的匹配性。

（3）围绕质量风险管理增设了一系列新制度 质量风险管理是美国 FDA 和欧盟都在推动和实施的一种全新理念，新版药品 GMP 引入了质量风险管理的概念，并相应增加了一系列新制度，如：供应商的审计和批准、变更控制、偏差管理、超标（OOS）调查、纠正和预防措施（CAPA）、持续稳定性考察计划、产品质量回顾分析等。这些制度分别从原辅料采购、生产工艺变更、操作中的偏差处理、发现问题的调查和纠正、上市后药品质量的持续监控等方面，对各个环节可能出现的风险进行管理和控制，促使生产企业建立相应的制度，及时发现影响药品质量的不安全因素，主动防范质量事故的发生。

（4）强调了与药品注册和药品召回等其他监管环节的有效衔接 药品的生产质量管理过程是对注册审批要求的贯彻和体现。新版药品 GMP 在多个章节中都强调了生产要求与注册审批要求的一致性。如：企业必须按注册批准的处方和工艺进行生产，按注册批准的质量标准和检验方法进行检验，采用注册批准的原辅料和与药品直接接触的包装材料的质量标准，其来源也必须与注册批准一致，只有符合注册批准各项要求的药品才可放心销售等。

新版药品 GMP 还注重了与《药品召回管理办法》的衔接，规定企业应当召回存在安全隐患的已上市药品，同时细化了召回的管理规定，要求企业建立产品召回系统，指定专人负责执行召回及协调相关工作，制订书面的召回处理操作规程等。

3. 实施新版药品 GMP 的意义

党中央和国务院一向高度重视食品药品质量安全。中央经济工作会议提出，食品药品质量安全事关人民群众生命、事关社会稳定、事关国家声誉，要高度重视并切实抓好食品药品质量安全；建立最严格的食品药品安全标准。而目前我国药品生产环节深层次问题尚未从根本上得到解决，药品生产和产品质量等因素引发的突发不良事件的风险依然存在。建立最严格的质量安全标准和法规制度，是深化食品药品安全整治的基础性、战略性工程。修订药品GMP工作与我国人民的用药安全息息相关，与国家的声誉息息相关。药品GMP是国际通行的药品生产和质量管理必须遵循的基本准则，而我国现行的药品GMP已施行达10年之久，无论在标准内容上，还是在生产质量管理理念上均与国际先进的药品GMP存在着一定的差距。特别是近年来，国际上药品GMP还在不断发展，WHO对其药品GMP进行了修订，提高了技术标准；美国药品GMP在现场检查中又引入了风险管理理念；欧盟不断丰富其条款内容。与国际先进的药品GMP相比，我国现行药品GMP在条款内容上过于原则化，指导性和可操作性不强，偏重于对生产硬件的要求，软件管理方面的规定不够全面、具体，缺乏完整的质量管理体系要求等，需要与时俱进，以适应国际药品GMP发展趋势。

截至2012年底，我国化学原料药和药品制剂生产企业有4700多家，在总体上呈现出多、小、散、低的格局，生产集中度低、自主创新能力不足的问题依然存在。修订我国药品GMP、提高药品GMP实施水平，一方面有利于促进企业优胜劣汰、兼并重组、做大做强，进一步调整企业布局，净化医药市场，防止恶性竞争，同时也是保障人民用药安全有效的需要；另一方面也有利于与药品GMP的国际标准接轨，加快我国药品生产获得国际认可、药品进入国际主流市场步伐。

GMP涉及许多方面的知识，不是一成不变的，而是不断向前快速发展变化的。本书主要介绍了厂房设施、设备，水系统，空调系统，物料与产品，质量管理，生产管理，确认和验证，文件管理，药品注册管理和质量风险管理等。

GMP旨在最大限度地降低药品生产过程中污染、交叉污染以及混淆、差错等风险，确保持续稳定地生产出符合预定用途和注册要求的药品。是药品生产管理和质量控制的基本要求、最低标准。对于一名刚刚接触GMP的人来说，学习GMP，就像学习其他新事物一样，不知如何学、怎样学。首先，学习、了解医药行业的法律法规及相关法律法规；第二，结合专业知识，边学边实践，理论结合实际，相互交流，多学、多看、多实践，循序渐进；第三，理解GMP不是僵化不变的而是动态发展的，具有国际性、科学性和先进性；第四，努力学习，参与推进GMP不断向前发展。

第二章 厂房设施、设备

药品生产企业厂房设施主要包括：厂区建筑物实体（含门、窗）、道路、绿化草坪、围护结构、生产厂房附属公用设施，如：洁净空调和除尘装置，照明，消防喷淋，上、下水管网，生产工艺用纯水，软化水，生产工艺用洁净气体管网等。对以上厂房设施的合理设计，直接关系到药品质量，乃至人的生命安全。

设备主要包括：原料、制剂设备、粉碎设备、制药用水和空调设备、药品包装设备和药物检测设备等。

GMP 的核心就是防治药品生产中的混批、混杂、污染和交叉污染。本章节将从厂区总体布局、生产区、包装区、贮存区、人流物流设计及设备选型、维护保养等几个方面进行论述。

第一节 厂房设施

《药品生产质量管理规范（2010 年修订）》要求如下。

第三十八条 厂房的选址、设计、布局、建造、改造和维护必须符合药品生产要求，应当能够最大限度地避免污染、交叉污染、混淆和差错，便于清洁、操作和维护。

第三十九条 应当根据厂房及生产防护措施综合考虑选址，厂房所处的环境应当能够最大限度地降低物料或产品遭受污染的风险。

第四十条 企业应当有整洁的生产环境；厂区的地面、路面及运输等不应当对药品的生产造成污染；生产、行政、生活和辅助区的总体布局应当合理，不得互相妨碍；厂区和厂房内的人、物流走向应当合理。

第四十一条 应当对厂房进行适当维护，并确保维修活动不影响药品的质量。应当按照详细的书面操作规程对厂房进行清洁或必要的消毒。

第四十二条 厂房应当有适当的照明、温度、湿度和通风，确保生产和贮存的产品质量以及相关设备性能不会直接或间接地受到影响。

第四十三条 厂房、设施的设计和安装应当能够有效防止昆虫或其他动物进入。应当采取必要的措施，避免所使用的灭鼠药、杀虫剂、烟熏剂等对设备、物料、产品造成污染。

第四十四条 应当采取适当措施，防止未经批准人员的进入。生产、贮存和质量控制区不应当作为非本区工作人员的直接通道。

第四十五条 应当保存厂房、公用设施、固定管道建造或改造后的竣工图纸。

第四十六条 为降低污染和交叉污染的风险，厂房、生产设施和设备应当根据所生产药品的特性、工艺流程及相应洁净度级别要求合理设计、布局和使用，并符合下列要求：

（一）应当综合考虑药品的特性、工艺和预定用途等因素，确定厂房、生产设施和设备多产品共用的可行性，并有相应评估报告。

（二）生产特殊性质的药品，如高致敏性药品（如青霉素类）或生物制品（如卡介苗或其他用活性微生物制备而成的药品），必须采用专用和独立的厂房、生产设施和设备。青霉素类药品产尘量大的操作区域应当保持相对负压，排至室外的废气应当经过净化处理并符合要求，排风口应当远离其他空气净化系统的进风口。

（三）生产β-内酰胺结构类药品、性激素类避孕药品必须使用专用设施（如独立的空气净化系统）和设备，并与其他药品生产区严格分开。

（四）生产某些激素类、细胞毒性类、高活性化学药品应当使用专用设施（如独立的空气净化系统）和设备；特殊情况下，如采取特别防护措施并经过必要的验证，上述药品制剂则可通过阶段性生产方式共用同一生产设施和设备。

（五）用于上述第（二）、（三）、（四）项的空气净化系统，其排风应当经过净化处理。

（六）药品生产厂房不得用于生产对药品质量有不利影响的非药用产品。

第四十七条 生产区和贮存区应当有足够的空间，确保有序地存放设备、物料、中间产品、待包装产品和成品，避免不同产品或物料的混淆、交叉污染，避免生产或质量控制操作发生遗漏或差错。

第四十八条 应当根据药品品种、生产操作要求及外部环境状况等配置空调净化系统，使生产区有效通风，并有温度、湿度控制和空气净化过滤，保证药品的生产环境符合要求。

洁净区与非洁净区之间、不同级别洁净区之间的压差应当不低于10帕斯卡。必要时，相同洁净度级别的不同功能区域（操作间）之间也应当保持适当的压差梯度。口服液体和固体制剂、腔道用药（含直肠用药）、表皮外用药品等非无菌制剂生产的暴露工序区域及其直接接触药品的包装材料最终处理的暴露工序区域，应当参照"无菌药品"附录中D级洁净区的要求设置，企业可根据产品的标准和特性对该区域采取适当的微生物监控措施。

第四十九条 洁净区的内表面（墙壁、地面、天棚）应当平整光滑、无裂缝、接口严密、无颗粒物脱落，避免积尘，便于有效清洁，必要时应当进行消毒。

第五十条 各种管道、照明设施、风口和其他公用设施的设计和安装应当避免出现不易清洁的部位，应当尽可能在生产区外部对其进行维护。

第五十一条 排水设施应当大小适宜，并安装防止倒灌的装置。应当尽可能避免明沟排水；不可避免时，明沟宜浅，以方便清洁和消毒。

第五十二条 制剂的原辅料称量通常应当在专门设计的称量室内进行。

第五十三条 产尘操作间（如干燥物料或产品的取样、称量、混合、包装等操作间）应当保持相对负压或采取专门的措施，防止粉尘扩散、避免交叉污染并便于清洁。

第五十四条 用于药品包装的厂房或区域应当合理设计和布局，以避免混淆或交叉污染。如同一区域内有数条包装线，应当有隔离措施。

第五十五条 生产区应当有适度的照明，目视操作区域的照明应当满足操作要求。

第五十六条 生产区内可设中间控制区域，但中间控制操作不得给药品带来质量风险。

第五十七条 仓储区应当有足够的空间，确保有序存放待验、合格、不合格、退货或召回的原辅料、包装材料、中间产品、待包装产品和成品等各类物料和产品。

第五十八条 仓储区的设计和建造应当确保良好的仓储条件，并有通风和照明设施。仓储区应当能够满足物料或产品的贮存条件（如温湿度、避光）和安全贮存的要求，并进行检查和监控。

第五十九条 高活性的物料或产品以及印刷包装材料应当贮存于安全的区域。

第六十条 接收、发放和发运区域应当能够保护物料、产品免受外界天气（如雨、雪）的影响。接收区的布局和设施应当能够确保到货物料在进入仓储区前可对外包装进行必要的清洁。

第六十一条　如采用单独的隔离区域贮存待验物料，待验区应当有醒目的标识，且只限于经批准的人员出入。

不合格、退货或召回的物料或产品应当隔离存放。

如果采用其他方法替代物理隔离，则该方法应当具有同等的安全性。

第六十二条　通常应当有单独的物料取样区。取样区的空气洁净度级别应当与生产要求一致。如在其他区域或采用其他方式取样，应当能够防止污染或交叉污染。

第六十三条　质量控制实验室通常应当与生产区分开。生物检定、微生物和放射性同位素的实验室还应当彼此分开。

第六十四条　实验室的设计应当确保其适用于预定的用途，并能够避免混淆和交叉污染，应当有足够的区域用于样品处置、留样和稳定性考察样品的存放以及记录的保存。

第六十五条　必要时，应当设置专门的仪器室，使灵敏度高的仪器免受静电、震动、潮湿或其他外界因素的干扰。

第六十六条　处理生物样品或放射性样品等特殊物品的实验室应当符合国家的有关要求。

第六十七条　实验动物房应当与其他区域严格分开，其设计、建造应当符合国家有关规定，并设有独立的空气处理设施以及动物的专用通道。

第六十八条　休息室的设置不应当对生产区、仓储区和质量控制区造成不良影响。

第六十九条　更衣室和盥洗室应当方便人员进出，并与使用人数相适应。盥洗室不得与生产区和仓储区直接相通。

第七十条　维修间应当尽可能远离生产区。存放在洁净区内的维修用备件和工具，应当放置在专门的房间或工具柜中。

药品生产企业总体布局包括两方面含义：一是指洁净厂房工厂与周边环境的布置；二是厂区所有建筑物、构筑物、道路、运输、工程管线等设施的平面布置规划。

一般生产企业总体布局的基本原则和要求是：了解工厂所在地区的规划要求，使企业的总体规划与地区的规划相适应；在满足生产、操作、安全和环保的基础上，工艺流程应集中布置、集中控制；道路设计要适应人流、物流，合理组织，内外运输相协调，线路短捷、顺畅；避免或减少折返迂回运输；公用系统配置合理；全面考虑远期和近期工厂发展用地预留；建筑群体组合艺术处理。平面布置与空间建筑相协调，厂区建筑与周边环境相协调。以洁净厂房为主的药品生产企业的厂址选择和总体布局，除要考虑一般工厂建设所应考虑的环境条件，还需按照洁净厂房的特殊性，对周边环境提出相应要求，对厂址环境的污染程度进行调查研究。

药品生产企业厂房设施主要包括：厂区建筑物实体（一层或多层）、厂区内道路、绿化草坪、绿化树木等；生产厂房附属公用设施，如：供暖、供热锅炉房，空调系统，水系统，照明、消防系统，给排水及管网系统等。

一、厂址选择和厂区总体布局

1. 厂址选择

厂址宜选择在大气含尘、含菌浓度低，无有害气体，自然环境好的区域。如：无明显异味，无空气、土壤和水的污染源、污染堆等，应远离铁路、码头、机场、交通要道以及散发大量粉尘和有害气体的工厂、贮仓、堆场等严重空气污染、水质污染、震动或噪声干扰的区域。如不能远离严重空气污染区时，则应位于其最大频率风向上风侧，或全年最小频率风向下风侧。医药工业洁净厂房新风口与市政交通干道近基地侧道路红线之间距离不宜小于50m。

2. 厂区总体布局

厂区总体布局应符合国家有关工业企业总体设计原则外，并应满足环境保护的要求，同时应防止交叉污染。厂区按行政、生产、辅助和生活等划区布局。医药工业洁净厂房应布置在厂区内环境清洁、人流货流不穿越或少穿越的地方，并应考虑产品工艺特点，合理布局，间距恰当。兼有原料药和制剂生产的药厂，原料药生产区应位于制剂生产区全年最大频率风向的下风侧。"三废"处理，锅炉房等有严重污染的区域应置于厂的最大频率下风侧。青霉素类高致敏性药品生产厂房应位于厂区其他生产厂房全年最大频率风向的下风侧。动物房的设置应符合国家医药管理局《实验动物 环境和设施》（GB/T 14925）的有关规定。医药工业洁净厂房周围宜设置环形消防车道（可利用交通道路），如有困难时，可沿厂房的两个长边设置消防车道。

厂区主要道路应贯彻人流与货流分流的原则。洁净厂房周围道路面应选用整体性好、发尘少的材料。医药工业洁净厂房周围应绿化，宜减少露土面积，不应种植散发花粉或对药品生产产生不良影响的植物。

二、厂房设计建筑

执行《洁净厂房设计规范》等相关设计规范。

1. 建筑结构

建筑平面和空间布局应具有适当的灵活性。医药洁净室（区）的主体结构宜采用单层大跨度的柱网结构，不宜采用内墙承重。医药工业洁净厂房的围护结构的材料应能满足保温、隔热、防火和防潮等要求。医药工业洁净厂房主体结构的耐久性应与室内装备、装修水平相协调，并应具有防火、控制温度变形和不均匀沉陷性能。厂房伸缩缝不宜穿过医药洁净室（区）。当不可避免时，应有保证气密性的措施，同时要负荷国家建筑物节能设计的相关要求，如：外墙保温要求，医药制造车间各工艺房间层高应根据工艺需求分别设计，综合考虑建筑结构、工艺操作、设备维修空间和暖通空调系统节能运行等综合因素。

医药洁净室（区）应留有适当宽度，物流通道应设置防撞构件。片剂车间常常设计成2～3层，可利用位差解决物料的输送问题，从而提高工作效率，并减少粉尘扩散，避免交叉污染。

车间参观走廊，一般沿外墙布置，大跨度厂房有时在中间再设置参观走廊。

2. 室内装修

医药工业洁净厂房的建筑围护界区和室内装修，应选用气密性良好，且在温度和湿度变化的作用下变形小的材料。洁净室内墙壁和顶棚的表面应平整、光洁、无裂缝、接口严密、无颗粒物脱落，并应耐清洗和耐酸碱。墙壁和地面、吊顶结合处宜做成弧形，踢脚不宜高出墙面。当采用轻质材料融断时，应采用防碰撞措施。洁净室的地面应整体性好、平整、耐磨、耐撞击，不易积聚静电，易除尘清洗。地面垫层应配筋垫层，潮湿地区应作防潮处理。技术夹层为轻质吊顶时，宜设置检修通道。建筑风道和回风地沟的内表面装修标准，应与整个送回风系统相适应并易于除尘。医药工业洁净厂房夹层的墙面、顶棚应平整、光滑，需在技术夹层内更换高效过滤器的，墙面和顶棚宜涂料饰面。医药洁净室外墙上的窗应具有良好的气密性，能防止空气的渗漏和水汽的结露。医药洁净室的窗与内墙面宜平整，不留窗台，如有窗台时宜呈斜角，以防积灰并便于清洗。医药洁净室内门窗、墙壁、顶棚、地面结构和施工缝隙，应采取密闭措施。医药洁净室门框不应设门槛。洁净区域的门、窗不应采用木质材料，以免生霉、生菌或变形。医药洁净室的门宜朝空气洁净度较高的房间开启，并应有足够的大小，以满足一般设备安装、修理、更换的需要及运输车辆的安全要求。医药洁净室内墙面与顶棚采用涂料面层时，应选用不易燃、不开裂、耐腐蚀、耐清洗、表面光滑、不易吸水变质、不易生霉的材料。

3. 给、排水和工艺管道设计安装

医药洁净室内应少敷设管道，给水排水干道应敷设在技术夹层、技术夹道内或地下埋设。引入洁净室内的支管宜暗敷。医药工业洁净厂房内的管道外表面，应采取防结露措施。给排水支管及消防喷淋管道穿过洁净室顶棚、墙壁和楼板处应设套管，管道与套道之间必须有可靠的密封措施。生活给水管应采用耐腐蚀、安装连接方便的管材，可选用塑料管、塑料和金属复合管、铜管、不锈钢管及经防腐处理的钢管，循环冷却水宜采用钢管。医药洁净室内的排水设备以及与重力回水管道相连的设备，必须在其排出口以下部位设水封装置。水封高度应不小于 50mm。排水系统应设置透气装置。排水立管不应穿过 A 级和 B 级医药洁净室（区）。排水立管穿过其他医药洁净室（区）时，不得设置检查孔。空气洁净度 A 级的医药洁净室（区）不应设置地漏，空气洁净度 B 级、D 级的医药洁净室（区）应少设置地漏。必须设置时，要求地漏材质不易腐蚀，内表面光洁，易于清洗，有密封盖，并应耐消毒灭菌。空气洁净度 A 级、B 级的医药洁净室（区）不宜设置排水沟。医药工业洁净厂房内应采用不易积存污物，易于清扫的卫生器具、管材、管架及其附件。

4. 电气、照明设计安装

洁净区内的配电设备，应选择不易积尘、便于擦拭、外壳不易锈蚀的小型暗装配电箱及插座箱，功率较大的设备宜由配电室直接供电。洁净区内不宜设置大型落地安装的配电设备。洁净区内的电气管线管口，以及安装于墙上的各种电气设备与墙体接缝处均应有可靠密封。洁净区内的电气管线宜暗敷，电气线路保护管宜采用不锈钢管或其他不宜腐蚀的材料，接地线宜采用不锈钢材料。洁净区内应选用外部造型简单、不易积尘、便于擦拭、易于消毒杀菌的照明灯具。洁净区内的一般照明灯具宜明装。采用吸顶安装时，灯具与顶棚接缝处应采用可靠密封措施。如需要采用嵌入顶棚暗装时，除安装缝隙应可靠密封外，其灯具结构必须便于清扫，便于在顶棚下更换灯管及检修。洁净区内与外界保持联系的通信设备，宜选用不易集尘、便于擦洗、易于消毒灭菌的洁净电话。医药洁净厂房可根据生产管理和生产工艺要求，设置闭路监视系统。

5. 安全、环保及工业卫生

医药工业洁净厂房设施的设计除了要严格遵守 GMP 的相关规定之外，还要遵循以下国家或行业对厂房设施环境、职业健康安全管理体系（EHS）方面的法律法规和技术标准：《建筑设计防火规范》（GB 50016）和《建筑内部装修设计防火规范》（GB 50222）。

6. 厂房建筑维护和竣工图管理

厂房设施主管部门应建立厂房设施的日常检查流程，制订厂房设施完好标准，定期对厂房设施进行维护保养，保持良好的厂房设施 GMP 状态，将厂房设施对生产活动的影响降到最小。检查范围包括：生产车间地面、墙面和吊顶、建筑缝隙（如外窗、外门、喷淋头、灯具等）、建筑物外墙和屋面防水、技术夹层和空调机房等。必须在生产环境下进行的作业应有相应的环境保护措施。施工时可能会产生交叉污染，如大的粉尘、异味和噪声等，都必须得到质量部门批准并完成相关培训后方可进行施工。对可能引起质量风险的厂房设施的变

更，要遵守变更管理流程，经过相关部门综合评估后，方可实施。建立 GMP 相关的厂房设施竣工图清单，每年进行一次现场确认和更新，并注明更新原因。新版图纸发出前，旧版图纸必须被回收销毁。每张图纸一式两份。厂房设施因技改项目发生改变时，GMP 相关图纸必须得到及时更新，否则不能通过项目验收。

三、生产区

1. 医药制剂生产区 GMP 风险分析

相对而言，生产区厂房设施设计内容中的 GMP 风险将更加深远地影响产品质量。另外，制剂生产过程就是对大量化学原料进行化学或者物理方式的处理，而且大多数生产活动由生产人员直接参与，所以对人员和环境的保护也格外重要。在工艺风险评估中，主要关注以下几方面：

① 物料和产品特性对人体的伤害预防。包括：物料和产品的暴露等级和对人体的有害等级。

② 人流、物流、容器流及废物流可能造成的交叉污染。

③ 产品的特性、数量。

④ 生产设备的工艺水平。

2. 人流、物流规划

(1) 物流规划　在人流和物流规划中，首先考虑是物流的规划，也就是生产工艺路线。典型的物流路线与传料方式紧密相关。三种传料方式包括：垂直传料、气动和真空传料及容器传料。在实际操作中，往往是三种传料方式的组合。

① 垂直传料。需要高层或者多层的建筑结构设计，优点是减少或避免了生产工序间的操作，不受到生产设备批次能力限制，物料暂存区域设置减少。

② 气动/真空传料。最小化物料传送空间需求，减少运输时间，在平层建筑结构即可满足要求。但清洗和物料隔离因素限制了该技术应用。

③ 容器传料。最基本的传料方式。往往是为了满足特殊工艺设备（如混合机）的技术需求，或者是因为中转的需要。在厂房设施设计中，需要综合考虑运输工具、贮存区域、上/下料设备以及清洗因素。

在物流规划中，关键设计原则包括：综合考虑物流路线合理性、最小化交叉污染，更有逻辑性、更直接、更顺畅等。避免洁净设备/部件和未清洗设备/部件共用同一贮存区域，运输距离最短。采取合适的保护措施，避免交叉污染。进入有空气洁净度要求区域的原辅料、包装材料等应有清洁措施，如设置原辅料外包装清洁室、包装材料清洁室等。进入不可灭菌产品生产区的原辅料、包装材料和其他物品，除满足以上要求外还应设置灭菌室和灭菌设施。生产过程中产生的废弃物出口不宜与物料进口合用一个气闸或传递窗（柜），宜单独设置专用传递设施。分别设置人员和物料进出生产区域的通道，极易造成污染的物料（如部分原辅料、生产中废弃物等）必要时可设置专用出入口。生产操作区内应只设置必要的工艺设备和设施，用于生产、贮存的区域不得用作非本区域内工作人员的通道。物料的电梯宜分开且不宜设在洁净区内，必须设置时，电梯前应设置气闸室或其他确保洁净区空气洁净度的措施。存放室宜设在洁净区域外，如需设在洁净区内，其空气洁净度等级应与本区域。无菌工作服的洗涤和干燥设备宜专用，在 100 级单向流下整理，并及时灭菌。减少物料处理工艺步骤。在物料运输中充分考虑人机工程设计，如：提升机、合适的走道宽度和门洞宽度。

（2）**人流规划** 人流规划主要关注人员对产品、产品对人员及生产环境的风险。涉及的人员包括一般员工、生产人员、参观人员、维护人员等。从保护产品角度来讲，人流规划措施如下：医药洁净厂房要配备对人员进入实施控制的系统。如：门禁系统，医药洁净厂房应设置人员净化用室和生活用室，人员净化用室宜包括雨具存放室、换鞋室、存外衣室、盥洗室、更换洁净工作服室、气闸室或空气吹淋室等。厕所、淋浴室、休息室等生活用室，可根据需要设置，但不得对洁净区产生影响。不同洁净等级的洁净室宜单独设置，无菌区和非无菌区应分别布置。人员净化用室和生活用室设施应符合下列要求：人员净化室入口应配置净鞋设施，外衣和洁净工服存放及更换应分别设置，盥洗室应设洗手和消毒设施，厕所和浴室不得设置在洁净区内。通过人员净化室进入洁净区入口，应设置气闸室。人流不要求一定是单向流。但尽量减少与物流的交叉。对一些人员不宜同时进/出的区域，除了行政管理要求之外，还要配备门的互锁以及报警灯系统。

（3）**生产区平面布局** 为了减少交叉污染对产品或人员的影响，在生产区平面布局设计中，要综合考虑以下因素，最终确定最小的生产空间。这不仅有利于管理、减少环境清洁及消毒工作，也有利于节约能源。称量室宜靠近原辅料室，其空气洁净度等级宜同配料室。医药工业洁净厂房内应设置与生产规模相适应的原辅材料、半成品、成品存放区域，且尽可能靠近与其相联系的生产区域，减少运输过程中的混杂与污染。存放区域内应安排待验区、合格品区和不合格品区。建筑物空间的隔离和围堵策略的应用，可以减少交叉污染。在不同洁净等级区域设置缓冲间、更衣间。清洗室或灭菌室与洁净室之间应设置气闸室或传递窗（柜），用于传递原辅料、包装材料和其他物品。

四、包装区

1. 医药制剂包装区 GMP 风险分析

避免交叉污染：同一条生产线可能生产不同产品，线-线之间不同产品潜在的相互污染，包装后工序的外包材对前工序暴露的药品和内包材的污染。

针对以上风险，可以通过以下厂房设施设计理念的实施，减少或消除 GMP 风险：

① 对内外包材，成品贮存区域分别布置。

② 隔离不同产品生产线。

③ 尽可能采用密闭生产工艺，减少走廊占用和运输中物料交叉污染。

④ 建立有序的人流和物流，保持最小量交叉。

⑤ 对不同的工艺单元，设置明确的暂存区。

⑥ 使用易于清洁的工艺设备。

⑦ 提供合适的生产环境。

2. 工艺路线和人流物流设计

对于口服固体制剂，如片剂或胶囊等半成品从中转库房通过"密闭桶"运转到包装线，翻转提升装置将"密闭桶"通过"快速接头"连接到包装线。

对于非固体产品，除了"密闭桶＋真空吸料"方式，也可采用密闭管道传料系统。

包材、人流、物流设计快捷，最小化交叉污染。

3. 平面布局

包装车间的设置邻近生产车间和中心贮存库；包装线房间要设置与生产规模相适应的物料暂存空间；线-线要隔离设置；前、后包装工序要隔离；设置与产品生产相适应的洁净等级房间存贮模具。

五、贮存区

1. 医药制剂贮存区 GMP 风险分析

易造成人为差错和物料交叉污染风险：

① 产品种类、规格繁多，相应的原辅料、包材、半成品、成品数量大。

② 质量控制系统对原材料和成品需要释放控制，造成生产周期延长，造成库存量增加。

③ 生产过程中，单元工艺能力不均衡造成物料贮存量增加。

④ 没有足够的物理空间。

⑤ 一些物料在安全法规、物理、化学特性对贮存环境的特殊要求。

⑥ 物料外包装污染物。

2. 平面布局原则

贮存空间应根据生产规模和贮存周期计算确定。

不合格品应专区存放。

生产过程中的物料贮存区的设置靠近生产单元，面积合适，可分散或集中设置。

非 GMP 相关物料，建议和 GMP 相关物料单独设置，减少 GMP 库房建设规模，降低库房管理成本。

六、质量控制区

检验、留样观察以及其他各类实验室应与药品生产区分开设置。

阳性对照、无菌检查、微生物限度检查和抗生素微生物检定等实验室，以及放射性同位素检定室等应分开设置。

无菌检查室、微生物限度检查实验室应为无菌洁净室，其空气洁净度等级不应低于 B 级，并应设置相应的人员净化和物料净化设施。

抗生素微生物检定实验室和放射性同位素检定室的空气洁净度等级不宜低于 D 级。

有特殊要求的仪器应设置专门的仪器室。

原料药中间产品质量检验对环境有影响时，其检验室不应设置在该生产区内。

1. 总体平面布局

制药企业的质量控制区是指质量控制（Quality Control，QC）实验室的规模和布局，可根据企业实际工作量的大小，以及企业生产药品的主要质检控制和检测项目进行设置，应与企业的检验要求相适应，以满足各项实验需要。

根据 cGMP 中的相关要求"质量控制实验室、中药标本室通常应与生产区分开"，制药企业设置质量控制区应与生产区相对独立。而考虑到企业生产中的实际效率和管理，如抽取样品的方便，对质量保证（Quality Assurance，QA）的技术支持，质量控制区又不应与生产区太远。

质量控制区的总体平面布局有如下建议：

① 质量控制区与生产区合建。

② 质量控制区与质量保证办公管理区合建。

③ 质量控制区独立建造，但应临近生产区。

2. 建筑布局

因制药企业的规模、仪器装备的水平、检测的方法，以及企业管理制度、操作习惯等的不同，每个企业的质量控制区的建筑布局会有不同。而且随着法规的发展，药品的质量检测在不断引进新方法、新技术以及先进的仪器设备，对质量控制区的布局的要求也在不断改变。

考虑质量控制区会放置大量精密仪器设备以及未来发展的灵活性，从建筑设计的角度建议采用钢筋混凝土框架结构，使建筑既具有良好的抗震性能，又方便未来改造。根据实验室设备的具体情况以及考虑到节能的要求，实验室的净高建议为 2.5～3.0m，其技术夹层的高度应根据空调形式及结构形式来决定，考虑到未来维修和改造一般净高不小于 1m。考虑到质量控制实验室涉及高压灭菌锅、培养箱等大型设备，如设计在二层或二层以上楼层的还应准确计算建筑楼面载荷，以确保安全。

3. 功能布局

质量控制实验室应有足够的空间以满足各项实验的需要，每一类分析操作均应有单独的、适宜的区域，设计中可以有如下主要功能房间（图 2-1）。

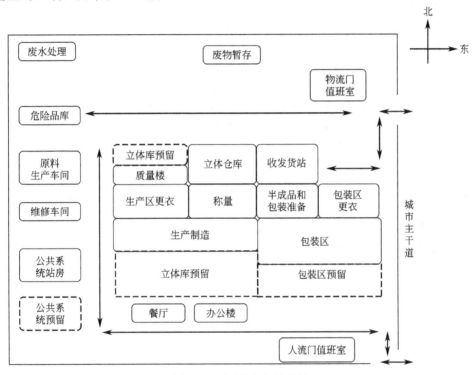

图 2-1 厂区总体布局示例

（1）送检样品的接受与贮存区

（2）试剂、标准品的接受与贮存区 可以设置试剂仓库。实验室试剂存放间应该只保存满足日常使用量的化学品，大量的化学品应贮存在专门指定的房间或建筑物内。试剂存放应该具备良好的通风设施，普通化学试剂和毒性化学试剂应分开存放，并有贮存温度和湿度的要求（对照品、基准试剂应按规定存放，并有专人管理，使用及配制应有记录。有温度贮存要求的场所应有温度、湿度记录）。

（3）清洁洗涤区 用于试管等的清洗（清洁洗涤区的设置应靠近相关实验室，便于清洗容器的送洗和取用）。

（4）特殊作业区 如高温实验室。高温实验室可根据企业质量控制区的实际情况设置，是放置烘箱、马弗炉等高温设备的地方，一般应远离试剂室及冷藏室，房间设置温感烟感报警器，并设置机械排风。

（5）留样观察室 包括加速稳定性实验。包括原辅料、包装材料及成品的留样，可分开设置也可分区设置，室内应注意通风和防潮设计，有阴凉贮存要求的还应设置阴凉室。留样观察室主要有常温留样观察室、阴凉留样观察室、冷冻（冷藏）留样观察室。留样观察室温度指示应与产品贮存要求一致，温度记录要真实、及时、完整。

（6）分析实验区 包括化学分析、仪器分析。

① 化学分析实验室 化学分析实验室是各类药品检验时的样品处理、试剂配制、滴定分析等的综合工作之地，是主要的分析检测场所，占地面积相对较大。为了方便操作，应与干燥室、天平室、仪器室等邻近。

② 仪器分析实验室 包括普通仪器室、精密仪器室、天平室等。仪器分析实验室通常包括天平室、光谱室、显微室、普通仪器室等。一般天平室宜单独设置，其他各室可根据企业检验需要进行设置，应尽可能远离振源、高温，并靠近化学实验室。其布置原则是：干湿分开便于防潮、冷热分开便于节能、恒温集中便于管理、天平集中便于称量取样。

（7）微生物实验室 微生物实验室一般由准备间、操作间、灭活间、无菌操作间和设备间等构成。操作间是进行微生物学质量检测的操作用室。对要求无菌的，如注射剂、眼用制剂等需要在无菌室中进行检测，可采用万级洁净环境下设置超净工作台来实现；对不要求完全无菌的一般制剂，又不允许某些菌的存在，并且对于允许存在的菌落数又加以限制，如内服固体制剂、内服液体制剂、外用制剂等，在无菌室中进行检测，可采用在十万级洁净环境下设置超净工作台来实现。因为无菌室（或半无菌室）是洁净区域，应按GMP对洁净区的要求进行设计，人员出入应设置更衣及缓冲间，物料或物品出入也应设置缓冲（或传递窗），培养皿、培养基等均需进行灭菌方能进入。无菌室在能直接被外界观察到的地方，可设置观察窗，确保操作人员的安全。微生物实验室同时还应设置配套的培养间、准备间、清洗间、灭菌间等。

（8）实验动物房 应与其他区域严格分开，其设计、建造应符合国家有关规定，并设有独立的空气处理设施以及动物的专用通道。

（9）办公室 质量检验中涉及大量文件记录，质检员可在实验室现场记录，也可设置独立办公室，如设立办公室应靠近相关实验室，便于质检员在做实验的同时进行相关文件记录。

第二节　设备

《药品生产质量管理规范（2010年修订）》要求：

> 第七十一条　设备的设计、选型、安装、改造和维护必须符合预定用途，应当尽可能降低产生污染、交叉污染、混淆和差错的风险，便于操作、清洁、维护，以及必要时进行的消毒或灭菌。
>
> 第七十二条　应当建立设备使用、清洁、维护和维修的操作规程，并保存相应的操作记录。
>
> 第七十三条　应当建立并保存设备采购、安装、确认的文件和记录。
>
> 第七十四条　生产设备不得对药品质量产生任何不利影响。与药品直接接触的生产设备表面应当平整、光洁、易清洗或消毒、耐腐蚀，不得与药品发生化学反应、吸附药品或向药品中释放物质。

第七十五条 应当配备有适当量程和精度的衡器、量具、仪器和仪表。

第七十六条 应当选择适当的清洗、清洁设备，并防止这类设备成为污染源。

第七十七条 设备所用的润滑剂、冷却剂等不得对药品或容器造成污染，应当尽可能使用食用级或级别相当的润滑剂。

第七十八条 生产用模具的采购、验收、保管、维护、发放及报废应当制订相应操作规程，设专人专柜保管，并有相应记录。

第七十九条 设备的维护和维修不得影响产品质量。

第八十条 应当制订设备的预防性维护计划和操作规程，设备的维护和维修应当有相应的记录。

第八十一条 经改造或重大维修的设备应当进行再确认，符合要求后方可用于生产。

第八十二条 主要生产和检验设备都应当有明确的操作规程。

第八十三条 生产设备应当在确认的参数范围内使用。

第八十四条 应当按照详细规定的操作规程清洁生产设备。

生产设备清洁的操作规程应当规定具体而完整的清洁方法、清洁用设备或工具、清洁剂的名称和配制方法、去除前一批次标识的方法、保护已清洁设备在使用前免受污染的方法、已清洁设备最长的保存时限、使用前检查设备清洁状况的方法，使操作者能以可重现的、有效的方式对各类设备进行清洁。

如需拆装设备，还应当规定设备拆装的顺序和方法；如需对设备消毒或灭菌，还应当规定消毒或灭菌的具体方法、消毒剂的名称和配制方法。必要时，还应当规定设备生产结束至清洁前所允许的最长间隔时限。

第八十五条 已清洁的生产设备应当在清洁、干燥的条件下存放。

第八十六条 用于药品生产或检验的设备和仪器，应当有使用日志，记录内容包括使用、清洁、维护和维修情况以及日期、时间、所生产及检验的药品名称、规格和批号等。

第八十七条 生产设备应当有明显的状态标识，标明设备编号和内容物（如名称、规格、批号）；没有内容物的应当标明清洁状态。

第八十八条 不合格的设备如有可能应当搬出生产和质量控制区，未搬出前，应当有醒目的状态标识。

第八十九条 主要固定管道应当标明内容物名称和流向。

第九十条 应当按照操作规程和校准计划定期对生产和检验用衡器、量具、仪表、记录和控制设备以及仪器进行校准和检查，并保存相关记录。校准的量程范围应当涵盖实际生产和检验的使用范围。

第九十一条 应当确保生产和检验使用的关键衡器、量具、仪表、记录和控制设备以及仪器经过校准，所得出的数据准确、可靠。

第九十二条 应当使用计量标准器具进行校准，且所用计量标准器具应当符合国家有关规定。校准记录应当标明所用计量标准器具的名称、编号、校准有效期和计量合格证明编号，确保记录的可追溯性。

第九十三条 衡器、量具、仪表、用于记录和控制的设备以及仪器应当有明显的标识，标明其校准有效期。

第九十四条 不得使用未经校准、超过校准有效期、失准的衡器、量具、仪表以及用于记录和控制的设备、仪器。

第九十五条 在生产、包装、仓储过程中使用自动或电子设备的，应当按照操作规程定期进行校准和检查，确保其操作功能正常。校准和检查应当有相应的记录。

一、实施指导

1. 设备的计划-购买

对于新设备购买，由相应职能部门根据公司生产、研发、生产效率、设备更新、新产品新技术引进等方面的需求发起项目，项目立项需纳入变更控制程序，由公司管理层批准立项。

应制订项目管理计划，对法规符合性、质量风险、设备关键等级、安全环境风险、验证计划、实施计划、投资计划、项目期望达到的目标进行规划并得到批准。

应由熟悉产品的工艺人员和设备使用人员起草一份综合各方（生产部门、质量部门、维修部门、新产品研发部门等）意见的用户需求文件（URS）。

用户需求文件（URS）是设备选型和设计的基本依据，因此需要对生产能力、生产工艺、操作需求、清洁需求、可靠性需求、防污染需求、防差错需求、法规要求等作出详细描述。设备项目负责人员依据用户需求文件进行设备设施的调研、选型，并转化为符合相关设备技术规范语言的技术要求，其中对关键技术指标作详细而明确的描述，用于设备设计、制造、安装、调试、验收的合同技术文件。上述技术文件经质量保证部、生产部等部门确认批准后，由购买部门与供应商进行商务协商，明确双方义务、价格、法律责任、售后服务、包装运输等条款，方可签署购买合同，在购买协议中还应明确新设备质量保证期限。

2. 设计-设计确认（DQ）-制造

一个好的设计开始于一个能够被设计者很好地理解的用户需求。因此在设计过程中应有生产、维修、工程、质量等多个部门的共同参与，特别是用户和维修人员，充分利用他们对现有设备的使用和维护经验帮助设计者进行新设备的设计。完善的设计确认是保证用户需求及设备功效得以实现的基础，对于标准设备依据用户需求选型确认可免于设计确认，对于非标设备必须进行设计确认。

设计确认内容包括：

① 在设计阶段形成的计算书、设计图纸、技术说明书、材料清单等文件 GMP 符合性分析。

② 关键参数控制范围及公差。

③ 与供应商的技术协议、供应商报价文件、审计报告。

④ 证实设计文件中的各项要求已完全满足了用户需求。对新设备制造过程应有有效的监督，技术人员对关键设备应进行生产测试（FAT），检查确认关键指标是否符合设计要求。所有的测试草案都应事先得到相关部门批准，严格按草案检测，最终形成测试报告，作为设备技术资料的一部分存档。

3. 设备的安装、调试与启用

设备在到货后，项目负责人需要会同其他相关人员对设备的外观包装、规格型号、制造商、零部件、附属仪表仪器、随机备件、工具、说明书及其他相关资料逐一进行检查核对，并将检查记录作为设备安装资料的一部分存档。

设备的安装施工和调试过程应符合设计要求、符合相关行业标准规范，并有施工记录，公司需组织专业人员对施工全过程进行检查验收，该检查验收应事先起草一份检查验收文件（试运行，Commissioning），经审核批准后执行。

设备安装调试完成后需进行设备验证工作，即：安装确认（IQ）、功能确认（OQ）和运行确认（PQ）。3Q确认文件应事先依据《用户需求》、《技术要求》和《设计确认》文件起草，草案经审核批准后执行，最终形成报告，确认符合用户需求。设备启用前需建立日后运行和维护所需的基本信息，包括建立设备技术参数、设备财务信息、售后服务信息、仪表校验计划、预防维修计划、设备技术资料存档、设备备件计划、设备标准操作程序、清洗清洁操作程序、设备运行日志等，建议采用计算机设备管理系统（CMMS），操作和维修人员应得到相应培训。

4. 设备的使用和清洁

设备使用人员应严格按事先制订的《标准操作程序》操作设备，并按要求进行日常保养。

对设备的清洁、清洗需按《清洗、清洁标准操作程序》进行，《清洗、清洁标准操作程序》需根据验证确认的参数起草。

5. 设备的维护与维修

设备应有日常保养计划和实施的工作卡，由设备操作人员负责执行，它主要包括检查、清洁、调整、润滑等工作。设备的日常维修由维修工程师负责，其主要维修策略可选择以预防维修（PM）为主，以纠正性维修（Design Out Maintenance，DOM）、故障维修（Operate to Failure，OTF）等为辅的维修策略。在所有的维修类型中预防维修应有最高优先权，关键设备预防维修的执行应受质量管理体系的监督。

6. 设备的关键等级划分

设备的维护维修应分级管理，通常分为 A、B、C 三级，并对其采用各自相适应的维修策略。

应组织评估小组对设备关键等级进行评估，该评估小组至少应包括设备使用部门经理、设备维修部门经理、维修工程师、设备操作员、维修计划员等。评估小组根据每一个参照因素对设备进行打分，最后根据评分高低对设备进行分级。

评估需考虑两大方面因素：

(1) 关键影响因素　质量影响因素、生产影响因素、设备利用率因素、安全环境影响因素。

(2) 设备因素　设备可靠性、设备故障发生频率、设备维修成本。

7. 设备故障分析与纠正行动

对于导致产品质量出现问题或较大和频繁的设备故障，应由维修主管组织相关人员成立设备故障分析小组，遵照事先制订的程序对设备故障进行分析并采取相应的纠正性行动。

维修部门应建立设备故障趋势图，维修主管通过对其回顾和分析，以决定设备的可靠性和未来工作状况，并采取相应措施进行预防性改进。

8. 设备的变更

对于任何在设备使用过程中功能、用途、位置等方面的更改执行审批程序，批准后方可执行，包括设备转移、设备改造、设备停用、设备启用。发生这些变更后需要进行使用前的功能和性能确认。

应定期对设备进行盘点核对，要做到台账、实物、标牌相符。

终止停运设备的预防维修计划和备件购买计划，对改造的设备进行技术资料变更，同时还应在设备管理电子系统中作相应的记录并对停用设备进行现场标识。

9. 设备的报废

应确定设备报废条件，如主要结构陈旧、精度低劣、经过多次维修仍不能满足质量要求、生产效率低、不能再改装利用等。因厂房改建或工艺改变必须拆毁者、损坏严重无修复价值或继续使用易发生人身危险的设备均应予以报废。

对于设备报废，需按照制订的流程进行审批，在批准报损后需要进行如下工作：终止设备的预防维修计划、仪表校验计划和备件购买计划和相关的系统信息归档。

二、设备设计选型

1. 技术要求

设备传动结构应尽可能简单，宜采用连杆机构、气动机构、标准件传动机构。

接触药品的设备表面易清洁，表面光洁、平整、无死角。

接触药品的材料应采用不与其发生反应、吸附或向药品中释放有影响的物质，通常多采用超低碳奥氏体不锈钢、聚四氟乙烯、聚丙烯、硅橡胶等材料。禁止使用吸附药品组分和释放异物的材料（如石棉制品）。

设备的润滑和冷却部位应可靠密封，防止润滑油脂、冷却液泄漏对药品或包装材料造成污染，对有药品污染风险的部位应使用食品级润滑油脂和冷却液。

对生产过程中释放大量粉尘的设备，应局部封闭并有吸尘或除尘装置，应经过过滤后排放至房外，设备的出风口应有防止空气倒灌的装置。

易发生差错的部位安装相适应的检测装置，并有报警和自动剔除功能。

2. 实施指导

制药设备设计选型需要考虑的相关因素如下。

① 产品的物理、化学特性。例如：产品剂型、外形尺寸、密度、黏度、熔点、热性能、对温湿度的敏感程度、适应的贮存条件，以及 pH 值、氧化反应、毒性、腐蚀性、稳定性等其他特殊性质。

② 生产规模。根据市场预测、生产条件、人力资源预计设备涉及产品的年产量、每日班次。

③ 生产工艺要求。根据生产工艺提出对设备功能需求，例如：a. 温度范围及精度需求；b. 速度范围及精度需求；c. 混合均匀度需求；d. 供料装置需求；e. 传输装置需求；f. 检测装置需求；g. 成型需求；h. 剪切需求；i. 灌装精度、灌装形式需求；j. 标记功能需求；k. 装盒形式需求；l. 中包形式需求；m. 装箱形式需求；n. 封箱捆扎形式需求；o. 托盘摆放形式需求。

④ 根据接触物料特性、环境特性、清洗特性、保证不与药品发生化学变化或吸附药品，而提出关键材料材质要求。

⑤ 清洁要求。a. 物料接触处无死角；b. 表面粗糙度；c. 就地清洗射流强度、覆盖面积；d. 清洗剂要求；e. 器具表面无肉眼可见残留物；f. 清洗水样在紫外分光检查下无残留物。

⑥ 给定条件下设备稳定性的需求。新设备在设计时要特别考虑设备的可靠性、可维修性，同时还应对新设备所配备的在线/离线诊断帮助或设备状态监控工具等进行明确的说明。例如：单机连续运行 300min 无故障，说明书自动进盒成功率，指定电气控制元件的生产厂家、品牌、认证标记。

⑦ 根据生产工艺要求和生产条件确定设备安装区域、位置、固定方式（通常给出布置图）。

⑧ 根据生产工艺和产品特性提出对环境需求，例如：a. 环境空气的洁净级别要求；b. 环境湿度允许范围；c. 光照度允许范围；d. 物料摆放空间要求；e. 物料转运通道要求。

⑨ 包装材料要求。根据产品特性（剂型、稳定性等）提出对包装材料要求，例如：PP塑料瓶装、纯铝管、PVDC-纯铝箔铝塑泡罩包装、成型铝-铝箔泡罩包装、PVC袋装、BOPP膜中包、双瓦楞纸箱等。

⑩ 外观要求，例如：表面涂层色彩要求；表面平面度、直线度；表面镀铬；不锈钢亚光；表面氧化处理；表面喷塑；表面涂装国际标准（CIC）白色面漆。

⑪ 满足安全要求，应符合国家相关机器设备安全设计规范。

⑫ 满足环境要求，符合国家相关机器设备环境控制规范。

⑬ 技术资料要求，通常一式两份，内容应包括但不限于：技术数据、操作手册、维修手册（包括维修卡、润滑卡）、竣工图纸、技术图纸、备件手册或备件清单、外购件技术资料、记录和控制卡（装箱单、产品合格证、软件备份、计量仪表鉴定证明、指定材料的材质证明、试验记录、试车记录、售后服务联系地址）、控制系统软件清单、版本号和备份软件。

⑭ 操作要求，操作盘安装位置、操作盘显示语言处理、汉语标识、工位配置桌椅。

⑮ 维修要求，易损部件便于更换、各部位有维修空间、故障自动检测系统、控制系统恢复启动备份盘。

⑯ 计量要求，测量仪表具有溯源性、测量仪表的分辨率、测量仪表的精度等级、测量仪表采用标准计量单位。

⑰ 售后服务要求。保修期一年、终身维修服务、维修反应时间。

三、设备设计、制造、安装确认

1. 设计确认（DQ）

DQ涵盖了从最初的概念提出直到签署订购合同前各种文件评估、完善的设计确认及工程技术设计，是保证用户需求及设备/系统功效得以实现的基础。在设计阶段形成的设计图纸、技术要求、材料清单等文件应由技术人员进行检查核对，并得到审核人签字确认。设计确认必须证实设计文件已完全满足了用户需求。设计文件、图纸、技术规范应达到设备购买合同附件的要求。

2. 生产地测试（FAT）

应对设备的制造过程进行技术确认，必要时可分阶段进行，以确认制造过程符合设计要求。应在出厂前对设备整体进行测试，确保设备符合设计要求，该项要求应体现在合同中。根据生产地测试结果形成测试报告，对测试中出现的偏差要执行偏差处理程序。

3. 安装确认（IQ）

安装确认主要包含以下内容但不限于开箱检查：

① 按照装箱单确认是否相符合。

② 外观检查。确认设备是否有损坏及腐蚀。

③ 标识检查。设备上的各种标牌（名称、型号、生产商、系列号、设备位号等）符合设计要求。

④ 制造商/供应商文件检查（订货合同号、售后服务联络方式、操作维修手册、装箱单、备品备件等）。

⑤ 安装环境条件确认（洁净级别、气流、振动、噪声等）。确认由于运输需要而安装的固定装置已拆除。

⑥ 公用系统检查，如水、电、压缩空气、蒸汽、工艺真空、真空除尘的连接及参数。

⑦ 结构材质及表面粗糙度，尤其与产品接触的材质检查记录。

⑧ 管道与阀门位置与方向，管道焊接检查记录，管道倾斜度检查。

⑨ 汽水过滤器滤芯参数检查、安装检查及完整性测试记录。

⑩ 设备可更换部件数量及质量标准，相应的专用工具确认。

⑪ 润滑剂检查记录。

⑫ 仪器仪表清单、参数、安装位置和校验记录检查。

⑬ 计算机/程序控制系统安装确认，控制系统调节初始参数记录。

⑭ 初始清洁（如除油）、消毒记录和钝化记录。

⑮ 设备水平调节记录。

⑯ 接地检查记录、电机和泵参数（型号、设备出厂序列号、运转方向等）记录。

⑰ 相关的 SOP、预防维修计划和仪表校验计划。

⑱ 管道压力试验、真空泄漏测试和测试报告。

⑲ 竣工图。

⑳ 与该设备相关的附属设备及可移动设备的安装情况，如：支承平台、储罐、缓冲罐、吸尘器、提升机、传送带和称量仪器等。

4. 运行确认（OQ）

对单机进行操作功能确认，所有可影响正常运行的功能单元及控制方法（如 PLC 控制、手动控制）要按照预先设定的可接受范围及公差进行测试。测试应包括空载及负载运行、运行上下限参数、保护开关实验和最差条件试验，以证实设备的功能满足设计要求。

确认草案中要设计各种测试数据记录表格，表格中应包括：测试名称、测试过程方法原理简述、采用的仪器、接受标准、结果记录和结论等项。

检查各种测试仪器仪表的清单及校验记录。测试前要确认任何安全装置没有被旁路或短接。

测试的功能应包括：急停、开门安全联锁、防护罩联锁、车速指示、升温冷却指示、流量指示和压力真空指示等。

测试参数应包括温度、流量、真空、压力、转速、时间及其上下限警报设置等。

证实所有的设备各项功能和参数均能满足设计要求。测试时若需要模拟或隔离相关系统的某部分要在草案中说明。

应进行设备运行中掉电恢复测试以评估突发停机对产品质量和安全操作的影响。

记录仪输出数据图线情况，如：单位、可读性、图线精度。

对于涉及前后工序衔接的流水线，如包装过程，还应测试物料前后传送是否流畅。

应对设备功能及操控范围是否满足工艺要求进行评估，同时对设备操作文件、预防维修及仪表校验计划进行评估，必要时进行更正。

5. 性能确认（PQ）

性能确认是证实设备在联机状态下，按已批准的流程、方法和产品标准可重复稳定运转，并符合预先设定的要求。

性能测试要考虑关键参数、测试条件，包括运行的上限和下限测试。

对单台设备进行性能确认通常使用空白料运行，对包装线应进行联机带料测试。依据相关操作、维修手册，制订设备相关 SOP，并完成培训，保存记录。

四、设备技术资料管理

1. 技术资料的编写与修订

项目竣工资料交付，应由技术人员审核，符合设计要求和现场实际。

在编写或修订技术资料时，需统一编号管理，应包含正确、恰当的信息，并由相关人员进行审核。

技术资料应包含版本号、生效日期等内容。在对技术资料进行修订时，应列出修订内容，更新版本号、生效日期等，在使用新版本技术资料时仍需保留旧版本资料，以备追踪。

通过对技术资料的原始电子版本备份、限制访问权限等方法以确保其安全。

2. 技术资料的存档、分发与收回

常用技术资料（如：设备使用说明书、设备维修手册、备件手册、竣工图纸等），原则上应不少于两套，一套交资料室存档，另一套可用于生产、维修活动的借阅。

设备或系统进行更新改造或系统升级后，项目负责人应将更改后的资料及时交到资料室，由资料管理员补充到原技术资料中，作为完整的资料存档以备查阅。

设备报废后，应通知资料管理员，从借阅人收回所有的技术资料和复制件，并与该设备同时处理。

在设备日志中记录设备使用、维修、保养、清洁、验证、校验等活动，并存档。电子版文档做成 PDF 文件，并有备份，谨防修改。

3. 技术资料的保管

设备技术资料应由专人、专用的资料室保管。

资料室应干燥通风、有资料柜。

存档资料应加锁并与可借阅资料分开保管。

保存的资料有详细的台账，最好纳入设备计算机管理系统。

定期清理过期的资料。

4. 技术资料的借阅

相关技术专业人员在借阅技术资料前，必须填写资料借阅表，并按照规定将日期、资料名称、借阅者姓名一一填明。

当资料借阅者归还资料的同时，资料管理者应及时在借阅登记表中注销，并填写归还日期。

对于新购置的设备或计算机系统，在得到相关的资料后，应通知资料管理员及时进行分类、登记工作，并放置在正确的资料柜中，以便有关人员查阅使用。

技术资料管理者每年进行一次外借资料的普查工作，平时不定期地督促借阅者按期归还所借资料，以达到资源共享的目的。

所有资料借阅人员都应严格遵守保密协议，履行保密义务。

五、设备使用

《药品生产质量管理规范（2010 年修订）》要求：

第八十五条　已清洁的生产设备应在清洁、干燥的条件下存放。

第八十六条　用于药品生产或检验的设备和仪器，应有使用日志，记录内容包括使用、清洁、维护和维修情况以及日期、时间、所生产及检验的药品名称、规格和批号等。

第八十七条　生产设备应有明显的状态标识，标明设备编号和内容物（如名称、规格、批号）；没有内容物的应标明清洁状态。

第八十八条　不合格的设备如有可能应搬出生产和质量控制区，未搬出前，应有醒目的状态标识。

第八十九条　主要固定管道应标明内容物名称和流向。

---

1. 标准操作程序

(1) 设备明细及分类要求 应编制工厂设备管理程序和设备明细表,并对设备进行分类管理。对设备管理的职责划分、设备管理全过程的管理要点及相关记录等作出文件化规定。

设备管理程序、设备明细及分类等应定期修订、更新,并纳入质量文档的管理当中。

(2) 设备操作的文件和人员资格的要求 对所有的生产和检验设备,均应建立设备操作、清洁及其他相关的标准操作程序,明确使用过程的职责划分、工作程序和内容等。

文件应采用与使用人员资格要求相当的文字,必须有母语版本,根据需要决定是否需要其他语种版本。描述方式应尽量简单明了,便于理解和掌握。建议更多使用图片、示意图、流程图、表格以及量化的数字、文字等。

需对生产和检验设备使用人员的文化素质、工作经历、接受培训以及健康、安全卫生等方面作出要求,根据人员层次不同,作出不同的资格规定,建立职位描述或胜任力模型等。

同时应根据 GMP 和实际工作要求作设备使用方面的定期和不定期培训,并保存相关培训记录。

(3) 对标准操作程序内容的要求 设备标准操作程序应主要包括以下内容。

① 设备、设施标准操作的相关内容。需对设备使用过程、涉及范围、责任人、操作人、维修维护人、过程监督人等职责划分等作出明确规定。

需对设备名称、涉及部件、用途、基本结构、工作原理等作出简单描述。

需对设备操作、控制的各类屏、盘、键、钮等功能作详细说明。

需详细规定在换班、换批、换产品操作前的防止污染、交叉污染和混淆的措施,如与产品接触部位、部件的清洁,各类文件更新,清场等。

需对环境、清洁和安全、连接部位、公用系统、设备关键部件和关键参数的标准状况作出明确要求。

需对操作步骤和内容作细化描述,应细化到每一个可能带来设备、系统、产品、环境等状态变化的动作的描述,并明确每一步作业应达到的状态和参数。

需对操作注意事项,如人员资格、自动化设备的参数维护、相关劳动保护、安全事项、异常情况处理等作出明确说明。

需对称重、计量仪器和关键过程控制(IPC)设备状态、精度进行确认,对使用台账进行维护,主要包括天平、检重仪、相关 IPC 设备(黏度、粒度、密度、硬度、pH 值测定、脆碎度、崩解时限、生物显微镜、渗漏测试设备等)等。

除对 IPC 设备操作的要求外,还需详细规定每种产品生产过程所涉及 IPC 项目的操作要求,主要包括项目内容、取样量、批次、方法、合格标准、涉及设备、人员资格、检测记录和设备仪器使用台账的维护等。

对于用于保证中间体或原料药质量控制、称量、测量、监测和检验过程的关键计量设备,应当按照书面程序和已经制订的日程进行校验,包括需明确规定设备计量的标准测量工具、测量方法、调整程序、允差范围、校准间隔等。

需对校准合格的仪器、仪表等的合格状态标识(合格证等)、有效期等的形式作出规定,并确保使用中的仪器、仪表处于合格状态。

按照法规和公司规定规范和保存计量记录,保证可追溯到设备已按规定标准校验的记录。

② 设备、设施标准清洁的相关内容。需对设备清洁的目的、涉及范围、责任人、操作人、维修维护人、过程监督人等职责划分作出明确规定。

需对不同类型设备清洁,如在线清洗(WIP)、清洗站清洗、容器清洗、附属设备设施清洗等；不同情况设备清洁，如例行、换班、换批、换产品、特殊情况等的清洁方式和内容作出定义和规定，确定每种方式的清洁标准和验收标准。

清洗过程中需拆装设备设施时，还要明确拆卸和重新安装每一个部件的指令、顺序、方式等，以便能够正确清洁。

需对设备清洗中使用清洗剂、消毒剂的浓度规定、配制要求、适用范围及原因等作出明确规定。

针对不同的清洁方式、清洁内容，按照作业步骤详细规定作业方法，包括：动作要领、使用工具、使用的清洗剂、消毒剂、清洁需达到的标准等。

应当对清洁前后的标识状态、有效期限等作出明确规定，主要包括：移走或抹掉先前批号等标识的要求。用恰当的方式标识设备内容物和其清洁状态、规定工艺结束和清洁设备之间允许的最长时间、设备清洁后的可放置时间等。

对清洁后的设备贮存、放置等方式、环境、标识、效期等作出规定。

必要时需对清洁区域的人员、物品特别是不同清洁状态的物品流向、定置要求等作出规定，以确保清洁效果，防止污染、交叉污染和混淆。

③ 对设备附带的自动化系统和计算机系统操作和管理的相关内容。需对自动化设备和计算机系统使用过程的目的、涉及范围、责任人、操作人、维修维护人、过程监督人等职责划分作出明确规定。

需对自动化设备或计算机系统的配置信息作出描述，主要包括：CPU 模块型号、数字或模拟信号的输入输出模块、软件名称、软件安装形式、操作面板、外围设备或执行部件、备份信息等。

需对自动化设备或计算机系统的文件系统作出要求，主要包括：输入输出信号表、详细的系统描述、电气连接图、端子接线图、设备参数表、设备源代码硬拷贝、编制该系统的SOP 等，并对文件的形式、存放要求及维护等作出描述。

需对自动化设备或计算机系统的紧急停车、系统通电等事项作出详细操作要求和步骤描述。

需对自动化设备或计算机系统的数据输入、数据归档与恢复等事项作出详细要求和描述，主要包括：

a. 对计算机化系统应当加以足够的控制，以防止未经许可的存取或改动数据，应根据不同用户使用要求，设置权限层级设置，如操作、参数改动、维修维护、系统维护等。

b. 计算机化系统应当能够控制防止数据的丢失，即由于系统关闭而没有捕捉到数据的保护等。

c. 计算机系统应当能够记录任何数据改动，可追溯谁进入、谁作了改动以及什么时间作了改动。

d. 在手工输入关键性数据时，应当有额外检查来核实输入的准确性，需由第二位操作人员，或由系统本身来完成核实。

e. 对计算机化系统所作出的变更都应当按照变更程序进行，并且经过正式授权、记录和测试。

f. 所有的变更记录都应当保存，包括对硬件、软件及任何系统关键组成部分的修改以及升级。

g. 如果系统故障或失效可能会导致记录参数永久丢失，则应当提供备份系统。

h. 所有计算机化系统都应当规定数据保护措施，数据可以由除了计算机系统以外其他的方法进行记录等。

④ 标准操作程序和记录的管理要求。标准操作程序的制订应参考设备、设施的操作说明书、相关技术文件进行，同时，所有标准操作程序的内容，包括关键参数，都应与批准的设备试机、验证结果保持一致。

标准操作程序、设备管理程序、设备明细及分类和相关记录等应定期修订、更新并纳入质量文档管理层当中。

标准操作程序及相关文件、记录应对所有相关人员定期培训，在出现内容更新时对所有相关人员及时进行更新内容的培训，并按质量文档管理要求建立和保存培训记录。

所有标准操作程序及相关文件、记录应以适宜的形式，存放在操作人员可以及时、方便获取的作业现场。

2. 设备状态标识

（1）设备状态标识管理文件要求及职责要求 应建立生产和检验设备状态标识管理的相关程序，明确适用范围、职责权限划分、规定管理过程的工作程序和内容等。

文件应采用与使用人员资格要求相当的文字、描述方式，尽量简单明了，便于理解和掌握。建议更多使用图片、示意图、流程图、表格以及量化的数字、文字等。

（2）正常使用设备状态标识要求

① 生产设备状态标识。需制订文件或程序对生产过程中设备状态标识涉及范围，对责任人、操作人、维修维护人、过程监督人等职责划分作出明确规定。

需对生产过程中的设备进行编号和运行状态标识管理，并要求"有专人负责维护保养"、"记录齐全"。

需制订设备编号规则，对于生产过程正常使用的设备，必须将设备编号固定于设备显著位置，同时应将设备编号登记造册，适时维护更新，并保存变更记录。

对于生产过程正常使用的重要生产设备，还需将设备关键信息，主要包括设备名称、型号规格、生产厂家、出厂日期、设备能力，需要时还包括额定功率、电压、电流、转速、压力等参数，以适宜的形式（如铭牌等）标识在设备显著位置。

需对生产过程中的设备运行状态标识进行管理，明确各种状态的定义及标识，主要包括正在生产中、已清洁、待清洁、维修、试机及其他需如实填写的内容。生产设备运行状态标识卡由操作人员负责，根据现场情况更换，更换后的标识卡可作销毁处理，不必存档。

② 公用工程设备、固定管道设施的状态标识。需制订文件或程序对公用工程设备状态标识涉及范围，对责任人、操作人、维修维护人，过程监督人等职责划分作出明确规定。

需对公用工程设备、固定管道设施进行编号和运行状态标识管理，并要求有专人负责维护保养、记录齐全。

需制订设备编号规则，对于公用工程设备、固定管道设施需将设备编号固定于设备显著位置，同时应将设备编号登记造册，适时维护更新，并保存变更记录。

对于正常使用的公用工程设备、固定管道设施等，还需将设备关键信息，主要包括设备名称、型号规格、生产厂家、出厂日期、设备能力，需要时还包括额定功率、电压、电流、转速、压力等参数，以适宜的形式（如铭牌等）标识在设备显著位置。

需对生产过程中公用工程设备、固定管道设施等的运行状态标识进行管理，特别是固定管道设施，需明确各种状态及标识的定义，并以明确的文字和标识对管道内容物和流向进行标识，并规定定期对标识进行检查和维护。

③ 测量、检验设备状态标识。需制订文件或程序对生产过程中的测量、检验设备状态标识涉及范围，对责任人、操作人、维修维护人、过程监督人等职责划分作出明确规定。

需对测量、检验设备进行编号和状态标识管理，并要求有专人负责维护保养、记录齐全。

需制订设备编号规则，对于测量、检验设备需将设备编号固定于设备显著位置，同时应将设备编号登记造册，适时维护更新，并保存变更记录。

对于正常使用的测量、检验设备，还可将设备关键信息，主要包括设备名称、型号规格、生产厂家、出厂日期、设备能力，需要时还包括额定功率、电压、电流、转速、压力等参数，以适宜的形式（如铭牌等）标识在设备显著位置。

需建立文件或程序，对测量、检验设备进行使用状态标识和校准记录管理，所有经校准合格的测量、检验设备必须将合格标识固定于设备易于发现的位置。合格标识应主要包括设备编号、校准期限、有效期、校准人等。测量、检验设备使用人员在使用前必须保证设备状态标识正常，确保使用中的设备处于合格状态。

需建立文件或程序，对校验结果异常的现场测量、检验设备，也需进行状态标识管理。对禁用、暂停使用、限制使用和安装前校验的设备，需使用与合格状态标识不同的标识予以区分。建议对不同状态的标识使用颜色管理，便于操作人员了解和辨识。

测量、检验设备状态标识需和校验记录相符合，状态标识由校验责任人负责管理和维护，校验记录需纳入质量文件管理体系中，并按法规和质量记录管理的要求保存和更新。

④ 特殊产品、过程设备状态标识。需建立文件或程序，对于特殊产品、过程设备状态标识管理作以规定。并根据实际情况设计和管理相关标识和记录。例如高温、毒害等设备状态。

（3）特殊状态的设备状态标识要求

① 验证设备状态标识。需对验证过程中的设备状态标识（包括设备验证、清洁验证等）作出规定，明确各种状态的定义及标识，以示与其他状态的设备相区别。在验证过程中的设备状态标识内容应主要包括验证项目名称，涉及设备名称，设备编号或地点，涉及产品、时间、异常情况处理以及验证协调人姓名和联系方式等。

② 维修、维护设备状态标识。需对维修、维护过程中的设备状态标识（包括预防维修、故障维修、设备保养等）作出规定，明确状态定义及标识，以示与其他状态的设备相区别，在维修、维护过程中的状态标识可由维修、维护操作人员负责根据现场情况更换，更换后的标识卡可作销毁处理，不必存档。

③ 停用设备状态标识及处置。建立需停用的设备状态标识及定义，以示与其他状态的设备相区别，同时对设备是否需要清理出生产或检验区域，以及清理期限作出规定。

3. 设备日志

（1）设备日志管理文件要求及职责要求　应建立设备日志管理程序或文件，明确适用范围，对责任人、操作人、维修维护人、过程监督人等职责划分作出明确规定、描述使用过程的工作程序和工作内容等。

设备日志管理程序或文件应设置设备日志配置表，规定配置设备日志的设备、设施及区域的位置、编号、房间号等并定期维护。

文件应采用与使用人员资格要求相当的文字、描述方式，尽量简单明了，便于理解和掌握。建议更多使用图片、示意图、流程图、表格以及量化的数字、文字等。

需规定相关人员对日志记述情况的检查、信息收集、涉及问题的纠正、督促或处理等内容。

（2）设备日志规定的工作程序及内容要求

① 设备正常使用过程的填写及规定。设备日志封面应填写设备名称、编号、使用期限、使用部门及填写人员等信息。需规定日志涉及产品名称的填写规范。需规定设备正常使用过程中日志填写的要求和规范，主要包括但不限于：日志填写频次（至少不长于每班次），生

产时间信息（年、月、日、班次等），生产涉及的产品名、批号等，遇结批、换产品应将涉及的产品和批号全部罗列在日志上。

涉及设备清洗、清洁的事项，需在日志中标明。

每班需对机械防护及安全联锁状态作检查，并对检查状态作以说明。

其他异常情况需在日志中详细说明。

正常生产过程中每班次的日志的填写均需填写人签名确认。

② 设备清洁过程的填写及规定。正常生产过程中涉及设备清洗、清洁的，需在日志中标明。

③ 设备维修维护过程的填写及规定。需规定设备维修维护过程的日志填写规则，需对故障进行定义，调整性维修可不纳入设备日志填写的范围。

对故障维修项目需填写故障现象与维修结果、预防维修需填写工单号。故障维修的结果需操作人员签字确认。

需详细填写维修过程起始时间，并由维修和操作人员共同签字确认。

④ 设备校验、验证过程的填写及规定。需规定设备校验、验证过程的日志填写规则，需对校验、验证进行定义。

对设备校验需填写仪器或仪表编号、设备验证需验证草案、报告或相关验证文件编号。

需详细填写校验、验证过程起始时间，并由校验操作人员或验证协调员和操作人员共同签字确认。

⑤ 设备安全状态的检查、填写及规定。日志程序需规定对设备安全状态的检查（包括但不限于机械防护及安全联锁状态等）并对检查状态作以说明。

正常生产过程中每班次的日志的填写均需填写人签名确认。

⑥ 设备日志的填写要求。日志填写应字迹清晰，语句简练准确、无漏填或差错；如因差错需重新填写时，作废单元应保留，注明作废原因，由注明人签名并填写日期，不得撕毁并造成缺页。应规定下班、交接班时，操作人员对日志填写的检查及对无须填写单元的处理等。对整体设备一部分或整条生产线中部分设备，也应按要求填写日志。

(3) 设备日志的发放、收存与存档要求 对设备日志等应定期修订、更新并纳入质量文档的管理当中。

设备日志应由指定部门分发及存档。

设备日志应以适宜的形式，存放在操作人员可以及时、方便获取的作业现场。

4. 设备清洁清洗

(1) 范围及职责 设备清洁清洗适用范围及职责要求。

应建立详尽的生产设备清洗文件或程序，规定设备清洗的目的、适用范围、职责权限划分。

针对不同类型设备清洁，包括在线清洗（WIP）、清洗站清洗、容器、附属设备设施等。

不同情况的设备清洁，包括例行、换班、换批、换产品、特殊情况等作出不同的定义，按照设备清洁的步骤详细描述清洁过程各环节的工作方法和工作内容，包括动作要领、使用工具、使用的清洗剂、消毒剂、清洁需达到的标准等，确定每种方式的清洁标准和验收标准。

对于在清洗过程中需拆装的设备设施，还要明确拆卸和重新安装设备及其附属设施每一部件的指令、顺序、方式等，以便能够正确清洁。

需对设备清洗中使用的清洗剂、消毒剂的名称、浓度规定、配制要求、适用范围及原因等作出明确规定。

应当对清洁前后的状态标识、清洁后保存的有效期限等作出明确规定，如移走或抹掉先前批号等标识的要求。用恰当的方式标识设备内容物和其清洁状态、规定工艺结束和清洁设备之间允许的最长时间、设备清洁后的可放置时间等。

需对设备清洁现场管理和 EHS 的要求等作出规定。

对清洁后设备的贮存、放置方式、环境、标识、效期等作出规定，必要时需对清洁区域的人员、物品，特别是不同清洁状态的物品等的流向、定置要求等作出规定以确保清洁效果，防止污染、交叉污染和混淆。

清洁过程应参考如下步骤进行规定：确定需清洁的污染物性质和类型→清除所有前一批次残留的标识、印记→预冲洗→清洗剂清洗→冲洗、消毒→干燥→记录→正确贮存。

（2）文件及人员资格 设备清洁清洗的文件和人员资格的要求：

① 对设备清洁清洗人员的文化素质、工作经历、接受培训以及健康、安全卫生等方面作出要求，根据人员层次不同，作出不同的文件规定（职位描述、胜任力模型）。同时根据 GMP 和实际工作要求作定期和不定期培训，并保存相关培训记录。

② 设备清洁清洗所用文件应该使用与使用人员资格要求相当的文字，必须有母语版本，根据需要决定是否需要其他语种版本、描述方式编写，尽量简单、明了，便于理解和掌握。

③ 建议更多使用图片、示意图、流程图、表格以及量化的数字、文字等。

（3）清洗剂消毒剂的使用要求 需对设备清洗中使用的清洗剂、消毒剂的名称、浓度规定、配制要求、适用范围及原因等作出明确规定。主要包括每种清洗剂适用的物质、清洗剂和消毒剂适用的清洗环节、清洁作业所需的清洗剂和消毒剂的浓度、最佳使用温度、清洗剂和消毒剂发挥作用所需的作业参数（如搅拌力度、次数、清洗剂）和消毒剂发挥作用需要的时间等。

（4）对清洗用水或溶剂的要求 用于设备清洗的水应与用于生产过程的工艺用水要求类似，水和清洗用溶剂必须不含致病菌、有毒金属离子，无异味。

需根据设备、清洁工具、所用清洁剂等的要求，对用于设备清洗的水和溶剂中悬浮物质（矿物质等）最低含量、可溶性铁盐和锰盐的浓度、水的硬度等作出定量的规定和要求。

对清洗用水的取水点应定期进行消毒和微生物取样，并保存相关记录，确保清洁用水的安全可靠。

需对清洁后的水和溶剂作无害处理，并检测合格后方可进行排放，确保污水经处理后不会对环境造成污染。

（5）不同种类设备清洁清洗要求 在线清洗 CIP 清洗步骤应包括：高温水（如 PW80℃）冲洗→预清洗→抽真空→再预清洗→清洁剂清洗→浸泡→再次清洁剂清洗→冲洗→取样→吹扫→抽真空→记录、标识。

正常清洁步骤应包括：清除标签、标识→表面喷湿→高压自来水冲洗一定时间→需要时用一定浓度乙醇擦洗浸泡后，自来水冲洗→清洗剂擦洗一定时间→高压自来水冲洗→高温水（如 PW80℃）冲洗→目检→干燥→按要求贮存。

① 新设备的清洁。对新设备、新容器应规定详细的清洗步骤，进行彻底清洁前建议采取以下清洁措施：表面自来水冲洗→设备外观检查→一定浓度去蜡水均匀擦洗→自来水冲洗→纸巾擦拭，并检查设备表面，在达到去污、除油、去蜡的效果后按上述要求进行正常清洁。

② 正常生产过程的清洁。需对正常生产状态下的设备清洗类型和方式进行定义，规定不同清洗类型和方式的清洗方式、清洁方法等。

例行清洁、换班清洁等可参照上述步骤进行简化。

③ 超清洗有效期、长时间放置重新启用设备设施的清洁。对超清洗有效期一定期限（根据清洁验证结果确定）的设备、容器若目检合格，用高温水冲洗一定时间后烘干即可，不可烘干的用一定浓度消毒剂擦拭一遍即可、若目检不合格应按程序进行重新清洗。对长时间放置重新启用设备、容器需按照正常的在线或离线清洗步骤作彻底清洁。

④ 维修及故障后的清洁。对于维修及故障后的设备需按照正常的在线或离线清洗步骤作彻底清洁。

⑤ 特殊产品及设备的清洁。需对特殊产品和设备的清洁方法、频次等作出规定。清洁方法不同于正常清洁的需详细描述清洁过程各环节的工作方法和内容，包括动作要领，使用工具，使用的清洗剂、消毒剂，清洁需达到的标准等，确定每种清洗方式的清洁标准和验收标准。例如：黏度较大、活性成分较高、特殊药品等产品容器或生产设备的清洁清洗。

⑥ 对清洗站设施设备的要求。清洗站内用于清洁的设备、设施，其造型与设计应与用于生产过程的设备要求一致，主要包括材质应不与物料、清洗剂等发生化学反应，设备内部无死角、表面光洁平整、易清洗、耐腐蚀、无毒无味、结构简化，易于拆装、清洗、消毒和检修，具备控制噪声、震动、粉尘等的设施和设计、机构、管线等符合相关 EHS 要求等。

需建立清洗站设施设备，包括清洗设备、工具、容器等的台账和使用台账，并指定专人负责维护。

清洗站用于清洁的设备设施需实行定置管理，应有明显标志，对不同区域所使用设备设施严禁混用。

建立清洗站用于清洁的设备设施的清洁、消毒等的记录和台账，并指定专人负责维护。

⑦ 已清洗设备存储环境、清洁状态、清洁记录及标识管理要求。已清洗设备存储环境要求与生产过程的环境保持一致，针对不同使用要求进行分区定置管理，必要时可采取密封、单间、专区存放等存储形式。并制订严格的防止污染、交叉污染和混淆的措施。

已清洗设备状态标识应按照状态管理程序规定的要求进行，对清洁状态作出定义，并规定标识管理的内容，确定标识形式、标识内容（如设备名称、编号、清洁时间、最长存放有效期、清洁负责人等信息）、标识的管理、维护人员等。

规定对已清洁设备在使用前清洁状态的检查方法，确保对各类设备清洁的有效性。

对生产模具管理程序要求具备的文件、相关记录等应定期维护、更新，并纳入质量文档的管理当中。

生产模具管理程序要求具备的文件、相关记录等的规定及用法，应对所有相关人员定期培训，并在出现内容更新时对所有相关人员及时进行更新内容的培训，并按质量文档管理要求建立和保存培训记录。

生产模具管理程序要求具备的文件、相关记录等应以适宜的形式，存放在操作人员可以及时、方便获取的作业现场。

5. 生产模具管理

（1）文件及职责要求　应建立生产模具管理文件或程序，规定模具管理的目的、适用范围，详细描述模具生命周期全过程涉及各环节，可能涉及变更—用户需求 URS—功能及设计文件—采购—DQ、IQ、OQ、PQ 确认—使用与维护—维修、周期性检测—报废等过程的工作程序和工作内容，明确模具管理各环节的职责权限划分。

文件应采用与使用人员资格要求相当的文字，必须有母语版本，根据需要决定是否需要其他语种版本、描述方式，尽量简单明了，便于理解和掌握。建议更多使用图片、示意图、流程图、表格以及量化的数字、文字等。

（2）工作程序要求

① 生产模具定义、明细及分类。需对生产模具进行定义和分类，明确模具涉及的范围，建议根据模具对产品质量影响的严重程度对模具进行分类。如涉及定形、计量、成型、热封等影响产品质量关键参数或形成产品质量特性的模具（如压片机冲模、包装线灌装、成形、热封模具等）应重点关注。除此以外其他由于更换产品、清洗、换批需要拆卸更换的接触药料或包材的对产品质量性能影响有限的模具（如中包装模具、装箱模具等）可简化管理环节。

需规定建立生产模具明细表，指定维护人员定期修订、更新，并纳入质量管理文件和记录管理范畴。

② 生产模具管理内容要求。按照产品分类，应对涉及定形、计量、成型、热封等影响产品质量关键参数或形成产品质量特性的模具（A 类）生命周期各节点提出明确的管理要求。

A 类模具的增减、变化等应纳入变更管理。

A 类模具提出订购要求前，应由用户提出详细的 URS，必要时编制功能要求、设计文件等对模具功能、性能、运行、材质及外观等提出具体要求。生产模具特别是 A 类模具的供方，需选择行业内、具备一定资质的供应商。A 类模具（特别是成套购买的模具）投入正常使用前，需根据模具对产品质量的影响程度、制作难度等选择进行 DQ、IQ、OQ、PQ 等确认，对模具的符合性进行验证，并进行不少于三批的工艺验证（PV），确保模具能够达到规定的使用要求。

生产模具入库前需指定专人建立模具台账并适时维护。

需对生产模具的存储条件、定置管理要求等作出规定，一般要求模具需存放在与使用（生产）环境相一致的专用模具容器内，做到专人专柜，存储区或容器需上锁管理。

需规定生产模具的日常清洁和维护要求，主要包括定期盘点、规定模具使用后至清洗期间最长放置时间、清洁过程中为防止模具磕碰、跌落、划伤等需要的防护措施和设施、清洁过程要求使用的介质、无法清洗模具的清洁和保养、长期存放时需采取的防锈、防蚀、防腐等方法措施等。

需对生产模具的定期维修和检测提出要求，对不同类型模具规定不同的检测周期，确保模具符合工艺和产品质量要求。同时规定模具维修申请流程，对检测不合格，但通过评估可维修恢复功能的模具，提请维修。

需规定模具报废的原则、报废处理的方法，指定责任人、执行人、监督人，规定模具销毁所需的文件、记录的格式和填写要求。

③ 生产模具管理的文件、记录要求。对生产模具管理程序要求具备的文件、相关记录等应定期维护、更新，并纳入质量文档的管理当中。

生产模具管理程序要求具备的文件、相关记录等的规定及用法，应对所有相关人员定期培训，并在出现内容更新时对所有相关人员及时进行更新内容的培训，并按质量文档管理要求建立和保存培训记录。

生产模具管理程序要求具备的文件、相关记录等应以适宜的形式存放在操作人员可以及时、方便获取的作业现场。

六、设备维护及维修

《药品生产质量管理规范（2010 年修订）》要求：

第七十七条　设备所用的润滑剂、冷却剂等不得对药品或容器造成污染，应尽可能使用食用级或与产品级别相当的润滑剂。

第七十九条　设备的维护和维修不得影响产品质量。

第八十条　应制订设备的预防性维护计划和操作规程，设备的维护和维修应有相应的记录。

第八十一条　经改造或重大维修的设备应进行再确认，符合要求后方可用于生产。

第八十六条　用于药品生产或检验用的主要或关键设备，应有使用日志，记录内容包括使用、清洁、维护和维修情况以及日期、时间、所生产及检验的药品名称、规格和批号等。

1. 概述

设备维修与维护是 GMP 的基本要求之一。建立良好维修作业规范（Maintenance Good Practice，MGP）主要是通过实施有计划、周期性的维修活动来保护公司的设备与系统，通过实施主动性维修来保证产品都能在高稳定性及高可靠性的状态下生产。

良好的设备维修体系的运作，不仅有益于企业的产品质量，还可以通过合理的维修方法延长设备的使用寿命，延缓投资，进一步增加企业的利益。

只重视新设备的引入而忽视设备的维修与保养，设备的正常状态将得不到保障，也将无法保证生产出合乎质量标准的产品、无法及时地满足市场需求，既不利于企业的发展，也不利于客户的需求，使企业蒙受更大的损失。因此企业建立完善的、强有力的维修体系，将会为企业的持续发展从硬件上提供保障。

（1）体系化维修管理　制药企业都应建立完善的维修管理流程，管理所有生产相关的设备及辅助系统的维修活动。

引进新设备时，按照维修管理程序的规定，新设备都应建立设备编码或名称，这个名称将一直伴随设备的整个生命周期。

同样依据维修管理流程的定义，设备或工艺系统将被分成关键或非关键的设备或工艺系统。

应根据设备供应商的推荐或企业自己建立的相关标准，建立合理的设备维修计划。

在企业的维修体系中，应当建立预防性维修的相关操作规程。

（2）维修活动及执行　根据建立的维修工单程序，对于不同的部门，所有的维修活动都应建立相应计划及与维修相关的文件或记录。

根据 GMP 的规定，所有已执行维修活动的支持文件或记录均应根据情况得到 QA 部门的审核或确认。

任何设备在停用或从系统中移除时，都应该填写相应的表格、记录，得到 QA 部门的签字认可。

在一些特殊的区域履行维修活动之前也应事先得到相应批准（如屋顶的维修、进入限制区、动火作业等）。正式作业开始前，这些相关的批准文件必须收集齐全，并且在每一个相应的区域都要有明确的警示或标识。

所有进入这些区域的维修人员或合同方人员应穿戴必要的防护服。

作业之前，应先对这些区域进行安全方面的评估。

（3）报警与报警通告　重要设备应配备 24h 集中监控系统或类似的装置。

所有的报警都应根据工厂的报警通告流程制订明确的响应级别（关键、非关键报警）。

所有重要报警都要报告 QA 部门。这种情况下应发起质量通报（如湿件、偏差等）。还应通过现场特定的质量影响评审来决定需要设置报警的关键区域。非关键报警将通过现场专门的维修操作规程予以确认。

设施或设备因为作业、工艺流程要求而发生的报警（如计划内的设备清洁）应根据现场的相关程序进行单独记录。

(4) 非计划维修活动 纠正性维修、紧急维修以及紧急状况通报应根据现场的相关程序建立文档、记录。

未达到预期维修效果的维修偏差应在现场的质量报告体系中有文档记录。所有质量湿件、偏差都应得到质量部门的审批。

(5) 培训 应根据工厂的培训程序记录所有的维修培训活动。

在维修人员开展具体工作之前，应进行维修程序的培训。

同样，在合同方人员开展具体工作之前，也应对他们进行维修程序的培训。

(6) 合同方 维修活动可以由具有资质的外部服务商来承担，完成预防性维修、纠正性维修、紧急维修等任务。工作期间，内部维修人员应对合同方人员的行为负责。

根据企业的相关规定，合同方按照预先的安排开始工作之前，应首先得到相应维修部门以及安全部门的同意。

合同方按照某个作业流程开始工作之前，相应维修人员应首先检查合同方人员是否满足该维修流程中的各项要求。

维修活动中涉及的外部技术操作规程应得到维修管理部门的审核，并作为相关维修工单的附件，所有完成的维修报告将存放在一个安全的地方。

(7) 停产维修 维修部门应有效利用计划好的停产时间，并在此期间根据相关流程执行各项维修活动。维修部门会同所有涉及的区域管理人员决定工厂停工的计划及时间，并公布停工计划表，应明确停产。

2. 维修管理系统

维修管理系统（Maintenance Management System，MMS）的目的是提供数据以决定设备是否需要维修、如何维修才能取得既定的目标，如何获得预期的产品质量、设备利用率、人员利用率、运行效率等。应从以下几方面有效管理及使用自己的 MMS 系统：

① 建立文件化的程序支持企业所有设备的所有维修活动都通过 MMS 得到有效的管理与追踪。

② 所有可维护的设备都赋予了名称、标识，并被输入 MMS 系统。

③ 所有的工单信息都能被 MMS 系统收集到，并且进行了正确的作业分类（如预防性维修、计划内的纠正性维修、非计划内的纠正性维修、紧急维修等）。

④ MMS 可以用来生成维修计划、安排维修人、跟踪维修完成情况等，并用来记录所有关于预防维修的相关数据。还应明确自己从 MMS 输出的数据报告的需求。

⑤ 所有涉及 MMS 的维修及生产人员都应事先接受 MMS 的相关培训，能够利用 MMS 定期对相关信息进行更新与分析。

⑥ 设备的重要度分级也应输入到 MMS 的设备记录中，作为维修工单优先性的参考信息。

⑦ 还应当建立标准的设备状态、设备维护编码体系，以便 MMS 系统始终能正确反映设备的故障类别、故障的处理方法、故障原因等信息，并确保信息的全面性、一致性。随着计算机及网络技术的发展，有更多的企业采用计算机系统进行企业资产及维修的管理，这就是计算机维修管理系统（Computerized Maintenance Management System，CMMS）。

3. 设备记录

设备记录是记录设备技术数据、操作说明、故障历史信息、维护作业内容、维护成本等信息的汇总。一个工厂原则上只应有一份全面的设备记录。要求维修工程师及相关人员能够容易地通过这个唯一的信息来源访问设备的所有相关信息，这些信息应当是全面而且始终是最新的，设备记录的具体技术要求如下：

① 应建立一个独立的、正式的流程来管理设备记录信息，包括新记录的生成、现有记录的变更控制、淘汰或停用设备信息的删除/归档等。

② 为每一个可维护的设备都建立了设备记录信息，所有的记录内容可以通过分配在MMS/CMMS设备登记表中的唯一的资产名称或设备代码来访问。

③ 应明确建立设备记录所需的最基本的内容（如制造手册、图纸、设备引进阶段的技术规格要求、成本、操作指南、配置清单、对设备的修改记录、故障报告等）。

④ 应尽可能建立电子化的设备记录系统，如借助计算机系统，便于数据的存储及恢复，并使之与CMMS系统链接。应最大限度地限制纸质资料的使用，避免资料丢失、未及时更新或留存多份不便管理的情况发生。

⑤ 对于建立的电子化的设备记录信息，应使每个工作区域的维修及生产人员很方便地读取所需要的信息。

⑥ 设备记录还应保存完整的维修作业信息、故障信息以及成本信息等历史数据。

⑦ 企业应建立相应的设备记录的审核流程，并定期组织人员对记录的准确性进行检查。

4. 设备维修计划

(1) 维修计划（Planning）

维修计划：将决定所有维修活动所需要的必备资源（如备件、需要的技术支持、人员、特殊工具、设备及其他资源），并以尽可能有效的方式完成这些任务。

维修活动安排（Scheduling）：强调了怎样安排这些任务来保证所有的工作都能按时完成，对设备运行的中断最小化，获得最高的生产效率。其最终的目的是对没有被排除在维修范围外的设备，都尽可能地继续对其进行维护。维修活动安排将包括对一些时机的确定，利用这些机会（如更换模具、清洁、无生产等）执行维修活动，对产品质量产生的影响最小，并能最大地实现生产的连续性。

应建立文件化的关于维修计划与维修活动安排的流程与程序。

应做到为具体的人指派责任明确的维修计划。

应意识到在维修计划与作业执行流程中预防维修活动具有最高的优先级。

为所有相关的设备维护活动制订了周维修主计划。周计划包括为维修人员安排的所有工作，并达到很高的人员利用率。

程序的内容还应明确只有当备件及其他任何必须的资源都确认具备时，周维修计划才应包括该项目。

维修活动安排要充分利用每周的待安排作业清单，待安排作业清单应包含每一个维修技术小组或个人的人时数及作业小时数、主修人等信息。

生产部门负责监督周进度的执行情况及按时完成率，并负责安排需要设备停机的工作。

(2) 维修实施与记录

① 维修实施控制管理。维修体系应当建立详细的维修实施控制流程。以确保无论是计划维修，还是非计划的维修活动都能被有效地实施与执行。

该程序明确定义了需要有工单支持的维修任务的内容，如停机10min以上需要领用备件等。

应通过程序来保证相关的维修实施控制流程被所有相关的生产人员及维修人员理解与使用。

应建立一个维修作业优先级系统，要求作业请求人为每一个工作单分配一个优先级。

应定义工单执行的每个环节，填写人应填写的最基本的信息，如故障设备编号，故障报告时间、现象，维修开始、终止时间，维修结果描述等。

维修任务结束后，应将内容完整的维修作业信息输入到 MMS/CMMS 系统。

应建立程序保证工单按时准确地执行，并记录设备当前的状况等信息，以便对设备的状况进行趋势分析。

设备关键部件维修/更换后应进行设备再确认，确保维修后设备相关功能仍准确且稳定（如在线检测装置）。此类测试只需涉及改动部分及其相关的功能，而无需涉及设备的整体范围的测试。

维修人员应正确处理、清理维修活动中产生的废物，维修结束后应及时清理现场，确保维修现场干净、整洁。

② 备件的使用。良好维修作业规范（Maintenance Good Practice，MGP）确立了备件一致性需求的标准。维修部门应该制订相关程序来确认所领备件与原件是否具有一致性，该程序应该得到质量部门的批准。如确定为一致性备件，则可作为相同或功能相同备件进行安装使用，不需要额外的文件记录和说明，只需要在维修工单上注明即可。

应优先考虑使用"相同备件"。"相同备件"是指与原件具有相同的制造商、备件号、材料结构、版本等特性。"功能相同备件"是指在性能、技术规格、物理特性、可用性、可维护性、可清洁性、安全性等方面与原始设备制造商（OEM）的备件相同。

如备件不完全符合一致性原则，此时应依据 GMP 的变更控制流程建立相应变更说明。在备件使用之前应确定相应的测试和再确认需求，对设备进行适当的测试以确保设备能正常工作并满足预期的要求。

（3）设备的润滑　设备润滑是维修活动的一项重要内容，其主要目的是减少设备零部件的磨损，延长设备的使用寿命。如果管理不当，润滑的执行及所用的润滑剂（包括润滑油、润滑脂）就会带来污染产品的风险。因此企业应建立完善的设备润滑管理程序，并从以下几方面进行要求：

① 应根据对设备结构的分析及结合供货商的建议，为每一个设备建立润滑卡，包括设备润滑点、使用的润滑剂以及润滑周期等。

② 根据设备的结构，明确必须使用食品级润滑剂的润滑点。

③ 如果润滑剂发生变化，应事先依据变更控制流程得到确认。

④ 应建立基于设备的润滑标准操作法，并在实施前对相关维修人员、生产人员或润滑工进行培训并记录。

⑤ 应确保使用的润滑剂容器的洁净，有明确的标识以防止使用错误，造成污染的可能。

⑥ 设备选型时，应建议供货商充分考虑因设计原因造成润滑剂对产品的污染，可以通过设计接油装置（如接油槽、接油环等）以防止污染的发生。

⑦ 设备使用及维护人员也应定期对设备的润滑系统进行检查与保养，及时清除可能对产品造成污染的润滑油及其他污染物。

⑧ 应定期检查设备上的冷却系统，确保冷却液不会因为泄漏造成对产品的污染，为了保护产品，应选择食品级的冷却液。

（4）维修服务合同管理　在企业的生产及维修活动中，外包服务、合作、建立服务协议等形式已经成为越来越普遍的商业运作模式，因此服务合同管理也越来越重要。不因选择外包维修服务而忽视或降低企业内部管理中对各项义务履行的要求也是非常重要的。同样，对合同方的资质与经验方面必须采取一些控制措施，以保证他们符合企业的相关标准。必须清楚地定义工作量及其他需求，利用可靠的、双方达成的措施来监督关于质量、效率、结果以及客户满意度等方面的执行情况。鼓励签署基于履行效果的合同，即合同方利益的一部分将根据所取得的结果而承担一定的风险。

应建立一个包括如何选择可能的外部服务商的程序。该程序应保证所有外部服务商将根据客户企业内部的维修、质量等管理体系来开展他们的各项工作（如遵循企业的 MMS/CMMS、工单系统、法规符合性、安全、质量等）。

(5) 维修文档及记录 维修相关的文档应当根据本企业有关程序中定义的周期进行审核与回顾，并存放在安全的地方。

维修操作程序的变更也应当遵循企业变更控制程序的相关规定。

应利用预防性维修工单的内容定期对系统的变化趋势或发生的湿件进行回顾，确定是否有必要更改这些系统或设备的维修时间间隔。

所有与维修有关的图纸、资料都应以电子或硬盘拷贝的形式保留并存放在安全的地方。

设备日志是为建立一个标准化的生产设备状况（如维修、校验、验证、清洁等）的记录和跟踪体系而建立的作业记录单，通常每一台独立的设备都应有一本设备日志。使用中的设备日志一般放在设备就近且固定的位置。一台主设备的附属设备可以与其主设备共用一本设备日志。设备日志的填写应字迹清晰、词句简练、准确、无漏填或差错。如因差错需重新填写时，作废的单元应保留，注明作废原因，由注明人签名，并填写日期，不得撕掉并造成缺页。设备维修部门负责相关部门设备日志的发放与收存，并对设备的故障进行分析，对设备的可靠性进行评估，从而得到设备的平均无故障时间（MTBF）及平均故障维修时间（MTTR）等经验数据，为维修质量、设备状况的改进提供基础信息。

七、校准

《药品生产质量管理规范（2010 年修订）》要求：

第九十条 应按照操作规程和校准计划定期对生产和检验用衡器、量具、仪表、记录和控制设备以及仪器进行校准和检查，并保存相关记录。校准的量程范围应涵盖实际生产和检验的使用范围。

第九十一条 应确保生产和检验使用的关键衡器、量具、仪表、记录和控制设备以及仪器经过校准，所得出的数据准确、可靠。

第九十二条 应使用计量标准器具进行校准，且所用计量标准器具应符合国家有关规定。校准记录应标明所用计量标准器具的名称、编号、校准有效期和计量合格证明编号，确保记录的可追溯性。

第九十三条 衡器、量具、仪表、用于记录和控制的设备以及仪器应有明显的标识，标明其校准有效期。

第九十四条 不得使用未经校准、超过校准有效期、失准的衡器、量具、仪表以及用于记录和控制的设备、仪器。

第九十五条 在生产、包装、仓储过程中使用自动或电子设备的，应按操作规程定期进行校准和检查，确保其操作功能正常。校准和检查应有相应的记录。

---

1. 检定、校准与校验定义

JJF 1001—2011《通用计量术语及定义》给出了校准和检定的定义，没有给出校验的定义。但是在 ISO 9001 标准的 4.11 中对校验有简单的描述。

检定（Verification）：查明和确认计量器具是否符合法定要求的程序，它包括检查、加标记和（或）出具检定证书。

校准（Calibration）：是指"在规定条件下，为确定测量仪器或测量系统所指示的量值，或实物量具或参考物质所代表的量值，与对应的由标准所复现的量值之间关系的一组操作。"校准结果既可给出被测量的示值，又可确定示值的修正值。校准也可确定其他计量特性，如影响量的作用。校准结果可以记录在校准证书或校准报告中。

校验：在 ISO 9001 标准中，也多处出现"校验"一词。如"如果试验软件或比较标准用作检验手段时，使用前应加以校验（Checked），并按规定周期加以复验（Rechecked）。"分析国内外对校验的用法，其含意基本相同，它与检定和校准均有一定联系又有明显区别。它的不具有法制性与校准相同，在技术操作内容上与检定有共性，一般可进行校准，也可以对其他有关性能进行规定的检验，并最终给出合格性的结论。

2. 校准和检定的主要区别

负责校准过程的操作，对校准结果作出正确的结论。如果校准结果符合要求，则贴绿色准用标签，如校准结果不合格，应执行不符合湿件管理程序中的相关规定，并立即通知设备使用部门主管人员和 QA 主管人员，同时通过 SAP 系统通知维修技术人员调修，在等待调修期间应贴红色禁用标签。

第三章 水系统

第一节 概 述

　　水在制药工业中是应用最广泛的工艺原料，用作药品的成分、溶剂、稀释剂等。制药用水作为制药原料，各国药典定义了不同质量标准和使用用途的工艺用水，并要求定期检测。

　　水极易滋生微生物并助其生长，微生物指标是其最重要的质量指标，在水系统设计、安装、验证、运行和维护中需采取各种措施抑制其生长。

　　水是良好的溶剂、尤其是与自然界失去平衡的纯化水和注射用水，具有极强的溶解能力和极少的杂质，广泛用于制药设备和系统的清洗。

　　鉴于水在制药工业中既作为原料又作为清洗剂，各国药典对制药用水的质量标准、用途都有明确的定义和要求。各个国家和组织的 GMP 将制药用水的生产和贮存分配系统视为制药生产的关键系统，对其设计、安装、验证、运行和维护等提出明确要求。

　　我国幅员辽阔，各地水质不同，季节的变化也会导致水质的较大变化，我国制药企业使用的最初原料水未必常年符合饮用水的标准要求，需将其依次处理成饮用水、纯化水、注射用水等制药用水，以适合不同的工艺需求。

　　制药生产中其他原料、辅料、包装材料是按批检验和释放的，而作为原料的制药用水（饮用水、纯化水或注射用水）通常是通过管道连续流出、随时取用的，其微生物属性等质量指标通常无法连续地实时检测到。通常是先使用到产品中，若干天后才能知道其微生物指标是否合格，为保证制药用水系统生产出的水在任何时候都是好的，水系统生产质量的稳定性和一致性是各国药品监管部门和制药企业共同关注的重大问题。各国 GMP 对水系统的设计和验证有严格要求。

第二节 制药用水的定义、用途和法规要求

一、制药用水的定义、用途

　　制药用水通常指制药工艺过程中用到的各种质量标准的水。

　　对制药用水的定义和用途，通常以药典为准。

　　各国药典对制药用水通常有不同定义、不同用途的规定。

二、中国制药用水的定义、水质要求和应用范围

　　《药品生产质量管理规范（2010 年修订）》通则和附录中有如下要求：

　　第九十六条　制药用水应适合其用途，并符合《中华人民共和国药典》的质量标准及相关要求。制药用水至少应采用饮用水。

　　第一百条　应对制药用水及原水的水质进行定期监测，并有相应的记录。

> **附录 1**
>
> 　　第五十条　无菌原料药的精制、无菌药品的配制、直接接触药品的包装材料和器具等最终清洗、A/B 级区内消毒剂和清洁剂的配制用水应符合注射用水的质量标准。
>
> **附录 2：原料药**
>
> 　　第十一条　非无菌原料药精制工艺用水应至少符合纯化水的质量标准。
>
> **附录 5：中药制剂**
>
> 　　第三十三条　中药材洗涤、浸润、提取用工艺用水的质量标准不得低于饮用水标准，无菌制剂的提取用工艺用水应采用纯化水。

　　在《中华人民共和国药典》（简称《中国药典》）2010 年版附录中，有以下几种制药用水的定义和应用范围：

> 　　饮用水：为天然水经净化处理所得的水，其质量必须符合现行中华人民共和国国家标准《生活饮用水卫生标准》。
>
> 　　纯化水：为饮用水经蒸馏法、离子交换法、反渗透法或其他适宜的方法制得的制药用水。不含任何添加剂，其质量应符合纯化水项下的规定。
>
> 　　注射用水：为纯化水经蒸馏所得的水。应符合细菌内毒素试验要求。注射用水必须在防止细菌内毒素产生的设计条件下生产、贮藏及分装。其质量应符合注射用水项下的规定。
>
> 　　灭菌注射用水：本品为注射用水照注射剂生产工艺制备所得。不含任何添加剂。

　　制药工艺用水的质量标准：

　　在《中国药典》2010 年版中，规定纯化水检查项目包括酸碱度、硝酸盐、亚硝酸盐、氨、电导率、总有机碳、易氧化物、不挥发物、重金属、微生物限度，其中总有机碳和易氧化物两项可选做一项。与 2005 年版相比，增加了电导率和总有机碳的要求，取消了氯化物、硫酸盐与钙盐的检验项目。

　　在《中国药典》2010 年版中，规定注射用水检查 pH 值、氨、硝酸盐与亚硝酸盐、电导率、总有机碳、不挥发物与重金属、细菌内毒素、微生物限度。与 2005 年版相比，增加了电导率和总有机碳的要求。

　　在《中国药典》2010 年版中，规定灭菌注射用水检查 pH 值、氯化物、硫酸盐与钙盐、二氧化碳、易氧化物、硝酸盐与亚硝酸盐、氨、电导率、不挥发物与重金属、细菌内毒素。

第三节　制药用水及蒸汽系统技术要求

一、纯化水制备系统

1. 概述

　　我国地域辽阔，水资源丰富，水质因地域的不同而差异很大。如果原水是井水，则有机物负荷不会很大；如果是地表水（湖水、河水或水库水），可能含有较高水平的有机物，并且有机物的组成和数量可能受季节变化影响；市政供水（自来水）通常是经过氯处理的，在去除氯之前，其中微生物的含量是比较低的，并且其生长通常受到抑制。

　　通常情况下纯化水制备系统的配置方式根据地域和水源的不同而不同，纯化水制备系统应根据不同的原水水质情况进行分析与计算，然后配置相应的组件来依次把各指标处理到允许的范围之内。

这里需要提及的是，原水水质应达到饮用水标准，方可作为制药用水或纯化水的起始用水，如果原水达不到饮用水标准，那么就要将原水首先处理到饮用水的标准，再进一步处理成为符合药典要求的纯化水。纯化水系统需要进行定期的消毒和水质的监测来确保所有使用点的水符合药典对纯化水的要求。

2. 主要组件简介

（1）**多介质过滤器**　一般称为多机械过滤器或砂滤，过滤介质为不同直径的石英砂分层填装，较大直径的介质通常位于过滤器顶端，水流自上而下通过逐渐精细的介质层，通常情况下介质床的孔隙率应允许去除微粒的尺寸最小为 $10 \sim 40 \mu m$，介质床主要用于过滤除去原水中的大颗粒、悬浮物、胶体及泥沙等以降低原水浊度对膜系统的影响，同时降低 SDI（污染指数）值，使出水浊度＜1NTU，SDI＜5，达到反渗透系统进水要求。根据原水水质的情况，有时要通过在进水管道投加絮凝剂，采用直流凝聚方式，使水中大部分悬浮物和胶体变成微絮体在多介质滤层中截留而去除。

根据压差的升高以及时间推移，可通过反向冲洗操作来去除沉积的微粒，同时反向冲洗也可以降低过滤器的压力。一般情况下反向冲洗液可以采用清洁的原水，通常以 $3 \sim 10$ 倍设计流速冲洗约 30min，反向冲洗后，再以操作流方向进行短暂正向冲洗，使介质床复位。通常情况下反洗泵多采用立式多级泵。

（2）**活性炭过滤器**　主要用于去除水中的游离氯、色度、微生物、有机物以及部分重金属等有害物质，以防止它们对反渗透膜系统造成影响。过滤介质通常是由颗粒活性炭（如椰壳、褐煤或无烟煤）构成的固定层。经过处理后的出水余氯应＜0.1×10^{-6}。

微生物的生长是一个关键的考虑因素，出现这种情况的原因是过滤器内部的表面面积大以及相对低的流速，同时过滤介质还是一个细菌滋生的温床。由于活性炭过滤器会截留住大部分的有机物和杂质等，使其吸附在表面。因此，可以采用定期的巴氏消毒来保证活性炭的吸附作用。其反洗和正洗可参照多介质过滤器。

（3）**软化器**　软化器通常由盛装树脂的容器、树脂、阀或调节器以及控制系统组成。介质为树脂，目前主要是用钠型阳离子树脂中可交换的钠离子来交换出原水中的钙、镁离子来降低水的硬度，以防止钙、镁等离子在 RO 膜表面结垢，使原水变成软化水后出水硬度能达到＜1.5×10^{-6}。

软化器通常的配备是两个，当一个进行再生时，另一个可以继续运行，确保生产的连续性。容器的筒体部分通常由玻璃钢或碳钢内部衬胶制成，通常使用 PVC 或 PP/ABS 或不锈钢材质的管材和多接口阀门对过滤器进行连接，通过 PLC 控制系统来对软化器进行控制，系统提供一个盐水储罐和耐腐蚀的泵，用于树脂的再生。

（4）**膜技术**　微滤、超滤、纳滤和反渗透等。

① 微滤。微滤是用于去除细微粒和微生物的膜工艺，在微滤工艺中没有废水流产生。如果滤芯的尺寸相同，微孔过滤器的壳体是可以通用的，只是滤芯的材料和孔径不同。在最终过滤的过滤器中，孔径的大小通常是 $0.04 \sim 0.45 \mu m$。微滤应用的范围很广，包括不进行最终灭菌药液的无菌过滤。

微孔过滤器一般应用于纯水系统中一些组件后的微生物的截留，那里可能存在微生物的增长，微孔过滤器在这个区域内的效果非常明显，但是必须要采取适当的操作步骤来保证在安装和更换膜的过程中过滤器的完整性，从而来确保其固有的性能。微孔过滤器最适合应用于纯化水制备系统的中间过程，而不适用于循环分配系统。过滤器在系统中不应是唯一的微生物控制单元，它们应当是全面微生物控制措施当中的一部分。减少微孔过滤器位置及数量会使维护更容易些，微滤在减少微生物方面的效率和超滤一样，但不会产生废水。然而微滤不能像超滤一样降低溶解有机物的水平，由于孔径大小不一样，微滤不能去除超滤所能去除的更小的微粒。如果选择合适的材料，微孔过滤器可以耐受加热和化学消毒。

②超滤。超滤系统可作为反渗透的前处理，用于去除水中的有机物、细菌以及病毒和热原等，确保反渗透进水品质。超滤与反渗透采用相似的错流工艺，进水通过加压平行流向多孔的膜过滤表面，通过压差使水流过膜，微粒、有机物、微生物、热原和其他的污染物不能通过膜，进入浓缩水流中（通常是给水的5%～10%）排掉，这使过滤器可以进行自清洁，并减少更换过滤器的频率。和反渗透一样，超滤不能抑制低分子量的离子污染。

超滤系统的设备主要包括原水箱、原水泵、盘式过滤器、超滤装置、超滤产水箱、反洗泵、氧化剂加药装置等。

膜的材质是聚合体或陶瓷物质。聚合膜元件可以是卷式和中空纤维的结构。陶瓷的模块可以是单通道或多通道结构。

超滤膜可以用很多种方式消毒。大多数聚合膜能承受多种化学药剂清洗，如次氯酸盐、过氧化氢、高酸、氢氧化钠及其他药剂，有些聚合膜能用热水消毒，有些甚至能用蒸汽消毒。陶瓷超滤材料能承受所有普通的化学消毒剂、热水、蒸汽消毒或除菌工艺中的臭氧消毒。

超滤不能完全去除水中的污染物。离子和有机物的去除随着膜材料、结构和孔隙率的不同而不同，对于许多不同的有机物分子的去除非常有效。超滤不能阻隔溶解的气体。

大多数超滤通过连续的废水流来除去污染物，通常情况下废水流是变化的，通常是变化2%～10%。有些超滤系统运行可能导致堵塞，要及时地进行处理。

超滤流通量和清洁频率根据进水的水质和预处理的不同而变化。很多超滤膜是耐氯的，不需要从进水中去除氯。

超滤系统的主要处理装置为超滤装置，超滤膜分离技术具有占地面积小、出水水质好（出水 SDI 小于3）、自动化程度高等特点。

③纳滤。纳滤是一种介于反渗透和超滤之间的压力驱动膜分离方法，纳滤膜的理论孔径是 1nm（10^{-9}m）。纳米膜有时被称为"软化膜"，能去除阴离子和阳离子，较大阴离子（如硫酸盐）要比较小阴离子（氯化物）更易于去除。纳米过滤膜对二价阴离子盐以及相对分子质量大于200的有机物有较好的截留作用，这包括有色体、三卤甲烷前体细胞以及硫酸盐。它对一价阴离子或相对分子质量大于150的非离子有机物的截留较差，但是也有效。

与其他压力驱动型膜分离工艺相比，纳滤出现较晚。纳滤膜大多从反渗透膜衍化而来，如 CA、CTA 膜、芳族聚酰胺复合膜和磺化聚醚砜膜等。但与反渗透相比，其操作压力要求更低，一般为 4.76～10.2bar（1bar＝10^5Pa），因此纳滤又被称作"低压反渗透"或"疏松反渗透"。

经过纳滤的最终产水的电导率范围是 40～200μS/cm，但这还取决于进水的溶解总固体含量和矿物质的种类，一个单通道 RO 单元的产水电导率是 5～20μS/cm。

目前在我国的纯水制备系统当中，纳滤还没有普遍使用。

④反渗透系统。反渗透系统承担了主要的脱盐任务，典型的反渗透系统包括反渗透给水泵、阻垢剂加药装置、还原剂加药装置、5μm 精密过滤器、一级高压泵、一级反渗透装置、CO_2脱气装置或 NaOH 加药装置、二级高压泵、二级反渗透装置以及反渗透清洗装置等。

阻垢剂加药装置：阻垢剂加药系统在反渗透进水中加入阻垢剂，防止反渗透浓水中碳酸钙、碳酸镁、硫酸钙等难溶盐浓缩后析出结垢堵塞反渗透膜，从而损坏膜元件的应用特性。阻垢剂是一种有机化合物质，除了能在朗格利尔指数（LSI）＝2.6的情况下运行之外，还能阻止 SO_4^{2-} 的结垢，它的主要作用是相对增加水中结垢物质的溶解性，以防止碳酸钙、硫酸钙等物质对膜的阻碍，同时它也可以降低铁离子堵塞膜。

系统中是否要安装阻垢剂加药装置，这取决于原水水质与使用者要求的实际情况。

NaOH 加药装置：如果采用的是双级反渗透，在二级反渗透高压泵前加入 NaOH 溶液，用以调节进水 pH 值，使二级反渗透进水中 CO_2 气体以离子形式溶解于水中，并通过二级反渗透去除，使产水满足 EDI 装置进水要求，减轻 EDI 的负担。

反渗透装置：反渗透（RO）是压力驱动工艺，利用半渗透膜去除水中溶解盐类，同时去除一些有机大分子，以及前阶段没有去除的小颗粒等。半渗透膜可以渗透水，而不可以渗透其他的物质，如：很多盐、酸、沉淀、胶体、细菌和内毒素。通常情况下反渗透膜单个膜脱盐率可大于 99.5%。

反渗透膜的工作原理如图 3-1 所示。

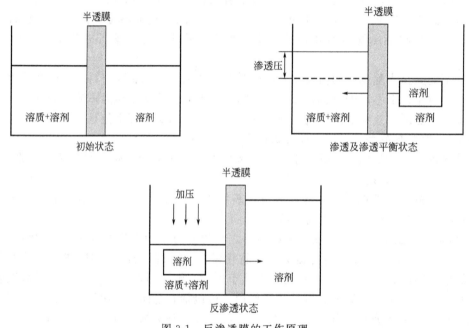

图 3-1　反渗透膜的工作原理

预处理系统的产水进入反渗透膜组，在压力作用下，大部分水分子和其他微量离子透过反渗透膜，经收集后成为产品水，通过产水管道进入后续设备；水中的大部分盐分、胶体和有机物等不能透过反渗透膜，残留在少量浓水中，由浓水管道排出。

在反渗透装置停止运行时，自动冲洗 3～5min，以去除沉积在膜表面的污垢，对装置和反渗透膜进行有效的保养。

反渗透膜经过长期运行后，会沉积某些难以冲洗的污垢，如有机物、无机盐结垢等，造成反渗透膜性能下降，这类污垢必须使用化学药品进行清洗才能去除，以恢复反渗透膜的性能。化学清洗使用反渗透清洗装置进行，装置通常包括清洗液箱、清洗过滤器、清洗泵以及配套管道、阀门和仪表，当膜组件受污染时，可以用清洗装置进行 RO 膜组件的化学清洗。

反渗透不能完全去除水中的污染物，很难甚至不能去除溶解的极小分子量有机物。但是反渗透能大量去除水中细菌、内毒素、胶体和有机大分子。

反渗透不能完全纯化进料水，通常用浓水流来去除被膜截留的污染物。很多反渗透的用户利用反渗透单元的浓水作为冷却塔的补充水或压缩机的冷却水等。

CO_2 可以直接通过反渗透膜，反渗透产水的 CO_2 含量和进水的 CO_2 含量一样。反渗透产水中过量的 CO_2 可能会引起产水的电导率达不到药典的要求，CO_2 将增加反渗透单元后面的混床中阴离子树脂的负担，所以在进入反渗透前可以通过加 NaOH 除去 CO_2，如果水中的 CO_2 水平很高，可通过脱气将其浓度降低到 $(5\sim10)\times10^{-6}$，脱气有增加细菌负荷的可能性，应将其安装在有细菌控制措施的地方，例如将脱气器安装在一级与二级反渗透之间。

反渗透在实际操作中有温度的限制。大多数反渗透系统对进水的操作都是在 $5\sim28℃$ 进行的。

反渗透膜必须防止水垢的形成、膜的污染和膜的退化。水垢的控制通常是通过膜前水的软化过程来实现的。反渗透膜污垢的减少可通过前期可靠的预处理来减少杂质及微生物污染。

引起膜的退化的主要原因是某个膜单元的氧化和加热退化。膜一般来说不耐氯，通常要用活性炭和 $NaHSO_3$ 去除氯。

所有的反渗透膜都能用化学剂消毒，这些化学剂因膜的选择不同而不同。特殊制造的膜可以采用 $80℃$ 左右的热水消毒。

⑤ 离子交换（DI）。离子交换系统包括阳离子和阴离子树脂及相关的容器、阀门、连接管道、仪表及再生装置等，主要作用是去除盐类。

阳离子和阴离子交换树脂分别被酸和碱性溶液再生。当水经过离子交换床时，水流中离子交换树脂中的氢离子和氢氧离子在浓度的驱动下，很容易发生这些交换。因此，再生工艺受高的化学品浓度的驱动。在此系统的重要参数包括树脂质量、再生系统、容器的衬里及废水中和系统。通过监测产水的电导率或电阻可以监控系统的操作。

离子交换树脂有在线和离线再生系统，在线再生需要化学处理，但是允许内部工艺控制和微生物控制；离线再生可以通过更换一次新树脂完成，或通过现有树脂的反复再生完成。新树脂提供更大的处理能力和较好的质量控制等优点，但是成本相对较高一些。树脂的再生操作成本相对较低，但是可能引起质量控制问题，如树脂分离和再生质量等。

由于离子交换树脂的再生对环境的污染和操作比较烦琐，所以目前在国内不建议使用离子交换装置，而趋向于使用连续电去离子装置，通常我们所说的 EDI，在后面章节有介绍。

⑥ 电去离子装置（EDI）。EDI 系统的主要功能是为了进一步除盐，EDI 系统中的设备主要包括反渗透产水箱、EDI 给水泵、EDI 装置及相关的阀门、连接管道、仪表及控制系统等。电去离子利用电的活性介质和电压来达到离子的运送，从水中去除电离的或可以离子化的物质。电去离子与电渗析或通过电的活性介质来进行氧化/还原的工艺是有区别的。

电的活性介质在电去离子装置当中用于交替收集和释放可以离子化的物质，便于利用离子或电子替代装置来连续输送离子。电去离子装置可能包括永久的或临时的填料，操作可能是分批的、间歇的或连续的。对装置进行操作可以引起电化学反应，这些反应是专门设计来达到或加强其性能，可能包括电活性膜，如半渗透的离子交换膜或两极膜。

连续的电去离子（CEDI）工艺区别于收集/排放工艺（如电化学离子交换或电容性去离子），这个工艺过程是连续的，而不是分批的或间歇的，相对于离子的能力而言，活性介质的离子输送特性是一个主要的选型参数。典型连续的电去离子装置包括半渗透离子交换膜以及永久通电的介质和电源来产生直流电。

EDI 单元由两个相邻的离子交换膜或由一个膜和一个相邻的电极组成。EDI 单元一般有交替离子损耗和离子集中单元，这些单元可以用相同的进水源，也可以用不同的进水源。水在 EDI 装置中通过离子转移被纯化。被电离的或可电离的物质从经过离子损耗的单元的水中分离出来而流入到离子浓缩单元的浓缩水中。

在 EDI 单元中被纯化的水只经过通电的离子交换介质，而不是通过离子交换膜。离子交换膜只能透过离子化的或可电离的物质，不能透过水。

纯化单元一般在一对离子交换膜中能永久地对离子交换介质进行通电。在阳离子和阴离子膜之间，通过有些单元混合（阳离子和阴离子）离子交换介质组成纯化水单元；有些单元在离子交换膜之间通过阳离子和阴离子交换介质结合层形成了纯化单元；其他的装置通过在离子交换膜之间的单一离子交换介质产生单一的纯化单元（阳离子或阴离子），CEDI 单元可以是板框结构或螺旋卷式结构。

通电时在 EDI 装置的阳极和阴极之间产生一个直流电场，原料水中的阳离子在通过纯化单元时被吸引到阴极，通过阳离子交换介质来输送，其输送或是通过阳离子渗透膜或是被阴离子渗透膜排斥；阴离子被吸引到阳极，并通过阴离子交换介质来输送，其输送或是通过阴离子渗透膜或是被阳离子渗透膜排斥。离子交换膜包括在浓缩单元和纯化单元中去除的阳离子和阴离子，因此离子污染就在 EDI 单元里得以去除，有些 EDI 单元利用浓缩单元中的离子交换介质。

EDI 技术是将电渗析和离子交换相结合的除盐工艺，该装置取电渗析和混床离子交换两者之长，弥补对方之短，即可利用离子交换作深度处理，且不用药剂进行再生，利用电离产生的 H^+ 和 OH^-，达到再生树脂的目的。由于纯化水流中的离子浓度降低了水离子交换介质界面的高电压梯度，导致水分解为离子成分（H^+ 和 OH^-），在纯化单元的出口末端，H^+ 和 OH^- 离子连续产生，分别重新生成阳离子和阴离子交换介质。离子交换介质的连续高水平的再生使 CEDI 工艺中可以产生高纯水（$1\sim18M\Omega$）。

⑦ 紫外灯。紫外灯使用方便，是一种非常普遍的用来抑制微生物生长的装置，通常配有强度指示器或时间记录器。水以控制的流速暴露在紫外灯下，紫外灯可以消灭微生物（细菌、病毒、酵母、真菌或藻类）并穿透它们的外膜修改 DNA 并阻止其复制，使细菌减少。在预处理系统中，当使用氯/氯胺以及加热法无效或不可行时，可以使用紫外灯，进入紫外灯的给水必须去除悬浮固体，因为它们可能"遮蔽"细菌，阻止了其与紫外灯的充分接触。紫外灯通常用于控制 RO 单元的给水，如果给水是不能用氯或不能进行加热消毒的，还用于控制在系统闲置时的非氯处理水的再循环。

紫外灯的特点如下：a. 紫外线不能完全"灭菌"；b. 对水的流速有严格的要求；c. 带来的辐射的再污染值得关注；d. 紫外灯管寿命有限。

3. 典型纯化水系统的设计过程概述

主要的工艺过程可描述为预处理＋脱盐＋后处理，其中一种典型的工艺流程如图 3-2 所示。

二、注射用水制备系统

1. 概述

《中国药典》2010 年版中规定，注射用水是使用纯化水作为原料水，通过蒸馏的方法来获得的。注射用水的制备通常通过以下三种蒸馏方式获得：单效蒸馏、多效蒸馏、热压式蒸馏。

蒸馏是通过气液相变法和分离法来对原料水进行化学和微生物纯化的工艺过程。在这个工艺当中水被蒸发了，产生的蒸汽从水中脱离出来，而流到后面去的未蒸发的水溶解了固

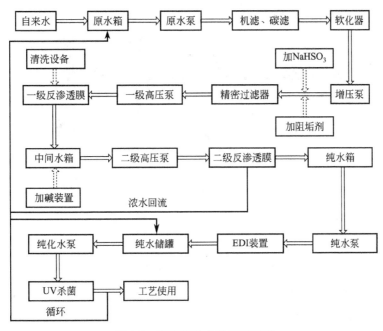

图 3-2 典型纯化水的工艺流程

体、不挥发物质和高分子杂质。在蒸馏过程当中，低分子杂质可能被夹带在水蒸发后的蒸汽中以水雾或水滴的形式被携带，所以需要通过一个分离装置来去除细小的水雾和夹带的杂质，这其中包括内毒素。纯化了的蒸汽经冷凝后成为注射用水。通过蒸馏的方法至少能减少99.99％的内毒素含量。

我国新版 GMP 对验证的要求有所提高，为了满足验证要求和降低系统的风险，推荐注射用水的制备设备要有自动控制功能，使在验证当中要求控制的参数有在线的监控和记录。自动化控制方法及体系的建立，可以参照 GAMP（良好自动化质量规范）。

2. 单效蒸馏水机

单效蒸馏水机主要用于实验室或科研机构的注射用水制备，通常情况下产量较低。由于单效蒸馏只蒸发一次，加热蒸汽消耗量较高，在我国属于明令淘汰的产品。目前国内药厂选用的是节能、高效的多效蒸馏设备用于注射用水的生产，在后面的一节里有介绍。

3. 多效蒸馏水机

（1）概述 多效蒸馏设备通常由两个或更多蒸发换热器、分离装置、预热器、两个冷凝器、阀门、仪表和控制部分等组成。一般的系统有 3～8 效，每效包括一个蒸发器、一个分离装置和一个预热器。

在一个多效蒸馏设备中，经过每效蒸发器产生的纯化了的蒸汽（纯蒸汽）都用于加热原料水，并在后面的各效中产生更多的纯蒸汽，纯蒸汽在加热蒸发原料水后经过相变冷凝成为注射用水。由于在这个分段蒸发和冷凝过程当中，只有第一效蒸发器需要外部热源加热，经最后一效产生的纯蒸汽和各效产生的注射用水的冷凝是用外部冷却介质来冷却的，所以在能源节约方面效果非常明显，效数越多节能效果越好。在注射用水产量一定的情况下，要使蒸汽和冷却水消耗量降低，就得增加效数，这样就会增加投资成本，出于这方面的考虑，要选择合适的效数，这需要药厂购买方与生产厂家共同进行确定。

（2）工作原理图 如图 3-3 所示。

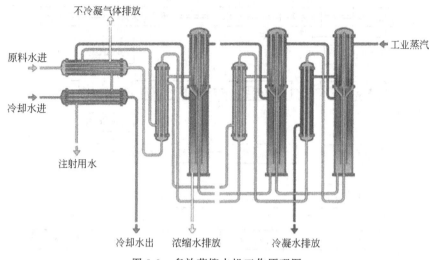

不冷凝气体排放

原料水进

冷却水进

注射用水

工业蒸汽

冷却水出　浓缩水排放　冷凝水排放

图 3-3　多效蒸馏水机工作原理图

(3) 公用系统要求　一般需要 3~8bar 的工业蒸汽。原料水为满足药典要求的纯化水，其供给能力应大于多效蒸馏设备的生产能力。

冷却水的温度一般为 4~16℃，为了防止冷凝器结垢堵塞，通常情况下至少要使用软水作为冷却水；冷却水经过换热后水温会升至 65~70℃。工业蒸汽和冷却水的消耗量因注射用水的产量和效数的不同而有很大的变化。用于控制系统压缩空气的压力一般为 5.5~8bar。注射水的产水温度通常在 95~99℃，产水温度可以在控制程序里设置，通过冷却水来调节。不同生产能力的设备对电源功率要求不一样。

(4) 蒸发器原理　多效蒸馏设备采用列管式热交换"闪蒸"使原料水生成蒸汽，同时将纯蒸汽冷凝成注射用水。工业蒸汽经过一效蒸发器蒸汽入口进入到壳程与进入蒸发器管程的原料水进行热交换，所产生的凝结水通过压力驱动和重力沉降由凝结水出口排出蒸发器。

原料水经过蒸发器上部的进水口进入并沿着列管管壁均匀喷淋形成降液膜与经过壳程的蒸汽进行热交换，产生的汽水混合物下沉进入分离器，在连续的压力作用下使混合物中的蒸汽上升，上升的蒸汽与夹带的小液滴进入分离器后，小液滴从蒸汽中分离出来聚集沉降到底部，产生的纯蒸汽由纯蒸汽出口进入下一效作为加热源。混合物中未蒸发的原料水与被分离下来的小液滴在两个蒸发器间的压差作用下进入下一效蒸发器继续蒸发。依此类推，后面的蒸发器原理与之相同，第一效以后的蒸发器用前一效蒸发器产生的纯蒸汽作为加热源。纯蒸汽在二效开始冷凝并被收集输送到冷凝器的壳程中。末效产生的纯蒸汽进入冷凝器壳程与进入的注射用水混合。

(5) 预热器原理　蒸馏水机中预热器的加热源是蒸汽或蒸汽凝结水，来自蒸发器的蒸汽或蒸汽凝结水进入预热器的壳程与经过管程的原料水进行换热。预热器对原料水是逐级预热的，经过冷凝器的原料水温度在 80℃ 以上，这个温度的原料水必须经过预热器逐级加热直到终端达到沸点后进入蒸发器蒸发。

(6) 冷凝器原理　冷凝器内部是列管多导程结构，原料水经过管程后进入预热器，末效产生的纯蒸汽和前面产生的注射用水进入壳程与经过管程的原料水换热，产生的注射用水流过上冷凝器由底部注射用水出口进入到下冷凝器，再从注射用水总出口流入储罐进行贮存。

通常在冷凝器的上部安装一个 0.22μm 的呼吸器，呼吸器是防止停机后设备内产生真空并且可以防止微生物及杂质进入冷凝器中污染设备；它也可以进行不凝气体和挥发性杂质的排放。

当检测到的注射用水温度高而需要辅助冷却时，冷却水会经过冷却进水管进入到下冷凝器的管程与壳程内的注射用水进行换热，并由冷却水出口排出。

通常设备都是使用双冷凝器，上冷凝器走原料水，下冷凝器走冷却水。呼吸器安装在上冷凝器的上部。

一般来说，用于多效蒸馏设备的冷却水与原料水的水质是不同的，但根据目前的情况而言，需要采取防止水垢和防止腐蚀的措施，如降低硬度、去除游离氯和氯化物是非常有必要的，所以用软化水作为冷却水是一个较好的选择。

关于卫生建造，可以在任何有可能的情况下采用轨道钨极惰性气体保护焊或在焊接后能保证内表面光滑的手动焊接。所有可以拆卸的连接都要采用卫生型结构，法兰和螺纹连接通常被认为是不卫生的结构，要尽量避免。

(7) 获得高纯度注射用水的标志 a. 内毒素 $<0.03\sim0.25$ EU/mL。b. TOC：$50\sim350\times10^{-9}$；其中 TOC$\leqslant500\times10^{-9}$，挑战值：TOC$\leqslant150\times10^{-9}$；内毒素$\leqslant0.25$EU/mL，挑战值：内毒素$\leqslant0.03$EU/mL。c. 电导率$\leqslant1.1\mu$S/cm，20℃。

(8) 典型的设计特点及要求 蒸馏水机承受压力 8bar 或更高；压力容器设计符合 GB 150 或其他可被接受的压力容器法规标准，如 ASME 或 PED。

(9) 高压蒸馏的特点 微生物的分解更加彻底；有害气体去除更加彻底；温差大蒸馏水产量增加了 50% 以上；高温高压开机时间缩短。

缺点是成本增加，对压力容器的要求提高了，密封材料成本增加；高压蒸馏蒸发温度较高，这样会使沸点高的难挥发物从水中分离出来并排掉；高压蒸馏会使汽水分离速度加快，从而有利于杂质从水中的分离。

(10) 配管要求 管子的弯曲尽量采用三维弯管，尽量减少弯头对接，这样可以更好地保证管子内表面质量；焊点图要有焊缝编号，关键部位的焊缝要有焊丝材质、焊接工艺参数、一定比例的 X 射线探伤和内窥镜检验报告、酸洗钝化报告等；凡是与原料水、纯蒸汽及注射用水接触的管子内表面应作电抛光处理；尽量遵从 3D 原则来配管。

(11) 控制要求 符合或接近 CE 要求，保证电器安全和仪表的可靠。自控系统的建立体系可参考 GAMP；要有过程参数的显示、检测、记录及报警。

通常的检测及报警项目如下。

① 温度。各个蒸发器的温度检测；原料水的温度检测；原料水预热终端的温度检测；注射用水的温度检测；高低报警提示，不停机；一效蒸发器凝结水温度的检测：超设定值报警提示，停机字幕留屏。

② 压力。

工业蒸汽的压力检测：压力低报警提示，不停机；

冷却水压力的检测：压力低报警提示，不停机；

压缩空气的压力检测：压力低报警停机，停机字幕留屏。

③ 液位。

原料水进机液位的检测：液位低报警停机提示，停机字幕留屏；

一效蒸发器的液位检测：液位升高报警提示，不停机，延时后如不回落立即下排；

末效蒸发器的液位检测：液位升高报警提示，不停机，延时后如不回落立即下排；

注射用水储罐的液位检测：上限报警停机提示，停机字幕留屏。

④ 其他。

进机原料水电导率检测：超设定值报警提示，停机字幕留屏。

注射用水电导率检测：超设定值报警提示，停机字幕留屏。

注射用水 pH 值检测（投资允许）：超设定值报警提示，停机字幕留屏。

注射用水 TOC 检测（投资允许）：超设定值报警提示，停机字幕留屏。

记录：进机原料水电导率的有纸记录；产品注射用水电导率的有纸记录；产品注射用水温度的有纸记录；产品注射用水 TOC 的有纸记录（选项）。

（12）建造材料要求 凡是与原料水、纯蒸汽、注射用水接触的材料应采用 316L 或其他与之性能相符的材料；密封材质采有无毒无脱落的制药级别的材质，如硅胶或 EPDM（三元乙丙橡胶）；如应用在耐高温的场合，可采用 PTFE（聚四氟乙烯）或 PTFE 与 EPDM 的合成材质。

（13）表面要求 凡是与原料水、纯蒸汽、注射用水接触的表面应采用电抛光并进行酸洗钝化处理，其优点是：

① 粗糙度可以做到小于 $0.25\mu m$，表面形成氧化膜，提高抗腐蚀能力；

② 提高系统运行过程中的洁净能力；

③ 减少微生物引起的表面截留；

④ 避免移动金属杂质滞留。

（14）风险分析 高压运行可能带来高汽速的蒸汽摩擦使内筒体和螺旋板造成奥氏体不锈的钢晶间腐蚀，出现龟裂现象，蒸发器渗漏将导致产品注射水中的热源不合格。

蒸馏水机一效蒸发器的工业蒸汽进汽管内的凝水（显弱酸性）如果不排净，将会腐蚀第一效的蒸发器列管，同时开机会伴有水锤现象，容易震裂蒸发器的焊缝而导致泄漏。

蒸发器、冷凝器、预热器的双管板设计面临渗漏风险，假如胀接工艺不合理，胀接处变薄会出现裂纹，外界介质与成品水交叉污染将造成热源不合格；另外一种情况是，由于设计原因没有考虑膨胀节使筒体与列管之间热应力大小不一致，管子的胀接部位将超出受拉极限而断裂，该处一旦破坏就将不可修复。

① 安装风险：一效蒸发器的凝结水如果在背压条件下排放，容易导致压力表不准，实际蒸汽压力没有那么高，压力传感器又检测不到；末效浓缩水排放不能与下水连接，一旦蒸馏水机出现真空将污水吸入冷凝器将会造成注射用水系统的污染且清洗非常困难。

② 操作风险：隔膜阀的膜片是否密封；原料水阀组上部的单向阀是否能够阻止高温水倒流；阀组的调节是否遵守线性规律；末端疏水器是否堵塞而影响操作等。

③ 压力表、调节阀、流量计失真风险：压力表表针震动造成压力指示不准确，校验结果不准；调节阀是否符合调节规律；流量计是否有准确的输出，并与调节阀准确匹配原料水的供给流量。

④ 高液位跳跃运行风险：当多效蒸馏水机的一效和末效蒸发器液位经常跳跃造成供水阀门调节频繁时，蒸馏的过程会不稳定，导致水质恶化。

⑤ 工业蒸汽压力波动幅度大造成的风险：蒸馏水机的热源工业蒸汽压力大幅度波动是影响其操作的主要因素，如果波动很小蒸馏水机的操作将很平稳，注射用水的纯度也会保持连续稳定。

⑥ 材质风险：材料对于蒸馏水机来说是很重要的，如 304 的材料用于高温部位生产注射用水，使用一段时间后其内部颜色是褐色的，停机一段时间后其内部就会有锈蚀的杂质脱落，在水中出现小黑点。这种杂质不易清洗，只有连续用水冲刷内表面的结垢后才会消失，但是药品质量存在可能受到影响的风险。

⑦ 冻裂风险：冬季出厂测试后蒸馏水机发运到药厂，安装调试时可能发现某些部位有

渗漏，这是残水没有排净冻裂所致，如果在出厂测试后立即进行停机排放将会避免此类事情的发生；制药厂冬季停产维修时也要注意，如果室内温度低于0℃也可能存在此类风险。

4. 热压式蒸馏水机

（1）概述　蒸汽压缩是一种蒸馏方法，水在蒸发器的管程里面蒸发，蒸发列管水平或垂直方向排列，水平设计一般是通过再循环泵和喷嘴进行强制的循环类型，而垂直设计是自然循环类型。系统的主要组成部分有蒸发器、压缩机、热交换器、脱气器、泵、电机、阀门、仪表和控制部分等。

（2）工作原理　蒸汽压缩工艺操作与机械制冷循环的原理相同（图3-4）。

在热压式蒸馏水机中，进料水在列管的一侧被蒸发，产生的蒸汽通过分离空间后再通过分离装置进入压缩机，通过压缩机的运行使被压缩蒸汽的压力和温度升高，然后高能量的蒸汽被释放回蒸发器和冷凝器的容器，在这里蒸汽冷凝并释放出潜在的热量，这个过程是通过列管的管壁传递给水的。水被加热蒸发得越多，产生的蒸汽就越多，此工艺过程不断重复。流出的蒸馏物和排放水流用来预热原料水进水，这样可以节约能源。因为潜在的热量是重复利用的，所以没有必要配置一个单独的冷凝器。

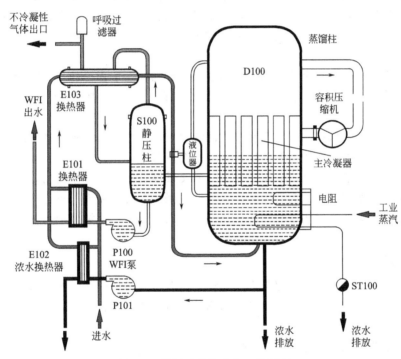

图3-4　热压式蒸馏水机工作原理

如图3-4所示，纯化水经逆流的板式换热器E101（注射用水）及E102（浓水排放）加热至约80℃。此后预热的水再进入气体冷凝器E103外壳层，温度进一步升高。E103同时作为汽水分离器，壳内蒸汽冷凝成水，返回静压柱，不凝气体则排放。

预热水通过机械水位调节器（蒸馏水机的液位控制器）进入蒸馏柱D100的蒸发段，由电加热或工业蒸汽加热。达到蒸发温度后产生纯蒸汽并上升，含细菌内毒素及杂质的水珠沉降，实现分离。D100中有一圆形罩，有助于汽水分离。

纯蒸汽由容积式压缩机吸入，在主冷凝器的壳程内被压缩，使温度达到125～130℃。

压缩蒸汽（冷凝器壳层）与沸水（冷凝器的管程）之间存在高的温差，使蒸汽完全冷凝并使沸水蒸发，蒸发热得到了充分利用。

冷凝的蒸汽即注射用水和不凝气体的混合物进入 S100 静压柱，S100 的作用如同一个注射用水的收集器。

静压柱中的注射用水由泵 P100 增压，经 E101 输送至储罐或使用点。在经过 E101 后的注射用水管路上要配有切换阀门，如果检测到电导率不合格，阀门就会自动切换排掉不合格的水。

随着纯蒸汽的不断产生，D100 中未蒸发的浓水会越来越多而导致电导率上升，所以浓水要定期排放。

热压式蒸馏水机的汽水分离靠重力作用，即含细菌内毒素及其他杂质的小水珠依靠重力自然沉降，而不是依靠离心来实现分离。

三、纯蒸汽制备系统

1. 概述

纯蒸汽通常是以纯化水为原料水，通过纯蒸汽发生器或多效蒸馏水机的第一效蒸发器产生的蒸汽，纯蒸汽冷凝时要满足注射用水的要求。软化水、去离子水和纯化水都可作为纯蒸汽发生器的原料水，经蒸发、分离（去除微粒及细菌内毒素等污染物）后，在一定压力下输送到使用点。

纯蒸汽发生器通常由一个蒸发器、分离装置、预热器、取样冷却器、阀门、仪表和控制部分等组成。分离空间和分离器可以与蒸发器安装在一个容器中，也可以安装在不同的容器中。

纯蒸汽发生器设置取样器，用于在线检测纯蒸汽的质量，其检验标准是纯蒸汽冷凝水是否符合注射用水的标准，在线检测的项目主要是温度和电导率。

当纯蒸汽从多效蒸馏水机中获得时，第一效蒸发器需要安装两个阀门，一个是控制第一效流出的原料水，使其与后面的各效分离；另一个是截断纯蒸汽使其不进入到下一效，而是输送到使用点。当蒸馏水机用于生产注射用水时，同时是否产生纯蒸汽，这需要药厂与生产商共同确定。

2. 工作原理

原料水通过泵进入蒸发器管程与进入壳程的工业蒸汽进行换热，原料水蒸发后通过分离器进行分离变成纯蒸汽，由纯蒸汽出口输送到使用点。纯蒸汽在使用之前要进行取样和在线检测，并在要求压力值范围内输送到使用点。

纯蒸汽发生器的工作原理如图 3-5 所示。

3. 用途

纯蒸汽可用于湿热灭菌和其他工艺，如设备和管道的消毒。其冷凝物直接与设备或物品表面接触，或者接触到用以分析物品性质的物料。纯蒸汽还用于洁净厂房的空气加湿，在这些区域内相关物料直接暴露在相应净化等级的空气中。

4. 主要检测指标

微生物限度：同注射用水。

电导率：同注射用水。

TOC：同注射用水。

细菌内毒素：0.25 EU/mL（用于注射制剂）。

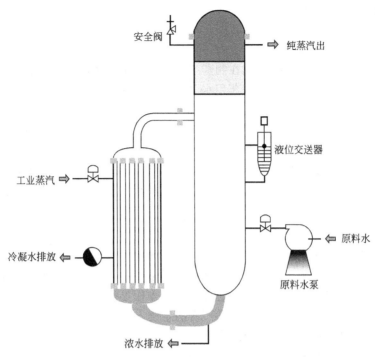

图 3-5　纯蒸汽发生器的工作原理

此外，还有一些与灭菌效果相关的检测指标，在 HTM 2010 和 EN 285 中有相关要求和检测方法，我们可以作为一个参考，简单介绍如下。

（1）不凝气体　不凝气体（如空气、氮气）可以在纯蒸汽发生器出口夹带在蒸汽中，将原本纯净的蒸汽变成了蒸汽和气体的混合物。根据 HTM 2010 第 3 部分的规定，每 100mL 饱和蒸汽中不凝气体体积不超过 3.5mL。

（2）过热　根据 HTM 2010 第 3 部分的规定，过热度不超过 25℃。

（3）干燥度　干燥度是检测蒸汽中携带液相水的总量。例如，一个干燥度为 95％ 的蒸汽，其释放的潜热量约为饱和蒸汽的 95％。换言之，除了引起载体过湿现象之外，当蒸汽干燥度小于 1 时，其潜热也明显小于饱和蒸汽。干燥度可以通过检测加以确定，所得的数值多为近似值。根据 HTM 2010 第 3 部分的规定，干燥值不低于 0.9（对金属载体进行灭菌时，不低于 0.95）。

关于以上 3 种指标的要求，EN 285 与 HTM 2010 相同。

这些属性对于灭菌工艺也相当重要，因为随着蒸汽从气相到液相的转变（冷凝时放出潜热），能量被大量释放，这是蒸汽灭菌效果和效率的关键。总的来说，它是热量转化因子。应当理解，如果蒸汽过热，干燥度将影响相变，从而影响灭菌的效果。

以公用系统蒸汽作为加热源的换热器，包括蒸发器推荐使用双管板式结构，这种结构设计可以防止纯蒸汽被加热介质所污染。

除了那些产量很低的，大多数纯蒸汽发生器都安装了原料水预热器。另外，最好还要有排污冷却器用来对排出的溅起的热水进行冷却。

虽然纯蒸汽冷凝物的电导率监测可以作为一个参考信息，但还是建议取样冷却器安装在线的电导率仪用来监控纯蒸汽冷凝物的质量，另外纯蒸汽输出的压力和温度也是要监测的参数。

四、贮存分配系统

1. 概要

纯化水与注射用水的贮存与分配在制药工艺中是非常重要的，因为它们将直接影响到药品生产质量合格与否，本节中关于制药用水（纯化水与注射用水）的贮存和分配，绝大部分内容引用了 ISPE 的《制药工程指南》（后面统称为 ISPE 指南）第 4 卷——水和蒸汽系统中的相关内容，为大家提供学习参考。如引用的内容不是出自于 ISPE 指南，会有文字注明。在 ISPE 指南中，全面地介绍了八种常见的分配方式，并为使用者提供参考来确定哪个系统是最合适的选择，比较了各种分配方式的优缺点，介绍了用于建造的不同材料和整个分配系统有关的辅助设备，并列举一些常见的案例，目前被国内所接受并采用的分配方式可能是其中的几种。

2. 系统设计

(1) 总则 贮存系统用于调节高峰流量需求与使用量之间的关系，使二者合理匹配。贮存系统必须维持进水的质量以保证最终产品达到质量要求。贮存最好是用较小、成本较低的处理系统来满足高峰时的需求。较小的处理系统的操作更接近于连续的及动态流动的理想状态。对于较大的生产厂房或用于满足不同厂房的系统，可以用储罐从循环系统中分离出其中的一部分和其他部分来使交叉污染降至最低。

储罐的主要缺点是投资成本，还有与其相关的泵、呼吸器及仪表的成本。但是在高峰用量时，通常这些成本是低于处理设备重新选型时所增加的成本。

贮存的另一个缺点是它会引起一个低速水流动的区域，这可能会促进细菌的生长，所以合理地选择贮存系统非常重要。

(2) 贮存能力 影响贮存能力的因素包括用户的需求或使用量、持续时间、时间安排、变化、平衡预处理和最终处理水之间的供应、系统是不是再循环。仔细考虑这些标准将会影响成本和水的质量。

储罐应该提供足够的贮存空间来进行日常的维护和在紧急情况下系统有序的关闭，时间可能是很短到几个小时不等，这取决于系统的选型、配置和维护程序。

(3) 储罐位置 把储罐放在距离使用点尽可能近的位置不一定合适，如果把它们放在生产设备的附近，在方便维护方面可能更有益，为了实现这个目的，在有通道且这个区域保持清洁的情况下，把储罐放在公用系统区域也是可以接受的。

(4) 储罐的类型 立式储罐比较普遍，但如果厂房高度有限制也可以用卧式罐。对于循环系统来说，罐的设计应当包括内部的喷淋球以确保所有的内表面始终处于润湿的状态来对微生物进行控制。在热系统中通常采用夹套或换热器来长期保持水温，或调节高温水来防止过多的红锈生成和泵的汽蚀。为了避免二氧化碳的吸收对电导率的影响，可以考虑在储罐的上部空间充入惰性气体。储罐必须安装一个疏水性通风过滤器（呼吸器）以减少微生物和微粒的吸入。

体积较大的单个贮存容器经常受厂房的空间限制。要达到所需要的贮存能力可能需要采用多个罐组合。在这种情况下，必须仔细设计各储罐之间的连接管道来保证所有的供应和回流支路都要有足够的流量。

3. 建造材料

不锈钢的不反应性、耐腐蚀的特点能满足生产和热消毒的要求，因此制药设备和管道系统广泛使用不锈钢，然而，热塑性材料可能提供改进的质量和较低的成本，如聚丙烯（PP）

和聚氯乙烯（PVC）可以在非制药用水系统中使用。其他如聚偏氟乙烯（PVDF）可提供更强的抗热能力，可能适用于制药用水。如果考虑不锈钢系统包括钝化、内窥镜检测、X射线检测在内等因素，PVDF系统的成本可能比不锈钢系统的成本低10%～15%。连接PVDF管道的新方法比不锈钢焊接的更加平滑。然而，在高温下塑性材料的热膨胀成为主要问题。

如果计划进行常规的钝化，材料的选择应在整个分配、贮存和工艺系统中保持一致（都是316L或者都是304L等）。

对于药典规定用水系统，首选的材料是316L不锈钢。

不锈钢管道的保温应当不能含有氯化物，支架要有隔离装置防止电流腐蚀。

304L和316L不锈钢已经成为行业中制药用水储罐材质的首选，为了避免焊接热影响区的铬损耗，与壳体接触的夹套材质应是相容的。非药典规定用水的贮存可能不需要相同的抗腐蚀水平或使用低碳镍铬合金并作特殊的表面处理，这取决于用户对水的要求。

高纯水的分配系统，通过设计来规定材料和表面处理，应当结合使用可接受的焊接或其他的卫生型方法。分配和贮存系统应该按照GMP要求进行安装，严格地按照明确的操作规程进行制作、生产、完成和安装。

由于对工艺中的关键焊接参数和光滑的焊缝特点更高的控制，轨道焊接成为连接高纯度金属水系统管道的首选方法。然而，在某些情况下可能仍需要使用手动焊接。

由于304L和316L不锈钢的高铬镍含量和易于自动焊接，它们是应用于金属管道系统的首选级别。低碳和低硫级的不锈钢是药典规定用水系统的首选，为了限制系统腐蚀和裂纹，焊接工艺的控制和检验是必要的。0.04%的最大硫含量对焊接来说是最理想的，但焊接熔合部位的硫含量不匹配容易导致焊接部位削弱。

如果可能的话，对于同样公称尺寸（直径）的所有管件、阀门、管子、可焊接的配件，为了使每个管道的焊接质量统一，应该购买同种规格和同熔炼炉号的钢来进行制造。

4. 系统组件

(1) 换热器 可以使用管壳式、套管式和板式换热器。虽然板式换热器可能有成本优势，但是由于被发现可能会造成较大的污染危险，所以在药典规定的分配部分较少使用。然而，板式换热器却普遍应用于预处理终端纯化之前。在管壳式换热器中，被处理的水经过管束冷却或加热介质的污染风险可以通过使用双管板来明显地降低。U形管的管束的完全排净可以通过位于换热器内的每一个导程内位于最低点的泪孔来实现。如果能确保证压差在"洁净"侧，就能进一步减少污染的风险。同样，板式换热器应在洁净侧水的压力比加热或冷却介质侧压力高的情况下来进行操作。电导率仪可以用来监测泄漏，装置的设计应允许完全排净和准备好检查和清洁的通道。

(2) 通风过滤器 在药典规定用水系统的储罐上使用通风过滤器来减少在液位降低时的污染。组件由疏水性的PTFE和PVDF组成，可以防湿，孔径通常是0.2μm。过滤器应该能承受消毒温度，在选型时应能满足在快速地注入水或在高温消毒的循环中体积收缩的情况下有效地卸放负压。在热系统中的过滤器通常用夹套来减少冷凝液的形成，冷凝液的形成会使储罐上的疏水性过滤器堵塞。如果使用蒸汽消毒，储罐应设计成完全真空或有真空保护装置。通风过滤器的安装也应能排出由高温操作或消毒所产生的冷凝液，还要容易更换。滤芯要与过滤器壳体相匹配。安装在药典规定用水储罐上的通风过滤器应作完整性测试，但是可能不需要同无菌过滤器那样来进行验证。

(3) 泵和机械密封 离心泵普遍用于分配系统当中。应当检查性能曲线和吸入压头要求来防止汽蚀，汽蚀会引起微粒污染。由于在冷系统中温度会有很大升高或在热系统中的蒸气压会产生汽蚀，也应当考虑泵在很长一段时间内在低流速或没有排净的情况下产生的热。当泵位于分配系统的最低端时可以通过泵壳的最低点排放使系统完全排净。尽管有双机械密封与注射用水或其他相容的密封,水的冲洗可能会使污染的可能性最小;也可以使用向外冲洗的单机械密封。在特别关键的应用中,可能要求使用抛光的转动元件。可以安装双泵用来备用,但应确保整个系统内水的流动。

(4) 管道系统部件

① 管道和管子。拉伸的无缝和/或纵向焊接管道普遍应用于直径是 2in(1in=2.54cm)和更小的管道的系统中。近年来,外表类似于无缝的焊接钢管的使用越来越多,并且价格相对于无缝管要低很多。PVDF 经证明也是可用的材料,但在实际中,不锈钢管的应用是最广泛的。

② 管件。单一管件可能生产少到一个,多到五个。从焊接内容、安全和成本方面考虑,这可能极大地影响最终产品的适用性。

③ 阀门。制药用水行业趋向于在高纯水系统中使用隔膜阀,特别是应用在隔离场合。蒸汽系统中可以接受使用卫生球阀,它需要较少的维护。

5. 微生物控制设计考虑

在一个特定的水贮存和分配系统中,总是要预想出一些促进微生物生成问题的特定的基本条件。以下几个基本办法可以抑制这些问题。典型能促进微生物生成的基本条件有:

① 停滞状态和低流速区域;

② 促进微生物生长的温度(15~55℃);

③ 供水的水质差。

减轻这些问题的一些基本方法如下:

① 维持臭氧水平在 $(0.02\sim0.2)\times10^{-6}$ 之间;

② 连续的湍流;

③ 升高的温度;

④ 合适的坡度;

⑤ 细菌滋生聚集最小的光滑和洁净的表面;

⑥ 经常排放、冲洗或消毒;

⑦ 排水管道的空气间隙;

⑧ 确保系统无泄漏。

维持系统正压:处理这个关键问题通常适合的方法包括使用趋势分析法。使用这种方法,警戒和行动水平与系统标准有关。因此对警戒和行动水平的反应策略能也应该制订出来。即使是最谨慎的设计,也有可能在有些地方形成微生物膜。工程设计规范,如消除死角能保证通过整个系统有足够的流速,周期性的消毒能帮助控制微生物,因此这是在下列情况下贮存和分配循环系统中常见的实例。

① 在大于 70℃或臭氧的自消毒的条件下。

② 如温度控制在 10℃以下(《中国药典》附录中提及的是低于 4℃)来限制微生物生长并周期性消毒的情况下。

③ 在常温环境下,消毒是通过验证的方法控制微生物生长。

对常见的行业实例的法规说明 下面的行业实例都是工程设计规范(GEPs),在过去就发现可以用来降低微生物生长的机会。

如果全部忽略所有这些注意事项,就增加了微生物负荷问题的可能性。这些项包括表面处理、储罐方位、储罐隔离、储罐周转率、系统排净能力、死角、正压和循环流速。

① 表面处理。常见的行业实例是从研磨管道到表面 $R_a 0.38\mu m$ 先机械抛光后电抛光和管道。电抛光与电镀工艺相反，它可以改进机械抛光后的不锈钢管道和设备的表面处理。减少表面面积和由机械抛光引起的表面突变，因为这些会引起红锈或变色。系统进行机械抛光或电抛光后，应确定抛光物质完全从管道中去除，这样就不会加快腐蚀。

系统在常温或不经常消毒的环境下操作可能需要较光滑的表面处理。在药典规定用水系统中，为了减少细菌附着力和加强清洁能力，不锈钢管道系统内部表面处理主要是用研磨和/或电抛光。为了达到较好的（$R_a 0.4\sim1.0\mu m$）的光滑表面，需要相当大的费用。另一个可行的方法是拉伸的 PVDF 管道，尽管 PVDF 有其他的缺点，但它在不用抛光的情况下具有比大多数金属系统更光滑的表面，但目前在国内普遍不采用。

② 储罐方位。立式结构是最普遍的，因为有如下优点：制造成本低、较小死水容积、简单喷淋球设计、需要的占地面积小、当厂房高度受限时可采用卧式。

③ 储罐隔离。对于药典和非药典规定用水，在担心微生物污染的地方的普遍做法是使用 $0.2\mu m$ 疏水性通风过滤器。

对于热贮存容器，通风过滤器必须通过加热来减少湿气的冷凝。另一个可行的方法是向罐内充进 $0.2\mu m$ 过滤的空气或氮气。如果二氧化碳吸收引起注意或防止最终产品的氧化问题，可以充进氮气来进行保护。

④ 储罐周转率。普遍的做法是使罐的周转率达到 $1\sim5$ 次/h。

周转率对使用外部消毒或处理设备的系统可能是很重要的。

当储罐处于消毒条件下（包括热贮存或臭氧）就限制了微生物的生长，此时周转率是不怎么重要的，如冷贮存（$4\sim10$℃）（《中国药典》附录中提及的是低于 4℃，但是必须有文件证明）。

有些储罐的周转率是为了避免死区。

⑤ 系统排净能力。用蒸汽进行消毒或灭菌的系统必须要完全排净来确保冷凝液被完全去除。

从来不用蒸汽消毒或灭菌的系统不需要完全排净，只要水不在系统中停滞就可以了。

考虑设备和相关的管道的排放是一个好的工程上的做法。

⑥ 死角。好的工程规范是在有可能的情况下尽量减少或去除死角。常见的做法是限制死角小于 6 倍分支管径或更小，这是源于 1976 年 CFR212 规范中所提出的"6D"规定。最近，行业方面的专家建议指导采用 3D 或更小，而 WHO 所建议的死角长度是 1.5D 或更小。然而，这个新的指导引起了混乱，因为这个标准的建议者通常是从管道外壁来讨论死角的长度，但是最初的 6D 法规指的是从管道中心到死角末端的距离。显而易见，如果一个 1/2in 的分支放在一个 3in 的主管道上，从主管道中心到管道的外壁已经是 3D 了。因此，即使是零死角阀门可能都达不到 3D 要求。

为了避免将来造成混乱，本指南建议死角长度从管的外壁来考虑。我们建议避免对于最大可允许的死角作硬性规定。

最后，在不考虑死角长度的情况下，水质必须满足要求。工程设计规范要求死角长度最小，有很多好的仪表和阀门的设计是尽量减少死角的。

我们应该认识到如果不经常冲洗或消毒，任何系统都可能会存在死角。

⑦ 正压。始终维持系统的正压是很重要的。我们普遍关注的一个问题是系统的设计如果没有足够的回流，在高用水量时使用点可能会形成真空，这可能引起预想不到的系统微生物挑战。

⑧ 循环流速。常见的做法是设计循环环路最小返回流速为 3 ft/s（0.9m/s）或更高，

在湍流区雷诺数大于2100。

返回流速低于 3 ft/s（0.9m/s）在短时期内可以接受，或在不利于微生物生长的系统内也可以接受，如热、冷或臭氧的环路当中。

在最小返回流速的情况下，要维持循环内在正压下充满水。

6. 连续的微生物控制

工艺水系统通常应用连续的方法控制微生物，并进行周期性消毒。本节讨论采用连续的方法控制微生物生长。

(1)"热"系统 防止细菌生长最有效和最可靠的方法是在高于细菌易存活的温度下操作。如果分配系统维持在热状态下，常规的消毒可以取消。

系统在80℃的温度下操作，有很多的历史数据表明在这种条件下能防止微生物生长。目前，很多公司在70℃的温度下验证水系统。在较低的温度下操作的优点包括节约能源、对人的伤害风险低、减少红锈的生成。系统在这个范围内的较高温度下操作在微生物污染方面具有更高的安全性。在80℃以下的有效性必须在实例的基础上用检测数据来证明。

需要注意的是，这个温度范围不会去除内毒素。当内毒素是我们所关注的问题时，必须通过设计合理的处理系统来去除它。

(2)"冷"系统 在这个例子中用"冷"这个词的意思是指一个系统维持在足够低的温度下来抑制微生物生长。虽然这被证明是有效的，但是其需要能耗及与其相关的成本，对这种类型的系统来说操作成本是很高的。通常情况下，"冷"系统是在 4～10℃（《中国药典》附录中提及的是低于4℃）的条件下操作。在15℃以下微生物的生长率明显降低，因此与常温系统相比，冷系统的消毒频率可能要降低。特定温度下的有效性与否，在任何特殊系统中相关的消毒频率必须在实例的基础上通过统计分析来确定。

(3)"常温"系统 任何制药用水系统的循环温度都是通过需要达到的微生物标准或需要达到的使用温度来确定的。在行业中，"常温"的纯化水系统通常使用臭氧和/或热水消毒，与"热"或"冷"系统相比，通常需要较低的生命周期成本，并且还减少了能量消耗。然而，在没有提高系统消毒水平的情况下，在储罐和分配循环中缺少温度控制会导致系统内生物膜的形成，偶尔或不可预测地产生微生物不符合规定的水，以及导致不在计划内的水系统停机。

(4)臭氧 臭氧能有效地控制微生物。它是一种强氧化剂，能与有机体发生化学反应并杀死它们。消灭这些有机物而产生有机化合物，臭氧可能会进一步退化，最后变成二氧化碳。臭氧作为氧化剂其氧化性是氯的两倍，需要不断地加入来维持浓度。

在任何药典规定用水系统和大多数其他应用中，我们希望使用的水完全没有臭氧。臭氧一般通过紫外线来去除。254nm 的紫外线能把臭氧转变成氧气。较普遍的设计是维持储罐中臭氧浓度在 $(0.02～0.1)×10^{-6}$ 之间，在分配环路的起始端用紫外线去除臭氧。为了对环路本身进行消毒，紫外线在不用时可以关掉，臭氧会在环路中循环。破坏臭氧所需要的紫外线量一般是控制微生物需要量的2～3倍。应该做测试来证明在使用点没有臭氧。

(5)紫外线 紫外线经证明能减少贮存和分配系统中微生物数量。紫外线波长在 200～300nm 的时候有杀菌能力，这个波长范围低于可见光谱。紫外线通过使 DNA 失去活性来减少微生物。紫外线经常被认为是杀菌装置，但实际上不是。光线的有效性取决于它作用的水的质量、光线的强度、水的流速、接触时间和细菌存在的类型。

(6)过滤 与其他的微粒物质一起，细菌和内毒素可以通过过滤去除。过滤的介质可能是微滤（2～0.07μm）也可能是超滤（0.1～0.005μm）。必须保持这些过滤器的完整性。

① 微孔过滤。微孔过滤包括使用筒式过滤器、折叠式过滤器和错流过滤膜元件。这些

过滤器能去除 $100 \sim 0.1 \mu m$ 大小的微粒。筒式和折叠式过滤器允许水从垂直于水流方向的滤芯纤维壁流过。由于过滤器的孔径较小，微粒被截留在过滤器的外壁，或在过滤器内部（筒式过滤器）。经过一段时间后，过滤器里充满了微粒，需要更换一个新的滤芯。

② 超滤。超滤可以用来从水源中去除有机物和细菌，还有病毒和热原。过滤孔径一般在 $0.01 \sim 0.1 \mu m$。错流超滤强制使水平行地流过过滤介质，太大的微粒通不过膜元件，在浓水流中排出系统（一般是进水流的 $5\% \sim 10\%$）。这允许过滤器进行自清洗并消除了要经常更换膜元件的需要。这种类型的过滤可以应用在特定情况下储罐后面的"维护"措施。

一般而言，对于任何的纯水系统而言，不推荐使用储罐后面的过滤。这是考虑到了在过滤器的前面的一侧细菌会繁殖，虽然过滤器的孔径在理论上比细菌的大小要小，但最终在过滤器后面一侧可能还会发现细菌。另外的顾虑是过滤器潜在的滋生物聚集，这可能增加了微生物生长的机会。然而，循环泵后面的过滤器有时应用于水系统当中。系统设计应以所获得的储罐前的水质为基础。不能依靠储罐后面的过滤器对水进行纯化处理。

(7) 循环 大多数新的水系统的分配是用一个循环回路。循环的主要目的是减少微生物的生长或微生物附着在系统表面的机会。虽然这个方法不被广泛认可，但是我们认为与水的湍流相结合的剪切力可以抑制滋生物的聚集和细菌在表面的附着。要达到此效果的流速通常认为是要超过 3 ft/s（0.9m/s）或雷诺数大于 2100。如果在短期内水的使用次数高，流速可能会下降，只要使系统维持在正压下就不会对系统产生影响。在热和冷系统中，循环也是用来使整个系统维持在适当的温度。

研究表明去除生物膜需要的流速要高于实际水系统的流速（高于 15ft/s）。然而，高的流速（5 ft/s 或更高）结合使用抗菌剂，如臭氧或氯，可能在很长的时间内能有效地去除生物膜。

如果对分支的长度有限制，在短的分支管段的端头可以维持在湍流状态。这个限制的长度随着分支管段直径的不同而不同，受主管道直径的影响较小。按照经验法则，最大死角是 6 倍分支管道直径。这个经验法则对于在大的主管上有小的分支的情况下可能很难达到，这可能会导致不能接受的长死角。基于超过广泛应用的经验法则上考虑，认识到把死角作为一个关注的区域，并通过采用适当的措施在最初的设计或在如果是不可避免的情况下，实行特别的规定进行说明来防止死角是非常重要的。其他要考虑的因素包括操作温度、主管内的流速和使用频率（如果死角是一个使用点）。

7. 周期性消毒/灭菌

通常情况下，贮存和分配系统需要进行周期性消毒。基于对系统微生物质量的监测，应该正式地建立所需要的消毒频率。在例行检验中，要响应达到"行动限"，可能也要作消毒。下面讨论了各种周期性消毒的方法。

(1) 化学方法 各种化学品或化学品混合能用于贮存和分配系统的周期性消毒。氯溶液的含量在 100×10^{-6} 能非常有效地杀死有机物，但是因为对不锈钢的腐蚀问题，一般不用于分配系统。5% 的过氧化氢浓度是一个较实际的选择。也可以使用高酸，一般浓度在 1% 或更低。许多不同的混合物和其他化学品通常都可以作为消毒之用。

消毒剂的去除证明是非常重要的。当清洗水量足够的时候通常可用指示器（测试条或棒）来指示消毒剂是否存在。然后在系统使用之前需要通过对清洗水的分析来证明不允许的化学品已经不存在了。

(2) 臭氧 可以周期性地也可以连续地使用臭氧消毒。储罐一般使用连续臭氧消毒，然后在进入分配环路或单个使用点之前通过紫外线辐射来去除臭氧。分配系统可以通过关闭紫外线进行周期性消毒，如果有必要，允许在通过分配环路进行循环时增加臭氧浓度。周期性消毒，特别是要求微生物膜必须被去除时，可能需要臭氧的浓度要达到 1×10^{-6}。

（3）加热　工艺用水系统的周期性加热消毒被认为是非常可靠和有效的，必须进行消毒的频率的变化取决于很多因素：系统设计、分配系统大小、系统的组件、系统中工艺用水的体积、工艺用水的使用频率（周转体积）、循环工艺水的温度。

每个分配系统必须建立其微生物的要求和适合系统的消毒循环和频率。

最直接的消毒方法是加热分配系统中的循环工艺水至（80±3）℃，并在验证周期的时间内保持此温度。经证明使用热消毒是非常有效的，如果设计得合适，也是非常经济的。进行消毒循环所需要的控制，可以是手动的或自动的。

因为在纯水系统中发现的细菌类型的特点，不需要使用蒸汽来有效地杀死微生物。分配管道的蒸汽灭菌可能需要安装额外的阀门用来通风和排放，可能需要比采用其他方式更高的压力等级。尽管不要求，但根据储罐的特点，它更容易进行蒸汽灭菌，这种做法也是很普遍的。

热系统本身就是连续的消毒。因此，消毒的必要性应根据微生物的检测结果而定，或当系统在长期的时间内离线和环路的温度降到低于验证的温度范围时，要进行消毒。

取决于对工艺用水的要求，应当给冷系统指定一个稳妥的起始消毒频率。在通过微生物检测确定系统的操作特点后，可以确定日常的消毒频率。

（4）初始消毒（常温系统）　蒸汽消毒有成功的历史，可能是最可靠的消毒方法。然而，在纯水或注射用水系统中没有要求用蒸汽消毒。建议用下列程序作为常温系统热水消毒的一个选择。

在钝化后（不锈钢系统），系统应立即用高温工艺水（80℃±5℃）冲洗，所有的阀门要打开，对使用点进行冲洗。冲洗量通常是系统容积的两倍（在电导率读数之后），或如果有要求，通过清洗水的检测表明没有发现钝化化学品。这是系统的初始消毒。

一旦获得中国药典化学检测而确定了工艺水质量的化学特点，然后在每个组件、使用点和储罐后应进行微生物取样。初始的取样应表明分配系统的任何取样点没有可繁殖细菌污染。一旦达到了，系统应降低到它的操作温度，并要稳定温度。

（5）关键质量属性和关键过程运行参数　通常直接影响系统中的仪表是重要的关键组件。仪表（如 TOC 和电导率仪表）、温度测量装置、臭氧水平探测装置、流量计、压力变送器在控制系统中是非常重要的部件，起到制造、维护或测量水质的作用。因此，一些仪器可以象征关键工艺运行参数的测量或控制，或使该系统内的水保持在制药要求范围内。某些仪器可以检查"警戒限"和"行动限"。当仪器的控制、监测功能不属于关键问题时，要根据传感组件与产品水接触情况确定建造材料是否关键。

① 关键质量属性。关键质量属性通常表明水的技术指标符合性，如：总有机碳（TOC）、电导率、微生物内毒素、硝酸盐、重金属等，需要用适当的精确度测量——对不确定度（MU）因素进行分析，如果用于技术指标符合性测量，则应使用严格维护的仪器。与电导率测量第一阶段一起的温度测量可能被视为关键的属性。应对代表这些属性的关键运行数据（COD）进行持续的评估（例如，每月一次或其他确定的时间间隔）。在直接影响系统中，应为这些属性设置报警和报警级别。

趋势数据应作为"工艺验证"的一部分进行评估，这些数据反映验证的状态（用文件记录证实系统能连续生产符合质量标准的水）。数据中异常或不良趋势有可能给对系统的干预提供依据，例如根据异常情况改进标准操作程序，这样可以纠正关键质量属性中的不良趋势。

对于制药用水系统而言，下述参数可能作为关键参数。

a. 总有机碳（TOC）：总有机碳的测量用于合规性目的（如水的放行）时，可能是在线或离线实验室中分析。可能有这样一种情况，在线 TOC 只用于生产过程控制，后续通过取水样进行 TOC 的实验室分析。

b. 电导率：电导率的测量用于合规性目的（如水的放行）时，应该非温度补偿型电导率测量（在线或实验值）检查记录关键质量属性。与 TOC 相似，也可能出现电导率只用于生产过程控制，后续通过取水样进行电导率的实验室分析。

c. 温度：尽管一般情况下不是一个关键质量属性，但若用于放行水的电导率的使用或报告时，可能会被认为是关键属性。

d. 微生物：目前，还没有很好的用于在线测量和记录微生物信息的方法，但它是一个关键属性。

e. 细菌内毒素：要求在注射用水分配系统中使用，目前均以实验室测试，没有好的在线测量方法。

f. 硝酸盐：采样和离线分析。

g. pH 值：在线检测或离线分析。

h. 亚硝酸盐：采样和离线分析。

i. 氨：采样和离线分析。

j. 易氧化物：采样和离线分析。

k. 不挥发物：采样和离线分析。

l. 重金属：采样和离线分析。

m. 其他关键质量属性：可能还有取决于水或蒸汽技术方面的其他关键质量属性，可能包含以下特定值（我国现阶段还没有明确的要求，但在欧洲和美国的相关指南中都有提及），过热度（蒸汽）、干燥度（蒸汽）、不凝结气体（蒸汽）。

② 关键过程运行参数。有时测量一些工艺参数用来间接控制保持水质，通常有一个运行的区间，在区间内运行时，可以保证水质，如果超出了运行区间，则需要研究在实际运行的参数下是否还能保持水质。例如注射用水分配系统中，如果采用 70℃ 以上温度循环，就没有必要再对系统的操作温度趋势进行研究，因为此温度以上已经具备连续保持水质合格的条件。可能的关键工艺运行参数包括：正常工作温度、消毒处理（时间/温度/频率）、压力、流量、臭氧含量。

关键工艺运行参数，包括适当的最小/最大的操作范围，在正常情况下，要在 OQ 期间作测试。而对水质的长期影响则是在 PQ 期间作测试。

识别和管理制药用水或蒸汽系统的关键工艺运行参数是很重要的。对于注射用水系统来说，以下参数一般是关键参数。

a. 温度：在高温注射用水贮存和分配系统中，高于一定的温度，微生物污染就快速增生和扩散，而在低温注射用水贮存和分配系统中，低于一定的温度，微生物的生长繁殖会受到抑制。需要说明的是，在制药用水系统的某些部分可能不会把温度认为是一个关键的工艺运行参数。如果与关键质量属性相关，（例如在线电导率测试）或一个特殊确认的系统中时，测量或控制的温度可能就是关键参数或关键工艺运行参数。被当作关键工艺参数的例子有：

ⅰ. 在线电导率测定。同样品质的水，在不同温度下电导率不同。

ⅱ. 连续消毒状态。在这样的系统应用中，可能保持在特定的温度（如热的 70℃ 以上），以抑制微生物的生长。

ⅲ. 消毒处理控制过程。在特定的系统中，用已被证明的温度消毒工艺，在这样的工艺中，通过加热到特定温度及以上来实现消毒的目的。

ⅳ.其他工艺应用。如果用温度与控制质量建立了关联，则温度也可能是关键工艺运行参数。

例如对采用热水消毒的常温纯化水分配系统中，消毒温度就是关键工艺运行参数。

b. 臭氧在水中的含量：臭氧在水中的含量对微生物的控制与温度对连续或间歇消毒处理有相似的效果。在一个"连续"臭氧系统中，储罐内有连续不断的浓缩臭氧消毒。在分配系统中，水中的臭氧会被第一个使用点之前的紫外灯破坏。臭氧在水中起到抑制微生物的生长的积极作用。在使用臭氧全面消毒时，需关闭紫外线。系统中的臭氧浓度需要得到监控。

c. 流量：在高温系统或低温系统中，水流量（或者流速高于湍流的雷诺数情况下）可能有助于减少微生物的生长。分配系统中的循环部分的湍流流量，被认为是最低设计要求。流量通常在系统启动时验证。流量可能在正常系统操作时被监测。例如，在水分配系统中，流量可能被监测以确保供给不同用户的用水量满足要求并保证水流处于完全湍流状态。

另外，也可以通过检测和控制系统的流量（包括存放在水罐的水量）来控制整体微生物的一种措施，这样在足够的流量情况下（例如 ISPE 有周转率 1～5 倍的概念，就是系统中的水每 1h 周转 1～5 次，是一种建议的说法），系统中的水可以被新水稀释。

d. 压力：除了容器安装呼吸器（通风过滤器）以外，制药用水分配系统在运行的任何时间都应保持相对于外界环境为正压。如果使用者要求注射用水系统要在一定压力下供水，且这个压力对下游来说很重要，那么这个压力可能会被视为一个关键工艺运行参数；如果一个特殊的直接影响水系统由于逆流（例如由于楼层位置造成压差不足引起的）的原因而易受到污染的影响，这种情况下，应考虑将压力视为一个关键工艺运行参数。在防止其他物质泄漏进制药用水系统的目的下，分配系统内的压力可能被视为关键的参数。另外，分配循环回流压力是选择内部喷淋球的重要条件。

e. 液位：可以通过检测储罐内的液位来控制供水量和下游泵的气穴现象（亦称空穴现象、汽蚀）保护。然而，一般情况下，水位对于水质来说是不被视为关键的参数，但在用于纯化机组的操作中可能是一个决定性因素。

与仪表有关的，与关键质量属性或关键工艺运行参数有关的典型活动和注意事项包括：

ⅰ.仪表的 IQ，关键取决于与产品水接触的结构材料。

ⅱ.关于选型、结构和维护/校准要求的工程和质量审核。

ⅲ.关键运行数据（COD）的产生-过程数据的子集（一般指关键质量属性的测量值），一般在电子测量系统或控制系统中测量记录，这些数据能够描述纯度、特性或者水的质量。在工艺验证过程中可能广泛使用这些数据。

ⅳ.仪表的代换的管理控制系统。

ⅴ.国家或国际标准或其他可追溯的校准标准。

ⅵ.质量部门对关键数据的审核。

ⅶ.仪表的校准和维护系统。

ⅷ.测量不确定度分析（可以帮助确定测量数据的可信性）。

③ 设计范围与操作范围。

a. 设计范围：对控制变量所规定的范围或精度，设计者依据它来设计水系统的性能要求。

b. 容许运行范围：经验证的关键参数的范围，在这个范围内生产的产品水是可接受的。

c. 正常运行条件：可由制造商选择的，在正常运行期间，将其作为参数（即电导率）预期的可接受值。这个范围必须在容许运行范围以内。

例如，作为一个设计条件，注射用水制备系统的性能标准可能要求最终产品水的水质电导率为 $0.5\mu S/cm$（2Mohm·cm），或更好。但是，注射用水容许运行范围允许生成的水质电导率为 $1.3\mu S/cm$（0.77Mohm·cm），或更好。最终，生成水的正常运行范围可以由制造商设定，电导率值大约为 $1.0\mu S/cm$（1.0Mohm·cm）或更好，用以为运行提供一个宽松的条件。

对制造商而言，把警戒限和行动限与正常运行范围一起应用也是一个良好实践。警戒限和行动限应该以系统的实际能力为根据。警戒限依据正常的运行经验，通常在行动限之前，用于启动纠正措施；行动限被定义为根据产品验收标准而订立的工艺条件。行动界限的偏差必须作为批记录的一部分保留，因为它们代表着与验证参数存在的偏差。

第四节 常见问题讨论

一、原水水质

新版 GMP 第九十六条规定制药用水至少应采用饮用水，药典规定纯化水的原水通常为饮用水，注射用水的原水是纯化水。

我国制药企业使用的原水可能来源于两个途径，一是天然水，如井水或地表水等；二是市政供水，需要说明的是天然水和市政供水都不一定符合国家饮用水标准，因此，制药企业可能需要先把天然水或市政供水处理成符合国家饮用水标准，作为制药用水用于设备的粗洗、中药材的漂洗或纯化水的原水。再把饮用水经处理制成纯化水，纯化水作为制药工艺用水用于非无菌制剂原料和设备的终洗用水等或作为注射用水的原水。

图 3-6 试说明在制药用水生产过程当中实际的流程，系统可以是没有明显分界的一套或者是有明显分界的两套或更多，重要的是要了解实际上可能是有从不符合国家饮用水标准的水制成符合国家标准的饮用水的过程。

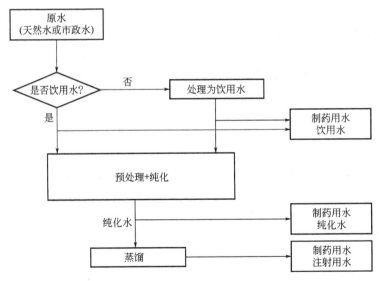

图 3-6 制药用水生产过程当中实际的流程图

二、材质

对于药典规定用水（纯化水、注射用水）的贮存罐和管道应用广泛应用的材料是 300 系列的不锈钢（一般为 316L）。有更高抗热性的聚偏氟乙烯（PVDF），也适用于药典规定水。

如果需要定期钝化操作，在整个分配、贮存和处理系统中，材料的选择都应当一致（都是 316L 或都是 304L 等）。

304L 和 316L 不锈钢已经成为工业上用于存储药典规定用水水罐的首选。ISPE 和 ASME BPE 认为外壳接触的夹套材料应当匹配，以避免焊接区域脱铬。

通常认为在 RO 之前是非药典水范围，其材料没有必要完全采用 300 系列的不锈钢，可以使用较便宜的塑料如聚丙烯（PP）和聚氯乙烯（PVC），可以提高质量或降低成本。在有些条件下，采用不锈钢可能是不利的，比如软化器附近，由于有盐溶液的存在，会加快不锈钢的腐蚀。

三、粗糙度

粗糙度反映材料表面微观不平度和高度特性，常用"轮廓算术平均偏差 R_a"参数。可以简单理解为，在相同的材料表面加工处理办法下，粗糙度数值越小表明表面越平滑。

在水系统中粗糙度是影响水质和系统成本的一个重要因素，要求的粗糙度数值越小，对保证水质越有好处，同时成本增加也很明显，因此需要综合考虑。

由于水质的保证是一个系列因素的组合实现的，这些因素可以互相加强和支持，比如一个高流速同时高温度的系统中，可以适当地放宽对粗糙度的要求。

ISPE 的制药用水和蒸汽指南认为，一个基于合理成本的范围应是 $0.4 \sim 1.0 \mu m$，随着现代技术的进步，很多管材粗糙度的数值可以做到比 $0.4 \mu m$ 更小，成本自然会有所增加。阀门等配件也与此相似，只是做到小的粗糙度更加不容易。

四、电解抛光

电解抛光的好处有：
① 由于电解的削峰作用，可以减少金属表面积；
② 获得清洁表面；
③ 用铬层对不锈钢表面进行钝化；
④ 机械力会形成皱褶，皱褶的折叠层会截留杂质，电解抛光可以清除这些杂质；
⑤ 机械抛光由于拖尾效应会隐藏一些抛光缺陷，电解抛光可以将这些缺陷显露出来。
由于电解抛光的这些好处，电解抛光在制药用水系统的管件、管道、设备中得到越来越多的应用。

五、死角

各种规定和提法甚至测量的方法不尽相同，但是目前的所有提法是工程的建议和标准，而非"法规"。目前比较正式的规定，一是 1993 年美国高纯水检查指南中的由主管中心开始测到阀门密封点的 $6D$；二是 2001 年 ISPE 水和蒸汽基准指南的从主管外壁到支管阀门密封点的长度 $L \leqslant 3D$；三是 2009 年 ASME BPE 的 $2D$，其定义是从主管内壁到支管盲端或阀门密封点为 L，支管内径为 D，$L \leqslant 2D$（表 3-1）。

六、储罐液位计

多种不同的液位计均可以用在制药用水系统的给水和预处理部分，包括简单的漂浮开关、超声波传感器、电容传感器以及差压变送器。

注射用水和纯化水储罐的液位计一般选用电容液位计、差压液位计，当没有压力影响时

表 3-1 三通阀 L/D 维度尺寸表（具有肝素帽的纸三通阀全标准尺寸）

标准尺寸倍数	铸壁厚度/mm	D/mm	L/mm	L/D
1/4	0.035	0.180	2.16	12.00
3/8	0.035	0.305	2.10	6.88
1/2	0.065	0.370	2.07	5.58
3/4	0.065	0.620	2.07	3.33
1	0.065	0.870	2.19	2.52
3/2	0.065	1.370	2.14	1.56
2	0.065	1.870	2.44	1.30
5/2	0.065	2.370	2.44	1.03
3	0.065	2.870	2.44	0.85
4	0.083	3.834	2.83	0.74
6	0.109	5.782	4.24	0.73

也有采用静压变送器测量液位的方式。电容液位计通常有杆状或软绳状物与水接触，而差压液位计和静压液位计的探头面也会与水接触。从不接触的角度来讲，超声波液位计可能是好的选择，但它的成本和耐消毒条件需要慎重考虑。

七、呼吸器和完整性测试

呼吸器用于纯化水和注射用水储罐上以减少来自空气的污染。此装置由疏水性 PTFE 或 PVDF 滤芯防止浸湿，一般标称在 $0.1\sim0.2\mu m$。根据 ISPE 制药用水和蒸汽的指南，应当对用于注射用水和纯化水储罐的呼吸过滤器作完整性测试，但是无须像无菌过滤器一样进行验证。根据 ISPE 制药用水和蒸汽系统的试运和确认指南，在一些非无菌的产品制造企业，可能没有呼吸器完整性测试的设备，这样以滤芯制造商的完整性证明是可接受的。

八、在线过滤器的使用

无论注射用水系统还是纯化水系统都应避免在循环系统中使用过滤器，这主要是因为过滤器本身和其上游会成为微生物的聚集地。还有一些其他问题，比如过滤器避免不了定期更换滤芯，会打破系统的完整性等。

九、流量和循环流速

流速的要求不是法规的要求，只是在工程上这样做会更有利于抑制微生物的生长。

管内的流速通常目的是达到湍流的状态，一般要求雷诺数大于 4000。工程实践上常使

用的范围是 $1\sim3m/s$，实际上常常是要求不低于 $0.9m/s$。一般也不会使用高于 $3m/s$ 以上的流速，因为过高的流速会导致压力损失加大、管道震动、自动阀门开关冲击大等一系列问题。在用水高峰时段，短时间内回水流速低于 $0.9m/s$ 也是可以接受。

十、在线备用循环泵

本指南不推荐在纯化水和注射用水分配系统中采用在线备用循环泵，因为这会难以避免在备用泵中出现死角的情况，除非两台泵频繁交替使用。与此相比，配备与循环泵完全相同的泵作为库房备用，在需要时进行更换并配以适当的冲洗消毒方式是一种更好的选择。

十一、循环温度

新的法规，包括新版 GMP 和 2010 年版《中国药典》附录 Ⅹ Ⅵ 制药用水一节都举了一个关于温度的例子。

药典："注射用水的贮存方式和静态贮存期限应经过验证确保水质符合质量要求，例如可以在 80℃ 以上保温或 70℃ 以上保温循环或 4℃ 以下的状态存放。"

新版 GMP："纯化水、注射用水的制备、贮存和分配应能防止微生物的滋生。纯化水可采用循环，注射用水可采用 70℃ 以上保温循环。"

温度的选择很重要，尤其对于注射用水。有研究认为 $15\sim55℃$ 是最适合微生物生长的温度范围，所以应避免。高于 85℃ 易于出现红锈，也应避免。

十二、电导率的在线测量和离线测量

在《中国药典》附录Ⅷ S 制药用水电导率测定法中明确指出：可使用在线或离线电导率仪。

对于电导率很低的高纯水（例如电导率 $<0.2\mu S/cm$），离线测量的数值会与在线测量值有比较大的差别，这是可能的也是正常的，可能最大的影响因素是空气中的 CO_2 溶入水中由于离子的作用产生导电性。

十三、TOC 的测量方式

在《中国药典》附录Ⅷ R 制药用水总有机碳（TOC）测定法，指出："采用经校正过的仪器对水系统进行在线监测或离线实验室测定。在线监测可方便地对水的质量进行实时测定并对水系统进行实时流程控制；而离线测定则有可能带来许多问题，例如被采样量、采样容器以及未受控的环境因素（如有机物的蒸气）等污染。由于水的生产是批量进行或连续操作的，所以在选择采用离线测定还是在线测定时，应由水生产的条件和具体情况决定。"

按目前药典的规定，采用离线 TOC 是可以的，甚至不测 TOC 也可以（纯化水项下要求说：以上总有机碳和易氧化物两项可选做一项），在线设备是比较昂贵的，但是考虑到技术发展的趋势、在线离线在人力管理上的成本对比，建议具备条件的企业应该采用在线测量方式。

十四、消毒方式的选择

对于贮存和分配系统，一般要求定期消毒。根据监测到的微生物情况，可以制订正式的消毒周期。消毒也可以在微生物指标达到"行动限"时进行。

1. 使用化学品消毒

可以用浓度为 5% 的过氧化氢。也可以用 1% 或更低一点的过氧乙酸。商业上可以用这些化学品的多种不同混合液或其他化学品达到消毒目的。$100×10^{-6}$ 的氯溶液能非常有效地杀灭有机体，但是分配系统中一般不用，这是因为会引起不锈钢的腐蚀问题。

验证消毒剂已去除十分关键。进行足够的冲洗后，可以用适用的指示剂进行检查是否已经有效去除了添加的消毒化学品。

2. 臭氧消毒

用臭氧进行消毒可以定期也可以连续：储存罐一般是连续用臭氧处理，然后在分配回路或个别使用点前用紫外灯照射进行去除。分配系统可以定期消毒，如果有必要的话，关闭紫外线并增加臭氧浓度，使臭氧流经分配回路进行循环。浓度很低的臭氧（$0.1\sim0.2mg/L$）就可将微生物生长控制到 1CFU/100mL。特别在必须去除生物膜时，定期消毒可能需要 $1×10^{-6}$ 的浓度。

采用臭氧消毒时，臭氧的加入不要通过喷淋球，防止臭氧过快分解。

3. 热消毒

已经发现将水处理系统加热来进行定期消毒非常安全有效。消毒的频率将取决于许多因素。如系统设计、分配系统的大小、系统组件、系统中水的量、水的使用频率（周转量）、循环水的温度等。

每个分配系统必须开发自己的微生物特征，制订消毒周期和频率时也必须适合系统。消毒最简单的方法是将分配系统中的循环处理水加热到（$80±3$）℃，并将此温度保持一段经过验证的时间。已经证明加热消毒的方法非常有效，如果设计合理也是很经济的。进行消毒循环所需的控制可以自动也可以手动。如果是在纯化水中发现的菌体类型，一般无需使用蒸汽来有效地杀灭微生物。分配管道的蒸汽消毒可能需要额外的排水排气阀，而且相对其他要求可能会需要更高的承受压力等级。储存罐本身的性质决定了更容易进行蒸汽灭菌，而且即使没有要求，这种操作也很普遍。

热循环系统是连续消毒的，因此，消毒要求应当根据微生物检测结果，或者是在系统离线了很长时间并且回路温度已经降到验证范围以下时进行。

根据工艺水的规定指标，应当为"冷"系统指定一个初期保守消毒频率。通过微生物测定确定了系统的运行特性之后，就可以制订例行消毒频率了。

4. 初始消毒（环境温度系统）

蒸汽消毒有可能是最可靠的消毒方法。但是，并没有要求对纯化水或 WFI 系统进行蒸汽消毒。

建议将下面的过程作为环境温度系统下热水消毒的一种可选方案。

在不锈钢系统钝化后，立即用高温（$80℃±5℃$）的工艺水冲洗系统，并打开所有阀门冲洗使用点。一般需要达到冲洗水检测表明没有检出钝化化学品或者进出电导率相当，这就是系统的初始消毒。

一旦用化学试验确定工艺水水质的化学特性已经达到，那么应当在每个组件、使用点及储存罐之后采取微生物样本。初步取样应当表明每个取样点所在的分配系统中都没有活菌污染。这点一经完成，应当立即将系统降到其操作温度并使其稳定。

十五、储罐的周转（循环）率

罐子的大小一般依据经济考虑以及预处理量。从细菌角度看，罐子越小越好，这样周转（循环）率就越高，降低了细菌生物的可能性。如果罐用臭氧处理的话，还会缩减表面积，而使臭氧更容易穿透水。

一般的实践是每小时周转 1～5 罐。对于使用外部消毒或抛光设备的系统来说，周转（循环）率可能很重要。

一定的储罐周转（循环）用来消除死区。

十六、保证正压

保证正压是防止由取样口、用水点发生空气进入水系统的关键，是防止微生物污染的一个手段。

保证正压要从多方面想办法，设计、安装时就要充分考虑到用水高峰用量、用各种技术手段限制单个用水点的最大用量，使用时要加强管理避免超量用水。

适用时，采用加入净化氮气也是办法之一。

十七、取样阀

取样阀的设置需要注意到：取样阀的设置应当采用与主阀门一体的阀，并与管道的连接，避免出现死角。

主循环的取样阀只在需要时设置。

取样阀应当安装在需证明水质符合药典要求的位置。

十八、球阀的使用

球阀曾经大量用于水系统，这是有缺陷的，主要是因为球阀关闭时导致一部分水被封闭在其中，长期会增加微生物风险，再者其阀杆的密封也是一个问题。

但需要说明的是卫生球阀在制药用蒸汽系统中是可以使用的，原因是隔膜阀在蒸汽压力下常常会损坏，球阀虽然在卫生程度方面比不上隔膜阀，但它在安全方面的长处让我们可以接受其在卫生方面的略有不足。

十九、余氯的控制

余氯对反渗透的破坏是很大的，一般对余氯的要求是＜0.1mg/L，注意具体的膜可能会有差别。

可以使用余氯检测仪或氧化还原检测仪监测余氯的含量，当检测到氯含量超限时，激活报警并停止高压泵。

二十、注射用水制备系统工作压力

国内常用多效蒸馏水机制备注射用水，但经常工作在 0.3MPa 的工业蒸汽压力下，一是多效蒸馏水机的节能特性发挥不好，二是低压力下一些多效蒸馏水机的依靠汽速分离的效果也没有得到充分发挥，这是一个需要引起关注的问题。

二十一、水系统压力容器安全

压力容器安全问题应该在任何领域得到重视，在制药用水系统中也是一样。应该注意仔细核实水系统中压力容器的设计参数和使用参数以及设计、制造资质，防止安全问题的产生。

第四章 空调系统

空调系统（以下简称 HVAC）是制药工业的一个关键的系统，它对制药工厂能否实现向患者提供安全有效的产品的目标具有重要的影响。如果药品生产环境得到妥善的设计、建造、调试、运转和维护，则有助于确保药品的质量，提高药品的可靠性，同时降低工厂初期的投资成本和后期的运转成本。

《药品生产质量管理规范（2010 年修订）》要求：

第四十六条　为降低污染和交叉污染的风险，厂房、生产设施和设备应当根据所生产药品的特性、工艺流程及相应洁净度级别要求合理设计、布局和使用，并符合下列要求：

（一）应当综合考虑药品的特性、工艺和预定用途等因素，确定厂房、生产设施和设备多产品共用的可行性，并有相应评估报告；

（二）生产特殊性质的药品，如高致敏性药品（如青霉素类）或生物制品（如卡介苗或其他用活性微生物制备而成的药品），必须采用专用和独立的厂房、生产设施和设备，青霉素类药品产尘量大的操作区域应当保持相对负压，排至室外的废气应当经过净化处理并符合要求，排风口应当远离其他空气净化系统的进风口；

（三）生产 β-内酰胺结构类药品、性激素类避孕药品必须使用专用设施（如独立的空气净化系统）和设备，并与其他药品生产区严格分开；

（四）生产某些激素类、细胞毒性类、高活性化学药品应当使用专用设施（如独立的空气净化系统）和设备，特殊情况下，如采取特别防护措施并经过必要的验证，上述药品制剂则可通过阶段性生产方式共用同一生产设施和设备；

（五）用于上述第（二）、（三）、（四）项的空气净化系统，其排风应当经过净化处理；

（六）药品生产厂房不得用于生产对药品质量有不利影响的非药用产品。

第四十八条　应当根据药品品种、生产操作要求及外部环境状况等配置空调净化系统，使生产区有效通风，并有温度、湿度控制和空气净化过滤，保证药品的生产环境符合要求。

洁净区与非洁净区之间、不同级别洁净区之间的压差应当不低于 10Pa。必要时，相同洁净度级别的不同功能区域（操作间）之间也应当保持适当的压差梯度。

口服液体和固体制剂、腔道用药（含直肠用药）、表皮外用药品等非无菌制剂生产的暴露工序区域及其直接接触药品的包装材料最终处理的暴露工序区域，应当参照"无菌药品"附录中 D 级洁净区的要求设置，企业可根据产品的标准和特性对该区域采取适当的微生物监控措施。

《药品生产质量管理规范（2010 年修订）》附录一要求：

第八条　洁净区的设计必须符合相应的洁净度要求，包括达到"静态"和"动态"的标准。

第九条　无菌药品生产所需的洁净区可分为以下 4 个级别：

A 级：高风险操作区，如灌装区、放置胶塞桶和与无菌制剂直接接触的敞口包装容器的区域及无菌装配或连接操作的区域，应当用单向流操作台（罩）维持该区的环境状态。单向流系统在其工作区域必须均匀送风，风速为 0.36～0.54m/s（指导值）。应当有数据证明单向流的状态并经过验证。

在密闭的隔离操作器或手套箱内，可使用较低的风速。

B级：指无菌配制和灌装等高风险操作A级洁净区所处的背景区域。

C级和D级：指无菌药品生产过程中重要程度较低操作步骤的洁净区。

以上各级别空气悬浮粒子的标准规定见表4-1。

表4-1 各级别空气悬浮粒子的标准规定

洁净度级别	悬浮粒子最大允许数/m³			
	静态		动态③	
	≥0.5μm	≥5.0μm②	≥0.5μm	≥5.0μm
A级①	3520	20	3520	20
B级	3520	29	352000	2900
C级	352000	2900	3520000	29000
D级	3520000	29000	不作规定	不作规定

① 为确认A级洁净区的级别，每个采样点的采样量不得少于1m³。A级洁净区空气悬浮粒子的级别为ISO 4.8，以≥5.0μm的悬浮粒子为限度标准。B级洁净区（静态）的空气悬浮粒子的级别为ISO 5，同时包括表中两种粒径的悬浮粒子。对于C级洁净区（静态和动态）而言，空气悬浮粒子的级别分别为ISO 7和ISO 8。对于D级洁净区（静态）空气悬浮粒子的级别为ISO 8。测试方法可参照ISO 14644-1。

② 在确认级别时，应当使用采样管较短的便携式尘埃粒子计数器，避免≥5.0μm悬浮粒子在远程采样系统的长采样管中沉降。在单向流系统中，应当采用等动力学的取样头。

③ 动态测试可在常规操作、培养基模拟灌装过程中进行，证明达到动态的洁净度级别，但培养基模拟灌装试验要求在"最差状况"下进行动态测试。

对微生物限度的基本要求如下。

第十一条 应当对微生物进行动态监测，评估无菌生产的微生物状况。监测方法有沉降菌法、定量空气浮游菌采样法和表面取样法（如棉签擦拭法和接触碟法）等。动态取样应当避免对洁净区造成不良影响。成品批记录的审核应当包括环境监测的结果。

对表面和操作人员的监测，应当在关键操作完成后进行。在正常的生产操作监测外，可在系统验证、清洁或消毒等操作完成后增加微生物监测。

洁净区微生物监测的动态标准见表4-2。

表4-2 洁净区微生物监测的动态标准

洁净度级别	浮游菌/(cfu/m³)	沉降菌(φ90mm)/(cfu/4h①)	表面微生物	
			接触(φ55mm)/(cfu/碟)	5指手套/(cfu/手套)
A级	<1	<1	<1	<1
B级	10	5	5	5
C级	100	50	25	—
D级	200	100	50	—

① 单个沉降碟的暴露时间可以少于4h，同一位置可使用多个沉降碟连续进行监测并累积计数。

注：表中各数值均为平均值。

对空气悬浮粒子的监测要求：

第十条 应当按以下要求对洁净区的悬浮粒子进行动态监测：

（一）根据洁净度级别和空气净化系统确认的结果及风险评估，确定取样点的位置并进行日常动态监控。

（二）在关键操作的全过程中，包括设备组装操作，应当对 A 级洁净区进行悬浮粒子监测。生产过程中的污染（如活生物、放射危害）可能损坏尘埃粒子计数器时，应当在设备调试操作和模拟操作期间进行测试。A 级洁净区监测的频率及取样量，应能及时发现所有人为干预、偶发湿件及任何系统的损坏。灌装或分装时，由于产品本身产生粒子或液滴，允许灌装点≥5.0μm 的悬浮粒子出现不符合标准的情况。

（三）在 B 级洁净区可采用与 A 级洁净区相似的监测系统。可根据 B 级洁净区对相邻 A 级洁净区的影响程度，调整采样频率和采样量。

（四）悬浮粒子的监测系统应当考虑采样管的长度和弯管的半径对测试结果的影响。

（五）日常监测的采样量可与洁净度级别和空气净化系统确认时的空气采样量不同。

（六）在 A 级洁净区和 B 级洁净区，连续或有规律地出现少量≥5.0μm 的悬浮粒子时，应当进行调查。

（七）生产操作全部结束、操作人员撤出生产现场并经 15～20min（指导值）自净后，洁净区的悬浮粒子应当达到表中的"静态"标准。

（八）应当按照质量风险管理的原则对 C 级洁净区和 D 级洁净区（必要时）进行动态监测。监控要求以及警戒限度和纠偏限度可根据操作的性质确定，但自净时间应当达到规定要求。

（九）应当根据产品及操作的性质制定温度、相对湿度等参数，这些参数不应对规定的洁净度造成不良影响。

第十二条 应当制订适当的悬浮粒子和微生物监测警戒限度和纠偏限度。操作规程中应当详细说明结果超标时需采取的纠偏措施。

对无菌药品生产过程的环境要求如下。

第十三条 无菌药品的生产操作环境可参照表 4-3、表 4-4 中的示例进行选择。

表 4-3 最终灭菌产品的无菌生产操作示例

洁净度级别	最终灭菌产品生产操作示例
C 级背景下的局部 A 级	高污染风险①的产品灌装（或灌封）
C 级	(1)产品灌装（或灌封）； (2)高污染风险②产品的配制和过滤； (3)眼用制剂、无菌软膏剂、无菌混悬剂等的配制、灌装（或灌封）； (4)直接接触药品的包装材料和器具最终清洗后的处理
D 级	(1)轧盖； (2)灌装前物料的准备； (3)产品配制(指浓配或采用密闭系统的配制)和过滤； (4)直接接触药品的包装材料和器具的最终清洗

① 此处的高污染风险是指产品容易长菌、灌装速度慢、灌装用容器为广口瓶、容器须暴露数秒后方可密封等状况。

② 此处的高污染风险是指产品容易长菌、配制后需等待较长时间方可灭菌或不在密闭系统中配制等状况。

表 4-4 非最终灭菌产品的无菌生产操作示例

洁净度级别	非最终灭菌产品的无菌生产操作示例
B 级背景下的 A 级	(1)处于未完全密封①状态下产品的操作和转运,如产品灌装(或灌封)、分装、压塞、轧盖②等; (2)灌装前无法除菌过滤的药液或产品的配制; (3)直接接触药品的包装材料、器具灭菌后的装配以及处于未完全密封状态下的转运和存放; (4)无菌原料药的粉碎、过筛、混合、分装
B 级	(1)处于未完全密封①状态下的产品置于完全密封容器内的转运; (2)直接接触药品的包装材料、器具灭菌后处于密闭容器内的转运和存放
C 级	(1)灌装前可除菌过滤的药液或产品的配制; (2)产品的过滤
D 级	直接接触药品的包装材料、器具的最终清洗、装配或包装、灭菌

① 轧盖前产品视为处于未完全密封状态。

② 根据已压塞产品的密封性、轧盖设备的设计、铝盖的特性等因素,轧盖操作可选择在 C 级或 D 级背景下的 A 级送风环境中进行。A 级送风环境应当至少符合 A 级区的静态要求。

对非无菌药品生产过程的环境要求如下。

《药品生产质量管理规范 (2010 年修订)》:

> 第五十一条 口服液体和固体制剂、腔道用药 (含直肠用药)、表皮外用药品生产的暴露工序区域及其直接接触药品的包装材料最终处理的暴露工序区域,应参照"无菌药品"附录中 D 级洁净区的要求设置,企业可根据产品的标准和特性对该区域采取适当的微生物监控措施。

《药品生产质量管理规范 (2010 年修订)》附录二:

> 第一条 本附录适用于非无菌原料药生产及无菌原料药生产中非无菌生产工序的操作。
>
> 第三条 非无菌原料药精制、干燥、粉碎、包装等生产操作的暴露环境应按照"无菌药品"附录中 D 级标准设置。

《药品生产质量管理规范 (2010 年修订)》附录五要求如下。

> 第十三条 中药提取、浓缩、收膏工序宜采用密闭系统进行操作以防止污染。采用密闭系统生产的,其操作环境可在非洁净区;采用敞口方式生产的,其操作环境应与其制剂配制岗位的洁净度级别相适应。
>
> 第十四条 中药提取后的废渣如需暂存、处理时应有专用设施。
>
> 第十五条 浸膏的配料、粉碎、混合、过筛等操作,其洁净度级别应与其制剂配制岗位的洁净度级别一致。用于直接入药净药材的粉碎、混合、过筛等厂房应能密闭,有良好的通风、除尘等设施,人员、物料进出及生产操作应参照洁净区管理。
>
> 第十六条 中药注射剂浓配前的精制工序应至少在 D 级洁净区内完成。
>
> 第十七条 非创伤面外用中药制剂及其他特殊的中药制剂可在非洁净厂房内生产,但必须进行有效的控制与管理。

第一节　设计确认

设计确认（Design Qualification，DQ）的目的，是根据相关的文件和记录，证明设计达到了预定的用途和规范的要求。

《药品生产质量管理规范（2010 年修订）》要求如下。

> 第一百三十八条　企业应当确定需要进行的确认或验证工作，以证明有关操作的关键要素能够得到有效控制。确认或验证的范围和程度应当经过风险评估来确定。
>
> 第一百三十九条　企业的厂房、设施、设备和检验仪器应当经过确认，应当采用经过验证的生产工艺、操作规程和检验方法进行生产、操作和检验，并保持持续的验证状态。
>
> 第一百四十条　应当建立确认与验证的文件和记录，并能以文件和记录证明达到以下预定的目标：
>
> （一）设计确认应当证明厂房、设施、设备的设计符合预定用途和本规范要求；
>
> （二）安装确认应当证明厂房、设施、设备的建造和安装符合设计标准；
>
> （三）运行确认应当证明厂房、设施、设备的运行符合设计标准；
>
> （四）性能确认应当证明厂房、设施、设备在正常操作方法和工艺条件下能够持续符合标准；
>
> （五）工艺验证应当证明一个生产工艺按照规定的工艺参数能够持续生产出符合预定用途和注册要求的产品。

设计确认不是设计审查和鉴定，后者的主体是设计和设计管理部门，偏重于工程方面的因素，按照预先确定的用户需求（URS），从良好的工程实践（GEP）出发，对设计的方案是否合理有效、采用的技术是否成熟可靠、选用的设备是否先进合理、系统的运行是否安全高效，设计是否符合安全、卫生、劳动保护、环保、节能的法规和标准等方面对设计进行审查和鉴定。而设计确认的主体是药品生产企业，其目的是按照预先根据产品特性所确认的要求（URS），从药品合理性角度出发，确认生产过程中存在的影响药品质量的因素得到了有效控制。

设计确认主要依据的是药品生产质量管理规范（GMP）和根据产品特性所确定的用户需求（URS），确认一系列影响产品质量的环境参数，如温度、湿度、洁净等级、压差、气流流向等是合乎产品要求的。设计确认可根据设计过程分阶段进行，由于 HVAC 系统的复杂性，在系统设备、风管等制作安装之前完成设计确认并预先发现问题加以解决，可有效避免施工过程中因变更造成的返工和时间损失，从而有效地控制了变更成本。

设计确认可分为基础设计和详细设计两个阶段，每个阶段的设计确认的要点有所不同。

(1) 基础设计阶段的设计确认审查要点　①空调系统关键参数（温度、湿度、洁净级别、压差及流向）；②系统换气次数；③系统空气过滤器选择；④产品暴露/交叉污染控制；⑤空调机组分区；⑥循环风/直流风系统；⑦系统监测和控制方案；⑧排风过滤器；⑨设备/过滤器规格和维修；⑩空调机房位置及大小。

(2) 详细设计阶段的设计确认审查要点　除了基础设计阶段审查要点外，还需考虑更多的因数，包括：①室外空调参数；②室外极端空调参数及其持续时间；③空调系统新风入口和排风口位置；④空调系统监测传感器数量和位置；⑤空调系统报警策略；⑥单个空调系统失效对生产的影响；⑦回风利用及交叉污染控制；⑧强效药品排风过滤器及其更换策略；⑨室内送风/回风/排风口位置；⑩加湿蒸汽质量；⑪风管材料及风管系统泄漏率；⑫空调设备/过滤器检修可操作性；⑬室外设备维护/更换可操作性；⑭系统工作寿命。

第二节 系统调试、确认和运行

一、空气处理设备

1. 简介

HVAC（暖通空调）设备是实现用户对受控洁净室环境条件要求的主要设备。GMP 区域所使用的 HVAC 设备，与运行系统的相关控制装置及操作工序相配套，主要实现以下功能：

① 维持洁净室内的温度；

② 维持洁净室与相邻环境的正压和负压要求，有效防止交叉污染；

③ 将 HVAC 系统对空调空间所造成的空气污染降低到最低程度；

④ 满足室内通风要求，并为保持室内正压提供补风；

⑤ 通过加湿或除湿处理，保持室内相对湿度；

⑥ 如有要求，可提供维持洁净室洁净度分级和段面风速所需的空气流量。

2. 空气处理机组

空气处理机组（Air Handling Unit）是 HVAC（暖通空调）系统的主要设备，通过不同功能的组合可以实现对空气的混合、过滤、冷却、加热、加湿、除湿、消声、加压输送等。

空气处理设备的风量、供冷量、供热量、机外静压、噪声及漏风率等性能的优劣直接关系到洁净室受控环境条件的实现与否。

(1) 分类和标记 空气处理机组属于成套设备，通常是由对空气进行一种或几种处理功能的单元段组合而成的。其组件包括金属箱体、风机、加热和冷却盘管、加湿器、空气过滤装置等。

国家标准《组合式空调机组》（GB/T 14294—2008）对组合式空调机组的分类、标记等进行了规定。

空气处理机组按结构形式可分为：卧式 W、立式 L、吊顶式 D 及其他 Q。

按用途特征可分为：通用机组 T、新风机组 X、净化机组 J 及其他专用机组 Z。

空气处理机组的基本规格可按额定风量表示，见表4-5。

表4-5 组合空调机组的基本规格数据

规格代号	2	3	4	5	6	7	8	10	15	20	25
额定风量/(m³/h)	2000	3000	4000	5000	6000	7000	8000	10000	15000	20000	25000
规格代号	30	40	50	60	80	100	120	140	160	200	
额定风量/(m³/h)	30000	40000	50000	60000	80000	100000	120000	140000	160000	200000	

空气处理机组的标记代号应符合图4-1的规定。

(2) 空气处理机组常用功能组合形式 空气处理机组的功能段可以根据需要自由组合，也可以独立做成一部分。如仅配置风机对系统进行加压输送的送/排风风机箱；配置不同级别过滤器和风机的过滤箱等。根据暖通空调系统设计，满足 GMP 受控环境的主要有如下几种较为经济、常用的功能段组合形式。

① 最常规方式：空气处理机组常用功能组合形式（一）如图4-2所示。

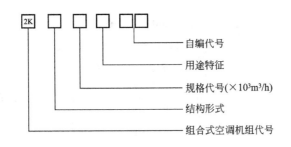

序 号	分类项目		代 号
1	结构形式	立式 卧式 吊顶式 其他	L W D Q
2	用途特征	通用机组 新风机组 净化机组 专用机组	T X J Z

图 4-1 空气处理机组的标记代号

注：目前部分国产品牌和进口品牌的空气处理机组，其代号、型号、规格等仍按照其企业内部的编号方式进行。

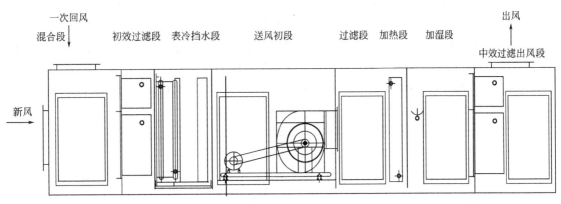

图 4-2 空气处理机组常用功能组合形式（一）

组合特点：本组合具有净化空调系统必备的功能段，故适合于净化空调系统及一般中央空调系统。功能段组合简单，总长较短。一次回风方式。当混合段仅有一个风口时，可用于全新风处理的新风机组。当室内回风空气比较干净时，也可直接将回风口设置在初效过滤段之后。

② 最经济的带初、中效过滤净化的空调机组功能段组合：空气处理机组常用功能组合形式（二）如图 4-3 所示。

组合特点：本组合选用板式的初效过滤器，适用于新风较清洁的地区。制冷和加热放置于一个段内，缩短机组的总长度。选用无涡壳风机，电机与风机直接联动，无皮带粉尘产生，对末端高效过滤有效保护。一次回风方式。

③ 适合有二次回风的系统使用的空调机组功能段组合：空气处理机组常用功能组合形式（三）如图 4-4 所示。

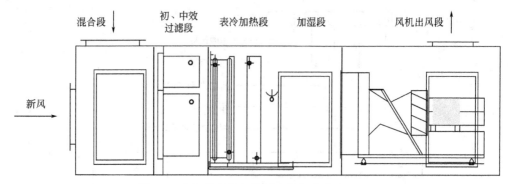

混合段　初、中效过滤段　表冷加热段　加湿段　风机出风段

新风

图4-3　空气处理机组常用功能组合形式（二）

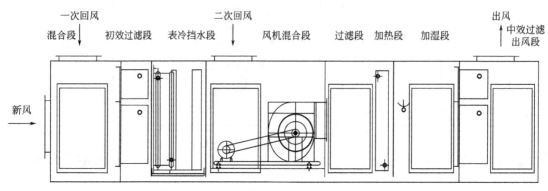

一次回风　　　　　　　二次回风　　　　　　　　　　出风
混合段　初效过滤段　表冷挡水段　风机混合段　过滤段　加热段　加湿段　中效过滤出风段

新风

图4-4　空气处理机组常用功能组合形式（三）

组合特点：本组合具有净化空调系统必备的功能段，故适合于净化空调系统及一般中央空调系统。功能段组合简单、总长较短。二次回风方式。

④ 带能量回收的空调系统使用的空调机组功能段组合：空气处理机组常用功能组合形式（四）如图4-5所示。

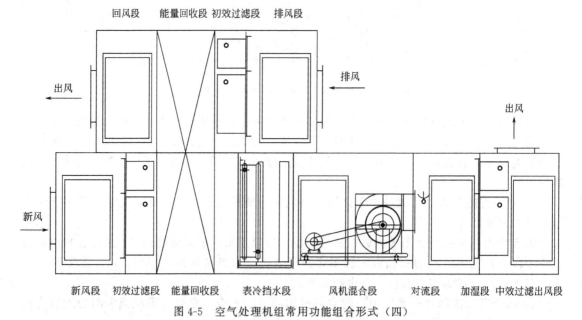

回风段　能量回收段 初效过滤段　排风段

出风　　　　　　　　　　　排风

出风

新风

新风段　初效过滤段　能量回收段　表冷挡水段　风机混合段　对流段　加湿段 中效过滤出风段

图4-5　空气处理机组常用功能组合形式（四）

　　组合特点：本组合适用于排风量较大的空调系统。利用排风的能量先对新风进行预处理（夏季预冷，冬季预热），使空调系统更节能。具有净化空调系统必备的功能段，故适合于净化空调系统及一般中央空调系统。空调机组总长较长。新风、送风、回风、排风的管道需合理设计。

　　⑤ 配有转轮除湿的空调系统使用的空调机组功能段组合：空气处理机组常用功能组合形式（五）如图 4-6 所示。

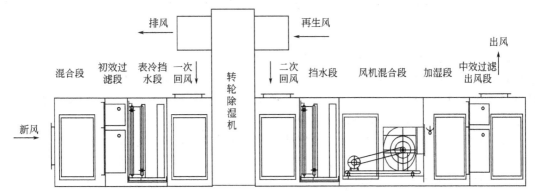

图 4-6　空气处理机组常用功能组合形式（五）

　　组合特点：本组合适用于湿度要求值较低的系统。具有净化空调系统必备的功能段，故适合于净化空调系统及一般中央空调系统。功能段总长较长。二次回风方式。转轮除湿机再生所需的再生风、排风等需合理设计，风管系统较复杂。

　　⑥ 风机段一备一用的空调系统使用的空调机组功能段组合：空气处理机组常用功能组合形式（六）如图 4-7 所示。

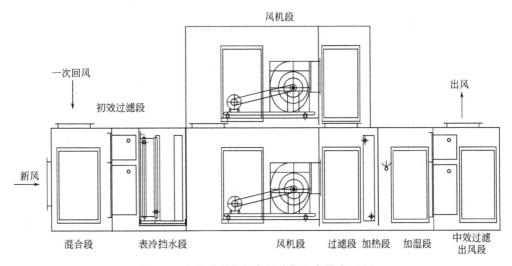

图 4-7　空气处理机组常用功能组合形式（六）

　　组合特点：本组合适用于运行不能中止的空调系统。风机一备一用，风机出风口止回阀。具有净化空调系统必备的功能段，故适合于净化空调系统及一般中央空调系统。两风机段可根据机房布局采用上下并联或左右并联设置。

　　⑦ 风机串联使用的空调系统使用的空调机组功能段组合：空气处理机组常用功能组合形式（七）如图 4-8 所示。

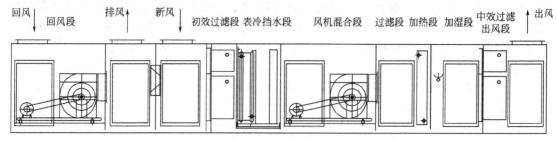

图 4-8　空气处理机组常用功能组合形式（七）

　　组合特点：本组合应用于系统阻力较大、回风风管与送风风管宜分开的空调系统。具有净化空调系统必备的功能段，故适合于净化空调系统及一般中央空调系统。排风量、回风量可以通过调节阀进行调节。两风机的配电要求比通常其他系统要复杂一些。以上各组合不是独立不变的，根据使用环境的不同加以综合选用。

　　(3) 空气处理设备的技术要求　空气处理设备的基本规格和参数应满足 GMP 空调系统的技术要求。空气处理设备的各组成部分，例如冷盘管、热盘管、加湿器、除湿器、风口、风机、电机、过滤器及其他零部件，应符合国家有关标准规定，同时应能够达到设计能力的1.15 倍，以满足需求量增大或未来扩容的要求。

　　空气处理设备应具有较高的可靠性，并且重要部位的维护符合要求。

　　为了便于操作人员工作（特别是在大型空气处理机组中），内部照明灯可能比便携式照明装置更为方便。照明装置应采用电压不超过 36V 安全照明，每个有检修门的功能段设置一个灯具。照明装置应采用防水型及全密封的。接线盒应采用防风雨型，线管穿过处应密封不透气。

　　电子元件、电线和端子应标识清楚。高压端子必须标明，内部电源电缆应屏蔽。

　　箱体应采用绝热、隔声材料，应无毒、无腐蚀、无异味和不易吸水，其材料外露部分和箱体应具有不燃或难燃特性。箱体的结构应满足下列要求：

　　① 机组箱体绝热层与壁板应结合牢固、密实，壁板绝热的热阻不小于 $0.74\text{m}^2 \cdot \text{K/W}$。箱体应有防冷桥措施。由于机组要在高湿度环境中持续时间长，外表面结露可能会导致设备外部生锈、发霉和霉菌滋生。因而在中-高湿度环境地区，空气处理机组保温壳体厚度应考虑在极端工况条件下，机组外部不结露。机组的四周围护板、顶部、底部、门框、连接风口部分及门上都应有防冷桥设计。

　　② 箱体底部壁板的厚度应考虑维修人员在内部工作时的承载，不应发生变形。地板上应有防滑措施或结构上的保护装置，确保人员在机组内能够安全。

　　③ 机组内采用的黑色金属制作的构件表面应作除锈和防腐处理。箱体内表面和接缝处应光滑、连续，应采用能够擦干净且不易生锈或腐蚀的铝、镀锌钢或不锈钢制成。且应能便于用户经常性地清洁或消毒处理。五金件（即螺钉、螺母、垫圈等）应耐腐蚀，并采用弹性垫圈，防止运行后松动。

　　④ 机组的连接风口等外露部分应采取防锈和防腐措施。工艺上有清洗要求的空气处理设备，各功能段内部结构均应设置有排水口。排水口在非工作状态下，应有效密封，防止漏水。机组应有较高的密封性。机组内静压保持 1000Pa 时，机组的漏风率应不大于 1%。机组内部与空气接触的部位不应有裸露的保温层或消声衬层，因其可能为霉菌和细菌的滋生提供场所。箱体安装有新风口、回风口、送风口，并能便于与外部管路的连接。连接风口应采用足够大的尺寸，以降低接头处的空气流速，减少连接管路变化造成的阻力损失。

⑤ 箱体在运输和启动、运行、停止后不应出现永久性凸凹变形。机组风量≥30000m³/h时，机组内保持静压1000Pa的条件下，箱体变形率不超过4mm/m。

机组应按需设有检修门。正压段设置内开门，负压段设置外开门，以保证使用安全和气封严密。检修门应严密、灵活、安全。检修门的尺寸应考虑维护的方便性。对于大风量机组，围护壁板结构可做成可拆卸的，以便于风机、电机、冷热盘管等的检修。

⑥ 机组横截面上的气流不应产生短路。当空气处理机组放在室外时，机组顶部应做好防雨棚。防雨棚有一定的倾斜度，以便于排水。

3. 风机和驱动装置

(1) 风机及其驱动装置的类型及特点 应用于HVAC系统的通风机一般多采用离心式或轴流式通风机，作为系统的送风机、回风机、排风机，不同的使用场所根据其性能特点可选用不同的风机类型。

风机一般安装在空气处理机的供气侧，可采用无蜗壳风机/送气风机或装有排放塞和清洗板的离心风机。风机可采用直接驱动或皮带驱动方式。排气/抽气工作一般采用直接驱动或皮带驱动翼式轴流风机或离心式风机。

为了提高效率，应选择送气风机，并采用载翼型铝制叶轮。还应设有与进口轮缘相配的吸入锥，以保证高效、低噪声运转。

在中-低压力运行的大风量机组，则可采用翼式轴流风机。管状结构、高效转子和整体式导直叶片具有较高的工作性能，而所需的空间最小。这种风机被认为适合采用可变空气量的暖通空调系统、洁净室高气流量和排气/抽气。它们可用作空气处理机的回风机，也可用于排气/抽气用途（排风罩、生物安全柜），具有较高的效率。此类机组应采用直接驱动配置方式（电机在气流中），但也可采用皮带驱动。

另一种直接驱动风机配置方式是以一系列较小的无蜗壳风机来代替传统的单个大型风机。这种布置方式可减小空气处理机的总占地面积，便于灵活设计、简化维修工作、缩短停机时间、降低空气处理机的低频噪声（隆隆声），通常还能够节约能源。这种多个直接驱动风机并联运行的方式具有一定的冗余度，因此可提高可靠性。

风机应尽量选用通过AMCA认证的产品。因为连接到空气处理设备的出口/进口的管道会改变风机的性能，以下四种类型为风机性能检测的标准装置类型：A型，自由进口和自由出口；B型，自由进口和管道出口；C型，管道进口和自由出口；D型，管道进口和管道出口。B型即鼓风运行，C型即抽风运行。由于不同装置检测的风机特性会有所不同，因而风机选型时应分清风机是抽风运行还是鼓风运行，应注意选用最接近其使用状态的风机类型。

(2) 风机及其驱动装置的性能要求 空气处理设备在选择风机时，为保证风机在其预期寿命内正常运行，应对下列各方面加以考虑：a. 结构材料（刚度、重量、腐蚀情况、易清洁性）根据工作条件（清洁/污染空气、湿度、温度、气流速度）确定；b. 轴承；c. 润滑；d. 直接驱动与皮带驱动；e. 静压力及流量传感器；f. 安全防护装置。

为保证空调系统的送风量能达到设计要求，空气处理设备中的风机应根据额定风量和机组全静压进行选型。风管管道及送风管道末端风口所需求的机外静压要求，和设备自身各功能段在额定风量运行时的阻力降，如冷热盘管、空气过滤器、消声器、连接风口等各段的阻力之和，即机组全静压。风机规格不应太小，否则工作转速会超过1800r/min，这样会缩短轴承寿命。风机转速过高还可能导致危险的振动（接近风机的临界转速）并产生较大的噪声。

直接驱动风机不需要更换皮带、不需要护罩，没有皮带脱落问题，也不需要调整皮带。

此外，因为没有轴承，也不需要润滑。皮带驱动风机的电机和风机皮带/带轮总成完全（前部和后部）装在一个刚性的304L不锈钢或涂漆钢护罩内，可防止人员在读取转速表读数时受伤。这些护罩应能够在不借助于工具的情况下拆卸，但应设有一个警告标志，提示操作人员在打开护罩前确保设备不动。

风机电机底座应能够自动控制皮带张力，且应能够固定在调整好的位置，在更换皮带后无须重新调整。对于多皮带系统，皮带应配套。风机入口和出口应设有操作员防护屏。

皮带驱动风机可采用激光校准，以减少轴承、轴和皮带的故障及降低能耗。应保持正确的风机皮带张力，且需要特别注意，特别是在安装新的V带时。新皮带在使用一段较短的时间后，由于皮带磨合，通常需要重新调整。张力过小会导致皮带过早损坏，并增大能耗。张力过大则会缩短轴承寿命。同步带可降低能耗，因其在启动和运转过程中不会打滑。

皮带驱动风机采用同步带和配套带轮代替V带和带轮。其优点包括：运转过程中不打滑、寿命长、维修工作较少、皮带脱落物很少甚至没有、单根同步带可达到与多根V带相同的效果、能耗低。

唯一的缺点是噪声级可能比较高。

风机最好采用连续焊接外壳，因其具有较高的强度和耐用性，且具有较长的使用寿命。在其上涂至少一层底漆或环氧树脂面漆，以防止生锈。对于离心风机，应在风机外壳的底部设置一个排水管接头，以便排出可能累积的流体（例如在冷凝冷却盘管下游的抽风式风机中）。

为了减少轴承问题，风机应选用平均寿命不少于200000h的轴承。可安装轴承自动润滑器，以延长轴承寿命、减少维修工作。这样可防止润滑过量/不足导致轴承过早损坏。

润滑器应直接安装在轴承箱上，且能够在6个月内供给润滑剂，无须加注或更换。风机供应商应与润滑器供应商密切合作，以提供满足空气处理机预期运行要求的润滑剂和建议。备注：在风机完全投入运行后方可安装或使用润滑器，以防止自动润滑过量及损坏。

风机进风口在空气处理机内的水平和垂直平面上均应尽可能处于中心位置，使通过过滤器和盘管的气流更加平稳，保证机组段面上风速的均匀。

轴承故障是空气处理机最常见的故障。风机叶轮不平衡会增大轴承上的应力，导致振动增大，并提高轴承过早损坏的可能性。应使振动降低到最低限度。用于重要用途的风机和电机应设有振动传感器，以便及早发现轴承性能变化趋势。传感器信号线由安装于空气处理机组外侧的振动接触外壳中引出。

风机和电机应安装在一个整体框架上，底部配置合适的减振装置，以降低机组的振动。

风机转速＞800r/min时，机组的振动应不超过4mm/s；风机转速≤800r/min时，机组的振动应不超过3mm/s。

风机出风口应采用软连接，以减少风机传递到外壳上的振动，同时降低机组的振动和噪声。

风机段应配置检修门，方便更换皮带及检修。检修门上装有观察窗，或检修门做成可视形式，便于机组运行时观察运行情况。

建议采用变频驱动装置（VFD）控制输送到各个空间的风量。以VFD代替可调进气导片的优点包括：a. 风量调节控制较好；b. 能耗较低；c. 维修工作较少；d. 风机电机变频启动可减小浪涌电流和施加在风机上的应力；e. 可为厂房自动化系统提供正控制反馈。采用变频驱动控制时，电机应尽量选用变频电机。

建议在空气处理机组壳体内部安装一个切断装置，便于维修人员使用，因为电机通常采用远程控制方式。

有风机和移动部件的区域应设置警告标志，例如在门上标明"进入前须隔离"。

4. 加热和冷却盘管

(1) 盘管的类型 冷却盘管属于热传导装置，由一根带有传热翅片的盘管组成，这些翅片可减少水蒸气所含的显热量以及可能存在的潜热量，其冷却介质可以是冷却液气态制冷剂。制药行业的应用场合一般需通过冷却维持环境条件。用于冷却的盘管主要有表面冷却器（简称"表冷器"）和直接蒸发器。

用于空气加热的根据其介质有蒸汽盘管、热水、乙二醇或者高温气态盘管，属于热传导装置，由一根带有传热翅片的盘管组成，可提高所经过的空气流的显热量。空气电加热元件也可称为"加热盘管"。

放置在除湿机的下游位置，用于除去送风中的过量显热的盘管为再冷却盘管。

(2) 盘管的性能要求 冷却盘管一般设置在风机的上游或下游部位（抽送式及吹送式）。

盘管中的水应能够彻底排出，通气孔和接头应伸出空气处理机组或管道外面。盘管中的水流速度应保持在 $0.6 \sim 1.8 \text{m/s}$，以提供湍流，同时尽可能降低侵蚀。若无湍流，则可能使热传递性能下降。接触盐或处于腐蚀性条件下的盘管应采用铜制散热片，而不能用铝制的（铝在腐蚀气氛中会劣化或覆盖一层保护膜）。用于冷凝用途的冷却盘管可采用镀层来降低腐蚀和减少生物滋生。

盘管性能应符合 GB/T 14296《空气冷却器和空气加热器》的规定。

盘管规格、配置和安装将对是否满足调节空气输送要求产生影响。在进行冷却盘管设计时，应采用气候数据对峰值湿气负荷加以考虑。

空气处理机冷却盘管迎面风速应合理设计，以防止夹带冷凝水。蒸汽和热水盘管迎面风速不应过大，以减小静压降。

空气处理机的冷盘管和热水宜采用铜管串铝片结构，铜管和铝片的厚度应满足结构所需的刚度。蒸汽盘管建议使用钢管串片或绕片结构，以避免蒸液机对蒸汽盘管的损伤。盘管外壳和框架采用防腐蚀的材料，具有较长的使用寿命，且不易生锈。盘管宽度大于 1.2m 后，应考虑结构上加强。冷却盘管不能超过 10 排，片距不少于 2.5mm，以便于清洁和热传递，同时减小静压降。预热蒸汽和热水盘管不宜少于 2 排，以减小下游表面温度变化。

冷盘管、热盘管肋片整齐，片距均匀，无明显的碰撞损坏。气压试验压力为设计压力的 1.2 倍时，保压至少 1min，进行密封性检查，应无渗漏；水耐压试验压力为设计压力的 1.5 倍，保压至少 3min，进行耐压检查，应无渗漏。

蒸汽供给管路应从蒸汽总管的顶部引出，进入蒸汽盘管前应有疏水装置、减压阀及过滤装置。

为了提高盘管液流控制和通气状况，应在回水管路中安装控制阀。供水管路和回水管路中应安装截止阀，以便于盘管的维修和保养。

冷却盘管的下部应设置冷凝水盘。冷凝水盘应采用不锈钢材质制作，以延长其使用寿命。冷凝水盘应倾斜以增大总排水量（至少 1.5%）。冷凝水盘的深度应考虑冷却盘管段所处的负压，及停机瞬间冷凝水的泄水情况考虑，以防止正常运行期间冷凝水溢出及机组停机瞬间冷凝水溢出。对于冷凝水量较大的上下叠放的冷却盘管宜每个冷却盘管设有一个泄水盘，上层的排水流入较低的盘管段。

冷凝水泄水盘上不能有坑注（会导致微生物滋生）。泄水盘应向出水口倾斜 1∶100（1%）。应用管子穿过外壳壁连接并密封。冷凝水放泄弯管应足够高，并设置水封，以保证运行期间冷凝水正常排出并防止空气进出空气处理机。冷凝水盘应有良好的保温，以防止未经处理的空气在外表面凝结而造成漏水。

5. 加湿器

(1) 加湿器的类型 根据加湿方式，加湿器可分为：

① 直接喷干蒸汽；

② 加热蒸发式，电热式、电极式、PTC 蒸汽发生器；

③ 喷雾蒸发式，喷淋式、喷雾式、超声波式、湿膜蒸发式、红外式。

电极式加湿、电热式加湿的加湿空气机理与技术效果与直接喷干蒸汽大体相同，对空气处理的过程是一个近似等温加湿的过程；而喷淋式、喷雾式加湿器、湿膜加湿器等加湿方式为等焓加湿过程。低压蒸汽比水更适合 GMP 区域 HVAC 系统的加湿，因为它不含细菌，且容易获得。而喷雾加湿器、湿膜加湿器的加湿过程，空气均与水有直接接触，有滋生细菌的可能，且容易造成水质的污染，因而在制药行业较少应用。

(2) 加湿器的性能要求 加湿器应设有蒸汽喷射分散/喷淋管和提供无液滴蒸汽吸收避免下游出现冷凝水滴的附属装置。当需要清洁蒸汽用于加湿时，应采用不锈钢制成带有气动或电动调节阀的蒸汽分离、干燥室和带外套的喷管组件。应采用蒸汽调节控制阀进行精确控制。应在控制阀上游安装一个三通（Y 形）过滤器，对其加以保护，防止污物进入。

加湿器若安装在空气处理机组中，应处于冷却盘管段的下游（冷却盘管在冬季应关闭），以确保蒸汽在空气流中有效分布和吸收。加湿器的冷凝水泄水盘应采用不锈钢材质制成，深度至少应达到 5cm。其长度应超出其下游面，达到上游侧冷却盘管泄水盘，并超出其上游面至少 15cm，应用管子连接到机组壳体外部。

加湿器若处于管道内部，管道应采用不锈钢材质，全部焊接，加湿器上游 0.6m、下游 1.5m 确保防腐。加湿器管段应向下游倾斜，连接到不锈钢管段的一个排水口，且须设置一个足够高的存水管，以防止空气从存水管中漏出。

蒸汽供给管路应从蒸汽总管的顶部引出，而不能从其底部引出，以确保向分配歧管供应干燥蒸汽。

应在距离加湿器较近的位置（但应在蒸汽吸收位置后面）设置一个上限湿度传感器，以便在气流相对湿度超过 85％时关闭加湿器控制阀，防止湿气在下游表面或空气过滤器上凝聚。

6. 空气过滤

空气处理设备应根据受控环境要求的洁净度配置各级别的空气过滤器。

空气处理设备留有检修及更换过滤器的空间；过滤器能从检修门取出。

各级空气过滤器前后应安装压差计，便于观察过滤器阻力的变化。测量接管应通畅，安装严密。过滤段后有足够的出风空间。

7. 除湿

(1) 除湿机的类型 空气除湿的原理和方法有：升温降湿、冷却减湿、吸收或吸附除湿三类。空气经过常规冷冻水表冷器，温度下降，含湿量下降，这种降温去湿处理就是典型的冷却减湿处理过程。而空气经过加热，温度上升，相对湿度降低的过程即为升温降湿过程。干燥剂系统对空气的处理过程即为吸收或吸附除湿过程。因其输送空气的露点远低于盘管，干燥剂系统广泛应用于制药行业进行除湿。

如果常规冷冻水或乙二醇系统不可用或不足以降低相对湿度，则可利用下列几种系统降低相对湿度。

① 环绕式盘管系统。除湿性能相当于标准冷冻水/乙二醇，但能源成本较低。环绕式盘管系统是一个简单的管道回路，上游为预冷却盘管，下游为再热盘管，将主冷却盘管夹在中

间。泵入的循环流体将高温混合空气的热量传递到再热盘管，再热盘管将来自主冷却盘管的冷空气加热。环绕式系统可降低主冷却盘管的冷却负荷；再热能量由预冷却盘管中循环流体吸收的热量提供，而不是由外部能源提供。

环绕式回路需要一台水泵和一个三通阀或变频驱动装置（VFD）。对于大型系统，可能需要一个设有排气孔的膨胀箱。

② 热管系统。热管有助于降低空气总冷却负荷，从而提高空调系统的效率。典型设计由一个冷却回路构成，该回路采用两个相连的换热器（或一个换热器分成两部分），一个在主冷却盘管的上游（蒸发器盘管段），另一个在主冷却盘管的下游（冷凝器盘管段）。当空气流过第一个换热器时，换热器内的制冷剂吸收热量蒸发，从而使通过的空气被冷却。这样可使主冷却盘管更有效地将空气冷却到露点温度以下，从而提取更多的水分。之后，空气流过第二个换热器，被来自第一个换热器的高温制冷剂重新加热，使制冷剂冷却和液化，并使其返回第一个换热器。单换热器型加热管系统全封闭，利用毛细作用工作，不需要泵。热管可提高除湿性能，因此，采用较小的冷却系统即可满足要求。不过，增加加热管会增大压降，因此需要对风机功率进行相应的调整。空气露点如果低于0℃，空气冷凝水会在主冷却盘管表面结冰，一段时间之后会减小空气流量。通常会安装一根辅助冷却盘管与第一根盘管并联，在第一根盘管（结冰盘管）解冻期间，采用风门切换到已除冰的盘管。

③ 双路系统。双路系统采用两根盘管（冷冻水或直接蒸发-制冷剂）来分别冷却流入的外部新鲜空气和室内回风空气。高温潮湿的室外空气被一个"主"盘管冷却到5~7℃，达到除湿目的。"辅助"盘管对部分温度较低的干燥回风空气进行干冷却。部分回风空气可能绕过辅助盘管并与冷却后的回风空气混合。之后，这两个气流（外部空气和回流空气）混合为具有一定温度和湿度的供给空气。

双路系统可达到环绕式回路系统的能量效率，且能够更好地控制外部空气通风率。双路系统将可显热冷却与潜热冷却分开，便于控制供给空气的温度和湿度。双路系统可单独安装，也可与增加的暖通空调设备/回流设备安装在一起。外部空气冷却盘管的规格应与最大潜热负荷相适应，而回流空气冷却盘管的规格应与最大显热负荷相适应。外部空气通路通过调节冷冻水流量控制混合供给空气的湿度，而回流空气通路通过调节旁路风门的位置控制混合供给空气的温度。由于采用了加热管，当露点低于0℃时，会有结冰的危险。

④ 干燥剂系统。干燥剂系统适用于（且常用于）需要大量除湿而冷却除湿方法很难达到较低空间湿度（露点在3℃以下）的情况。这种系统可根据外部空气与回风空气所占的百分比、外部空气相对湿度及回风空气的空气流量进行设置，以调节部分或全部进入空气。

干燥剂材料对水蒸气的亲和力比空气大。干燥剂可以是固态，也可以是液态，与吸收剂或吸附剂相同。固态和液态干燥剂均用于冷却系统中，但在暖通空调设备的运行中，固态干燥剂应用最广，且有助于防腐。

吸收剂一般为液态或固态，但在吸收水分后逐渐变为液态，即在吸收大量水分时，吸收剂会发生物理或化学变化。典型的吸收剂包括氯化锂（LiCl）和氯化钠（NaCl）。

吸附剂大多为固态，在接触水分时不会发生物理或化学变化。水分被吸收或保持在材料表面及其孔隙中。典型的吸附剂包括硅胶、分子筛和活性氧化铝，其中硅胶应用最广。

在选择干燥剂材料时，应考虑需要除去的水量、空气通过干燥剂后的过滤度及运行和维护成本。在制药暖通空调设备中，最常用的是氯化锂和二氧化硅。

(2) 除湿机的性能要求　除湿设备应在盘管上游设置过滤器并在盘管下游设置风机（在抽风系统中），以提供少量再热。较低的表面流速可以减小空气压降，并提高盘管的除湿性能。

冷却系统中若采用除湿装置，应注意以下方面：

合理选择暖通空调设备（盘管、风机、泵、风门等）的型号和规格，确保在极端工况下提供所需的显冷和潜冷。这些通常不会同时出现（一般情况下，温度最高的时候湿度不是最大）。

设计部分负荷工况的能量效率，因为峰值负荷出现的时间通常只占运行时间的2%左右。

应在转轮除湿机的下游设置空气过滤器，用于收集松散的干燥剂和可能从转轮流出的再生空气中的污染物。再生空气的预过滤必须与工艺空气的预过滤相适应，以减小末端过滤器的负荷。

转轮除湿机组的下游需要冷却，以除去空气经转轮处理后吸收的热量。空气先经过预冷却达到较低的含湿量，然后再进入转轮处理，可提高转轮除湿机的干燥性能和能量效率。

干燥剂系统的选择会影响主冷却盘规格的确定，因为冷却盘管只需要处理送风的显热负荷，可采用温度较高的冷冻水，并可提高运行效率。不过，由于干热空气离开干燥剂转轮时吸附热，总显热负荷会增大。

一般情况下，空间相对湿度控制器会调节除湿器周围的旁通风门，从而需要降低室内相对湿度，导致更多的空气流过干燥剂转轮。由于多通路导致空气流量变化，需要对管道系统内的压力和空气量进行控制，使主空气处理机组的空气流量保持恒定。以前尝试过通过调节再生盘管的蒸汽流量来控制相对湿度，但这种方法效率较低，因为需要较长的时间才能使室内相对湿度发生改变，而且可能使吸收干燥剂在干燥过程中受损。

在不使用除湿器时（例如在冬季需要加湿的天气），应将其完全旁路，但转轮应保持干燥（即保持转轮运转和继续加热）。特别是对于吸收干燥剂（例如氯化锂），如果在不能再生的情况下吸收水分，会发生"自毁"。

增加干燥剂转轮会增大总空气压降，需要提高风机功率，而且会增加维修工作，还需要增加一台小型电机，用于驱动转轮。增加的能耗会影响总体寿命周期成本。干燥剂系统可采用蒸汽、电力、天然气、低成本余热、废热或太阳热能进行干燥剂再生。再生温度一般超过水的沸点，通常在122℃以上。

机组应能够在不损坏干燥剂的情况下持续运行。除湿器是一个成套设备，通常已在工厂组装好，包括：干燥剂转子、干燥剂转子驱动装置、再生热源、过滤器、电机、再生风机、检修孔盖板、风量调节阀、防尘电气盒、辅助设备（由制造商推荐，用于安全和无人值守自动运行）。

用于克服转轮导致压降的工艺气流风机通常单独购买。该设备应完全自动化，且应配备压差计和温度传感器，用于测量和显示干燥剂转轮的压降和再生及预冷却排气温度。

设备外壳应采用应变硬化铝制成，以保证抗扭刚度和耐腐蚀性。外壳应焊接并使用密封垫，在设计压力和空气流量下应不透空气和蒸汽。在工作压差为8in H_2O（1.99kPa）以下时，气封和内部隔板应能够将工艺气流和再生气流分隔开。除湿器在转轮的工艺空气进入侧和离开侧均应采用全表面密封。这些密封应将转轮上的气流进出口周围完全密封。正常工作条件下，密封的使用寿命至少应为25000h。

干燥剂转轮介质应抑菌、无毒、不腐蚀、不易燃，完全采用惰性无机黏合剂和玻璃纤维制成，干燥剂均匀、永久地分布在整个基体结构上，形成均质介质。干燥剂转轮应能够至少在5年内保持近100%的干燥性能。

干燥剂系统在下列条件下更适用：

① 要求供给空气的露点温度较低；

② 潜热负荷比例较高；

③ 可利用蒸汽、热水或废热提供低成本或免费的再生热量；

④ 与燃气或蒸汽成本相比，用电成本（用于冷却除湿）较高。

在下列情况下，采用干燥剂系统比冷却除湿系统有利。这些系统包括：

① 设施内湿度低，有助于提高经济效益（通常由产品决定）；

② 湿负荷高，显热负荷低；

③ 需要较多的新鲜干燥空气；

④ 可利用废气通过能量回收进行干燥后冷却；

⑤ 有低热能（蒸汽、燃气）可用，或电费较高；

⑥ 干燥供给空气管道可提高经济效益和生物负载效益；

⑦ 有用于干燥剂再生的低成本热量。

8. 风管

通风管道应符合《采暖通风与空气调节设计规范》（GB 50019）的规定。

空气送风管道和一般的回风管道应采用镀锌钢制成。如果需要防腐或保持清洁（例如在洁净室内），则应采用不锈钢材质。不可采用能够增加微粒或易于滋生细菌的内部保温材料。通风管道应设置适当的支架，以承载其自身重量和保温材料及管路中的设备和控制装置。如果噪声较大，可在 HEPA 过滤器前安装管道消声器。如果振动较大，可考虑采用挠性支架和接头。若需采用挠性管道将支管连接到终端空气设备，应尽可能缩短其长度，不能超过 3m。

如果通风管道规格和方向变化较大，会增大噪声、振动和压降。从风机和空气处理机引出的管道应尽可能采用直管，若需在靠近风机处采用弯管，则须避免其引起使系统性能降低和增大功耗的"系统效应"。应在设备相应位置（例如盘管、加湿器、控制箱、风门等处）设置尺寸足够大的管道检修门。为了减少空气泄漏，并避免将来发生较大的泄漏，应按照《通风与空调工程施工质量验收规范》（GB 50243）相应的要求对通风管道进行密封。各个场所、空气系统和供应区域的管道泄漏百分率会有所不同。一般情况下，通风管道泄漏率不能超过 1％（对于正压排气管和输送危险物质的正压管道，泄漏率应为 0％）。应精心选择密封管道密封胶，确保其能够长期附着在镀锌钢材上。溶剂型密封胶和油基密封胶较难使用，且可能受到环境限制，但通常具有较长的寿命。

9. 风阀和百叶窗

风阀用于改变暖通空调系统内空气流动的方向、停止空气流动或改变空气流量。风门叶片可平行运动，也可相对运动。平行叶片风门转动方向相同，在从全开到全闭的行程中，相互间保持平行。相对叶片风门工作时，邻近的叶片转动方向相反。

建议采用对开调节风阀，因其节流平稳，具有较好的线性特性（因为湍流较少）。可采用较复杂的设计，以提高控制性能，但会增加成本。

对于混合用途，建议采用平行叶片风门，因其能够使气流偏转，有利于混合。建议在设置混合压力通风系统的室外空气和回流空气入口位置时，使两个气流相对。

百叶窗通常没有运动部件，一般用于引入室外空气。外部空气流入速度不能过大，以免带入雨水（建议通过百叶窗有效截面的最大空气流速为 3m/s）。在有明显降雪的地区，开口应采用一个 90°鹅颈入口，其尺寸应满足最大流速 1m/s 的要求，并配备一个满足同一流速要求的入口百叶窗。百叶窗应便于排水，可采用阳极化铝或不锈钢制成，采用 304 不锈钢五金件，并配备 304 不锈钢防鸟网。

雨水可能会被风吹入外部空气入口，通过各部分空气处理装置，然后送往供气管道。为了应对异常天气，外部空气入口应采用防雨百叶窗，以免水分带入系统中。

室外空气入口、回流、排气、废气和安全风门应达到低泄漏要求,以防止在系统停机或恶劣天气条件下漏气。低泄漏风门应采用以机械方式(不用胶水)固定在风门叶片上的乙烯基密封和边框密封,以防止风门叶片末端周围漏气。应留出风阀执行机构拆卸/安装所需的足够空间,避免拆卸风阀或其他设备。风阀应采用耐腐蚀材料制成,例如铝或 304 不锈钢。风阀中间轴应延伸到空气处理机组壳体外部,以便于安装执行机构。

10. 风口

目前洁净室常用的气流组织的送风方式有三种:侧送风、孔板送风、散流器送风。这些送风装置对于各房间/空间内外的空气分配至关重要。必须安装在正确的位置,才能保证空气在空间供气侧到回流侧的妥善分配和清扫作用,达到净化空气和清除污染物的均匀气流形式。

安装位置不正确可能导致死区(局部微粒浓度增大)或气流过大(产生不利的空气湍流)。对于空气需求量较少的分级空间,采用低流量多出气口通常比高流量单出气口效果好。

由于这些装置设在空间四围(通常在天花板上),材料选择应与房间功能相适应。若用于洁净室,最好采用不锈钢,以免用腐蚀性清洁剂清洗导致腐蚀和生锈。

终端过滤组件(过滤箱)采用从房间一侧可接近的 HEPA 过滤器,用于供给清洁空气,并防止空气处理机组未运转时污染空气,从房间流出。

11. 除尘/排烟系统

(1) 集尘系统 控制污染物浓度的方法有三种:稀释通风、局部排风(LEV)、工艺过程封闭。

LEV 的工作原理是在污染物产生后尽快将其从逸出点附近抽出,在其被吸入或成为污染源之前将其清除。其运行成本一般比同等的稀释通风系统低。

该系统通常包括一个局部排气罩或外壳、一个通风管道系统、一个过滤器(一般为自动净化袋式过滤器)、一台风机、将清洁后的空气排出系统的管道,对于制药用途,通常还有一个"限制"过滤器(一般为 HEPA 过滤器),用作空气排入大气之前的最终保护过滤器。应定期检查此过滤器和密封是否泄漏,至少每年检查一次或按照当地规程或公司内部规定的间隔时间进行检查。

空气污染物类型见表 4-6($1\mu m = 0.000001m = 0.00004in$)。

表 4-6 空气污染物标准粒径

污染物类型	标准粒径/μm
粉尘	0.1~75
烟气	0.001~1.0
烟尘	0.01~1.0
雾	0.01~10.0
蒸气	0.005
煤气	0.005

局部排气罩的设计对于达到与微粒的粒径和扩散方式相适应的捕集速度至关重要。该设计还应保证合理的噪声级和排气量。

通风管道设计应基于恒定流速,确保微粒保持悬浮状态,防止其在管道中积聚。表 4-7 为建议采用的标准最低流速。

表 4-7 空气污染物采用的标准最低输送速度

污染物	通过管道的速度/(m/s)	通过管道的速度/(ft/min)
气体(不冷凝)	无最低限值	无最低限值
蒸气、烟尘、烟气	10	2000
低/中密度粉尘,例如锯末	15	3000
平均密度粉尘	20	4000
重粉尘或可能结成块的湿粉尘	25	5000

注:1ft=12in=0.3048m。

通风管道通常由导电材料制成并接地以防止发生爆炸,采用防爆设计或可将爆炸性气体排出。腐蚀性蒸气管道可采用非金属材料制成,输送的粉末或蒸气若易燃,则采用导电填料。正压管道若输送危险物质,则应要求零泄漏。

考虑到固体碰撞会引起腐蚀,管道厚度应足够大,且应平滑过渡,尽量减少弯管数量,以降低能耗、腐蚀和粉尘沉积的可能性。检修门便于进行日常检查和清洁。

系统可设计为连续工作,以降低暖通空调系统关闭(从而影响室内压力)时设施内气体交叉流动导致污染的风险。在暖通空调系统平衡过程中,应考虑空气排放量。如果主集尘器利用逆流压缩空气自动清洁,设计和调试应考虑系统管道内流量周期性减小的影响,以防止清洁过程中排气流量减小时室内压差瞬时变化导致污染危险。

集尘器一般应设在服务厂房的外部,一般在一个单独的建筑物内,以便于在维修过程中进行粉尘控制,且应配备爆炸排气装置。集尘器也可设在厂房内,但须靠近外墙,并通过一根直管(一般不超过3m)向外排气,还须设置爆炸排气口(根据当地法规要求)。若配有防爆系统,集尘器可设置在厂房内的任何位置。在布置滤尘器时,如有必要,应考虑设置安全更换壳体(即装进装出过滤系统)。

(2) 大气排放 实验室和工艺烟气应直接排放到建筑物外的安全场所。烟囱有效高度(排气烟囱高度加烟羽高度)应足够大,以免排气返回进气口或排到屋顶,并保证排气有效扩散。在分析设计问题时,应采用烟囱有效高度。当地法规可能会限制烟囱高度,需要增大出烟速度或对排气进行处理。

如果安装 LEV 系统可能带来职业性危险或环境风险,可进行建筑物气流伴流模拟(风洞试验),以检验悬浮微粒污染物是否能够有效扩散。尾流研究影响因素包括:物质毒性、数量和产生频率、进气口和排气口的位置、排放过滤和速度、盛行风向和风速、是否靠近邻近的建筑物/构筑物和场地地形。

如果排出的空气已被污染,排气烟囱的排放速度应不小于 15.2m/s。

可用管道将各设备连接到一个专用风机或用歧管将各管道连接到一个可能由多个风机构成的用于处理变化气流的集中风机系统来实现集气罩、生物安全柜(BSC)或工艺设备的排气,两种情况下烟囱的排烟速度均须大于最小出烟速度。

建议采用歧管系统,因其具有完全风机冗余(需要一台额外的风机),且具有较低的能耗和维护成本。如果只有几个集气罩,且集气罩的间距较大,或排出的物质不相容,则单个专用风机可能比较合适。

风机和空气净化设备可设在厂房外部,以便在室内排气管道的整个长度内形成一个负压。若不能设在外部,且空气净化不彻底,则须在风机排气口焊接正压管道,并进行压力试验,以检查是否达到零泄漏。应安装自动全关闭风门,以防止排气被抽回厂房内或风机停转周期缩短。

在考虑风机和烟囱位置及其运行时，应避开噪声敏感区域并注意美观。可能需要采用消声喷嘴和屋顶隔声板。隔声墙会增大建筑物的高度，因此需要增加烟囱数量或提高排气速度，以使烟囱排烟有效扩散。

建议采用混流式叶轮（这种风机集中了轴流式风机和离心式风机的优点）离心式风机用于这种排气用途。

采用风机时，须保证风机驱动设备能够安全、方便地进行检查和维护。风机应符合AMCA B 类型或 C 类耐火结构的要求。金属表面应涂覆环氧树脂，防止风雨、紫外线和化学蒸气侵蚀。风机及辅助设备应配备内部排水系统，并采用较高的存水管，以防止雨水进入厂房管道系统。

为了确保安全和延长使用寿命，电机、皮带驱动装置和轴承应设在污染气流外。更换这些部件时，应无需将风机从系统中拆除，维修人员也不必进入风机内部可能受到污染的区域。

气流外的电机可采用标准化学用途电机，连续运行工作系数为 1.15，类似于 NEMA 设计 B 类，F 类绝缘，采用密封轴承，轴承寿命 L_{10} 至少为 100000h。应提供和安装一个无熔丝断开开关，并将其连接到电机。如有必要，可在风机壳体内设置一个防爆直接驱动电机。为了提高能量效率，建议采用符合 NEMA 标准的高效电机（或当地同类产品）。

二、空气过滤

1. 简介

空气中的粒状污染物质是由固体或液体微粒子组成的。这些粒子的粒径分布范围非常广，从 $0.01\mu m$ 到数百微米不等，对于粒径大于 $10\mu m$ 的粒子，因为较重，在经过一段时间的无规则布朗运动后，在重力的作用下会逐渐沉降到地面上，而粒径小于 $10\mu m$ 的粒子，因为较轻，容易随气流飘浮，而很难沉降到地面上。据估算，室外空气中 90% 以上的悬浮微粒粒径小于 $0.5\mu m$，其质量所占的比例不到 1%；粒径超过 $1\mu m$ 的微粒不到 2%，其所占的质量分数为 97%。空气中的悬浮粒子根据其活性可分为非生物粒子和生物粒子，非生物粒子是由固体、液体的破碎、蒸发、燃烧、凝聚等产生的。生物粒子主要包括细菌、病毒、花粉、花絮及绒毛等，在悬浮粒子中所占的比例很少。

不同粒径粒子在空气中的悬浮时间见表 4-8。

表 4-8　不同粒径粒子在空气中的悬浮时间数据

粒子粒径/μm	在空气中的大致悬浮时间
小于 1	永久悬浮
1	8.5h
5	20min
10	5min
15	2.5min
30	34s
50	12s
100	3s

典型的粒子的大致粒径见表 4-9。

表 4-9　典型的粒子的大致粒径数据

名称	粒径范围/μm
病毒	0.002～0.3
细菌	0.4～20
植物孢子	10～40
烟尘	0.01～1
灰尘	0.01～1000
试验气溶胶（DOP PAO）	0.1～0.7

统计显示，农村空气中的灰尘浓度在 10 万粒/L 左右，郊区中的灰尘浓度在 20 万粒/L 左右，城市中的灰尘浓度在 30 万粒/L 左右，污染严重的地区可达到 100 万粒/L 以上。空气过滤是降低气流污染物浓度的主要方法，同时清洁空气还具有下列优点：

① 保持加热和冷却盘管的换热性能；

② 保持电机散热；

③ 最大限度地减小粉尘、生物负荷和过敏原对管道的污染；

④ 最大限度地减少物质在风机叶轮上的积聚（可能导致不平衡）；

⑤ 保持室内清洁。

空气过滤在暖通空调系统内的多个部位进行，以达到保护生产、使用者和空气处理设备及管道所需的空气洁净度。在暖通空调系统中，空气过滤一般分为预过滤、中间过滤和最终过滤三级，通过不同类型的空气过滤器实现对空气的过滤。

预过滤和中间过滤（一级和二级过滤）通常在空气处理机组中外部空气和回流空气进入的位置。过滤器应达到一定的效率，使内部设备（盘管、风机）和空气处理机组在较长的一段时间内保持相对清洁，以达到预期的性能。

最终过滤（三级过滤）设在空气处理机组排出段或其后（气流经过调节后），可保持管道清洁、延长终端过滤器的使用寿命，在没有终端过滤时保护人员和工作空间免受通过空气处理机组的悬浮微粒的危害。

安装在房间周边如在天花板或墙上的终端过滤装置可保证供应最清洁的空气，用于稀释或送出房间内释放的微粒。

空气离开过滤器时的洁净度取决于过滤器结构并与上游空气的数量和质量有关。通过合理设计和正确配置空气过滤器，可以实现满足制药车间所需的空气质量和条件。

2. 空气过滤器工作原理

当空气流过贯穿过滤器显微结构（例如纤维、膜）形成的一系列相互连通的孔隙空间的回旋流通路径时，微粒被捕集在过滤介质中。过滤介质过滤空气的机理包括拦截效应、惯性效应、扩散效应、静电效应、筛分效应和重力效应等。各机理的微粒捕集有效性主要取决于粒径、空气流速和过滤器结构的规格（例如纤维直径）。

（1）拦截效应　当某一粒径的粒子运动到纤维表面附近时，其中心线到纤维表面的距离小于微粒半径，灰尘粒子就会被滤料纤维拦截而沉积下来。

（2）惯性效应　当微粒质量较大或速度较大时，由于惯性而碰撞在纤维表面而沉积下来。

（3）扩散效应　小粒径的粒子布朗运动较强而容易碰撞到纤维表面上。

（4）静电效应　纤维或粒子都可能带电荷，产生吸引微粒的静电效应，而将粒子吸到纤维表面上。

(5) 筛分效应 当微粒的粒径大于两个纤维之间的横断面时，微粒无法通过而沉积。

(6) 重力效应 微粒通过纤维层时，因重力沉降而沉积在纤维上。

3. 过滤器应用

下面概要说明一级到三级过滤和终端过滤参数。

(1) 一级过滤（预过滤器） 一级过滤是效率最低（成本也最低）的过滤，用于预过滤，捕集外部空气中经常出现的较大微粒（粒径 $3\mu m$ 以上，例如昆虫或植物）。也用作延长二级过滤装置寿命的预过滤。建议采用 G4 过滤器。

(2) 二级过滤（中间过滤器） 这种过滤器成本较高，一般设在一级过滤的下游，用于捕集较小粒径的微粒（$0.3\mu m$ 以上），以保护空气处理机组中的盘管和风机、管道和人员。建议采用 F7/8 过滤器。

(3) 三级过滤（最终过滤器） 这种过滤器设在空气处理机组的排出段，在一级和二级过滤及风机/盘管的下游，可采用高中效或 HEPA 型过滤器。

高中效过滤器：可捕集释放出的霉菌及其他物质［可能在冷凝（湿）冷却盘管上滋生或聚集］及皮带上的粉尘等。可防止这些物质在管道中移动和与人员接触。建议采用 F7/8 过滤器。

HEPA 型：当被调节的空间要求达到洁净度等级 C 级（十万级），且不使用终端过滤器时；或为了保护终端过滤器，延长下游 HEPA 过滤器的使用寿命。这些过滤器应在下游侧设置无缝密封垫或硅胶密封，形成一个正作用密封，防止空气从过滤器周围绕过。应考虑采用永久性上游和下游介质保护网，以防止过滤介质发生物理性损坏。各 HEPA 过滤器应能够在不中断相邻过滤器工作的情况下更换。

(4) 终端过滤结构形式 在洁净度等级为十万级以上或管道中产生的微粒可能污染供给空气的情况下一般采用 HEPA 作为终端过滤。终端过滤器也可用于回流/排出空气。

这些过滤器应在下游侧设置硅胶密封，以形成一个正作用密封，防止空气从过滤器周围绕过。应采用永久性下游介质保护网（介质保护装置），防止过滤介质发生物理性损坏。过滤器组中的各个 HEPA 过滤器应能够在不中断相邻过滤器工作的情况下更换。建议采用 H13（99.95％）～H14（99.995％，MPPS）过滤器。

高效送风口可作为末端过滤装置直接安装在洁净室天花吊顶，适用于各种洁净级别和多种维护结构的洁净室。产品特性主要有：

a. 高效送风口外壳用优质冷轧钢板制作，表面静电喷塑；

b. 保证气流的喷射速度，防止涡流的产生；

c. 具有通用性强、施工简便、投资少等优点；

d. 结构紧凑，密封性能可靠；

e. 进风方式有侧进风和顶进风，法兰口有方形和圆形两种结构；

f. 高效送风口外形美观，投资少，箱体结构简单，高效过滤器更换方便，是洁净室终端净化设备最好选择。

① 层流罩：一种可提供局部高洁净环境的空气净化设备。它主要由箱体、风机、初效空气过滤器、阻尼层、灯具等组成，外壳喷塑。该产品既可悬挂，又可地面支撑，结构紧凑，使用方便。可以单个使用，也可多个连接组成带状洁净区域。洁净层流罩有风机内装和风机外接两种，安装方式有悬挂式和落地支架式两种。

洁净层流罩是将空气经风机以一定的风压通过高效空气过滤器后，由阻尼层均压，使洁净空气呈垂直层流型气流送入工作区，从而保证了工作区达到工艺所需的高洁净度。洁净层流罩与洁净室相比，具有投资省、见效快、对厂房土建要求低、安装方便、省电等优点。

② 袋进袋出过滤器：一侧使用过滤器壳体，用于捕集危险或有毒、生物、放射性、细胞毒素或致癌物质。可防止危险载气物质从排气或回流管道中逸出。它一般设在房间四围（靠近地板）物质产生的地方，但也可设在中间位置。

袋进袋出过滤器最大的特点是安装、更换、检测过滤器时均在 PVC 袋（或者高温袋）保护下进行，过滤单元完全不与外界空气接触，从而保证了人员与环境的安全，使得更换过程方便快捷。

③ 风机过滤器单元（Fan Filter Units，FFU）：一种自带动力、具有过滤功效的模块化的末端送风装置。FFU 从形状上分两种，一种是长方体，一种上部为坡形；FFU 的上部做成坡形，起到了一种导流的作用，有利于气流的流动和均匀分布。长方形的 FFU 则一般依靠另外的途径来均衡气流。从结构上分两种，一种为整体，一种为分体。

在以下情况中，FFU 使用比较广泛。洁净室吊顶空间不够：在一些有高洁净度要求的场合，洁净室吊顶上部的送风静压箱有一个很大的作用就是来平衡洁净室的横断面上的压力，但是当使用 FFU 的时候，洁净室的吊顶被分成了若干模块，可以通过调节每个模块（即 FFU）来满足吊顶上部送风静压箱的压力平衡的要求，从而大大降低了对该静压箱高度的要求。在一些改造项目当中，当受层高限制时，FFU 有效地解决了这一问题。

洁净室静压不足：在一些改造项目中，由于条件限制，使得送风阻力很大，单独靠空调机组的送风压力来克服有困难，由于 FFU 自带动力，可以很好地解决这一问题。

空调机房面积不够：有一些改造项目，由于空调机房面积较小，不可能容纳大的空调机组，此时，用 FFU 的自带动力来弥补这一缺陷，从而可以减小使用的空调机组。这一优势也被应用到一些洁净度要求较低的场合。

三、调试和确认

空气系统的调试工作通常承包给经过培训和认证的专业人员。调试通常所需的专用检测工具，性能应稳定可靠，其精度等级及最小分度值能满足测试的要求，并应符合国家有关计量法规及检定规程的规定。

1. 设备单机的调试和确认

① 试运转前的检查。核对风机、电动机的规格、型号及带轮直径是否符合设计要求。

检查风机与电动机带轮（联轴器）中心是否在允许偏差范围内，其地角螺栓是否已紧固。

润滑油有无变质，添加量是否达到规定。

风机启闭阀门是否灵活，柔性接管是否严密。

空调器、风管上的检查门、检查孔和清扫孔应全部关闭好，并开关好加热器旁通阀。

用手转动风机时，叶轮不应有清脆和不正常的响声。

清扫冷却塔内的杂物和尘垢，防止冷却水管或冷凝器等堵塞；冷却塔和冷却水管路系统用水冲洗，管路系统应无漏水现象；检查自动补水阀的动作状态是否灵活准确。

② 冷却塔运转。冷却塔风机与冷却水系统循环试运行不少于 2h，运行时冷却塔本体应稳固、无异常振动，用声级计测量其噪声应符合设备技术文件的规定。

冷却塔试运转工作结束后，应清洗集水池。冷却塔试运转后，如长期不使用，应将循环管路及集水池中的水全部放出，防止设备冻坏。

2. 系统无生产负荷下的联合调试和确认

设备单机试运转合格后，应进行整个暖通空调系统的无负荷联合试运转。其目的是检验系统的温度、湿度、风量等是否达到了标准的规定，也是考核设计、制造和安装质量等能否满足工艺生产的要求。

（1）试运转的准备工作

① 要熟悉暖通空调系统的有关资料，了解设计施工图和安装说明书的意图，掌握设备构造和性能以及各种参数的具体要求。

② 了解工艺流程和送风、回风、供热、供冷、自动调节等系统的工作原理，控制机构的操作方法等，并能熟练运用。

③ 编制无负荷联合试运转方案，并制订具体实施办法，保证联合试运转的顺利进行。

④ 在单机试运转的基础上进行一次全面的检查，发现隐患及时处理，特别是单机试运转遗留的问题，更要慎重对待。

⑤ 做好机具、仪器、仪表的准备，同时要有合格证明或检查试验报告，不符合要求的机具和仪表不能在试运转工作中使用。

（2）试运转的主要项目和程序

① 电气设备和主要回路的检查和测试，要按照有关的规程、标准进行。

② 空气处理设备和附属设备试运转，是在电气设备和主回路符合要求的情况下进行的，其中包括风机和水泵的试运转。考核其安装质量并对发现的问题应及时加以处理。

③ 空调处理机组性能的检测和调整。通过检测，应确认空调机性能和系统风量可以满足使用要求。

④ 受控房间气流组织测试与调整，在"露点"温度和二次加热器调试合格后进行。经气流组织调试后，使房间内气流分布趋向合理，气流速度场和温度场的衰减能满足设计规定。

⑤ 室温调节性能的试验与调整。

⑥ 空调系统综合效果检验和测定，要在分项调试合格的基础上进行，使空调、自动调节系统的各环节投入试运转。

⑦ 受控房间对噪声和洁净度，在整个系统调试完成后，分别进行测定。

（3）通风空调系统的风量测定与调整 开风机之前，将风道和风口本身的调节阀门放在全开位置，三通调节阀门放在中间位置，空气处理室中的各种调节阀门也应放在实际运行位置。

开启风机进行风量测定与调整，先粗测总风量是否满足设计风量要求，做到心中有数，有利于下一步测试工作。

系统风量测定与调整。对送（回）风系统调整采用"流量等比分配法"或"基准风口调整法"等，从系统的最远最不利的环路开始，逐步调向通风机。

风口风量测试可用热电风速仪。用定点法或匀速移动法测出平均风速，计算出风口风量，测试次数不少于 3～5 次。在送风口气流有偏斜时，测定时应在风口安装长度为 0.5～1.0m 与风管断面尺寸相同的短管。

系统风量调整平衡后，应达到：风口的风量、新风量、排风量、回风量的实测值与设计风量的允许偏差值不大于 15%。

新风量与回风量之和应近似等于总的送风量，或各送风量之和。总的送风量应略大于回风量与排风量之和。

（4）空气处理设备性能测定与调整 加湿器的测定应在冬季或接近冬季室外计算参数条件下进行，主要测定它的加湿量是否符合设计要求。

过滤器阻力的测定、表冷器阻力的测定、表面式热交换器冷却能力和加热能力的测定等应计算出阻力值、空气失去的热量值和吸收的热量值是否符合设计要求。

空调设备中风机风量的调整可以通过节流调节阀或者改变其转速。

风机盘管机组的三速、温控开关的动作应正确，并与机组运行状态一一对应。

在测定过程中，保证供水、供冷、供热，做好详细记录，与设计数据进行核对是否有出入，如有出入时应进行调整。

(5) 净化空调系统房间参数测试调整

① 温度和相对湿度的测试；

② 风量或风速的测试；

③ 室内空气洁净度等级或菌落数的测试；

④ 静压差的测试。

以上测试方法和原则参照 ISO 标准相关要求。

四、GMP 需要的空调系统文件

本节仅介绍通常需要的文件。

a. 区域分类图（空间若分类）；

b. 压力或气流方向图；

c. 空气处理机组分区图；

d. 安装及调试文件；

e. 区域分类图（空间若分类）；

f. 压力或气流方向图；

g. 空气处理机组分区图；

h. 过滤器测试数据；

i. 操作顺序；

j. 设备提交图纸；

k. 竣工通风管道、管路和设备平面图；

l. 鉴定文件；

m. 房间环境条件表格/一览表；

n. 过滤器完整性或总体渗透试验（HEPA/ULPA）；

o. 空气平衡（分级空间的换气次数"OK"，气流方向"OK"）；

p. 表面流速测试（5 级/A 级 HEPA/ULPA）；

q. 压力关系（污染控制）；

r. 温度；

s. 湿度（若认为关键）；

t. 房间压差或泄漏空气流速（用于污染控制）；

u. 供给气流（分级空间）；

v. 空气中总悬浮微粒测试；

w. 空气中有生命力悬浮微粒测试；

x. 达到验收标准的证据。

五、培训

暖通空调系统操作和维护人员应接受关于其预定功能和保持其运转所需步骤的培训。

系统功能实现的基本原理和各设备的基本功能。

系统功能正常运行及其维护的重要性。

系统开启、运行和停机的基本步骤，达到设定值的方法。

暖通空调系统如何达到用户要求？

运行标准操作程序：达到设定点的方法、系统启动和故障检修程序是什么？

维护标准操作程序：需要进行哪些工作？什么时候进行？

进行维护工作时的清洁和注意事项。

仪表校准：程序、频率。

记录存放地点和存放方法：用于 GMP 目的的记录可单独存放。

六、设备运行和维护

1. 简介

净化空调系统运行直接关系到受控环境的温度、湿度、空气质量、气流流型和压力等性能参数，运行质量的好坏，很大程度上取决于值班人员是否按规定的要求进行操作。而系统维护是实现正常运行、保持良好外观、延长使用寿命和保证安全的基础。维护不当会导致意料不到的长时间停机。也可能导致无法达到 GMP 设施所要求的各种环境参数，如温度、湿度、空气质量、气流和压力等。

应制订合理的运行管理机制对空调系统的运行进行科学的管理，其主要内容应包括：值班人员岗位职责、开机前检查及开关机顺序、运行参数记录等，对重点系统设备应定期检查保养以保障系统运行满足使用要求，延长设备使用寿命。

2. 空气处理机组

应定期检查空气处理机组是否出现漏气、生锈、冷凝水排泄问题和污物累积，并检查各门、驱动装置、风门和执行机构及照明装置和开关是否正常工作。

建议定期清洁机组内部，特别是用于分级空间（例如无菌工作）的机组。清洁检查应包括机组内部设备，例如：过滤器、加热和冷却盘管、冷凝水盘、冷凝水排放管路、加湿系统、隔声装置、风机、风门、门密封垫、整个机组。

预过滤器不能清除空气处理机组内的所有空气污染物。随着时间的过去，污物累积会导致微生物滋生。机组通常采用能够杀死微生物的溶液进行清洗，但同时也会冲洗掉分布在轴承及其他润滑接头的润滑脂和润滑油。

建议清除可见的铁锈，并重漆表面，使其外观恢复如新。

冷凝水泄水盘中的积水可能导致微生物滋生和铁制零件生锈。在易产生冷凝水的高温潮湿条件下，应检查排泄是否正常。

照明装置的荧光灯管或镇流器若损坏，会导致照明不良，影响空气处理机组设备维护和人员安全。

缺陷电气开关和插座会导致电气危险、相关设备运行不良，且会增加维修工作。

门的维护对于空间的气密性十分重要。密封垫、框架、铰链和锁柄容易松动和磨损，导致机组供气量下降、能量损失、表面凝水和污物渗透。

3. 风机

保持合适的风机气流是向空间提供充足调节供给空气的关键。风机各部件如果维护不当，可能导致气流减小，最终导致故障。风机部件包括：风机壳体、叶轮、轴承、皮带、护罩、电机。

应定期检查风机叶轮是否出现污物累积、机械疲劳和不平衡可能导致振动和噪声增大及最终导致可能危及生命的严重故障（例如叶片和壳体破裂）。这些问题若不加以纠正，则可能无法达到要求的气流量。

润滑过量或润滑不足及使用不适合气流环境的润滑剂经常会导致轴承损坏，人员应接受轴承制造商和润滑剂供应商的适当培训。振动和温度监测有助于趋势分析，以发现即将发生的轴承损坏。

在拆卸、安装和启动配备皮带驱动装置的设备时，应注意保护皮带驱动装置并按照规定的程序操作。皮带张力不合适是导致过早损坏的最常见的原因。应按照下列步骤操作：检查皮带张力（用一个张力计或超声波张力测试器）。调整皮带驱动装置的中心距，直至测得的张力正确。用手将皮带驱动装置转动几圈。再次检查皮带张力，并根据需要进行调整。启动驱动装置，通过看和听检查是否出现异常噪声或振动。如果皮带或轴承很热，说明皮带张力过大。

V带磨合程序：建议执行V带磨合程序，以延长皮带使用寿命。磨合包括启动驱动装置，并使其在满负荷下运转24h。皮带磨合后，停止皮带驱动装置并检查皮带张力。然后，让皮带装置在满负荷下长时间运转，使V带进入带轮槽中。V带在初次磨合和进入轮槽后，张力会下降。根据需要重新调整皮带张力。若不检查并重新调整皮带张力，会导致皮带张力下降、皮带打滑、气流减小，最终会使皮带过早损坏。

电机应能够运转10年以上，不出现重大问题。由于电机价格昂贵，且运行成本较高，维护对于保持最低运行成本至关重要。应进行下列工作：

当厚厚的一层污物盖住电机座和堵住冷却空气通路时，会使脏污的电机发热。热量会降低绝缘层的寿命，最终导致电机故障。电机外部应定期清洁，以除去可能影响电机散热的污染物。可采用擦拭、刷洗、吸尘或吹洗的方法清除电机座和气路的累积污物。

检查是否出现腐蚀迹象。严重腐蚀可能表明内部零件损坏和外部需要重新涂漆。

轴承应定期润滑，或在噪声增大或发热时润滑。应避免过量润滑。过量的润滑脂或润滑油会黏附污物，并可能导致轴承损坏。

用手摸电机座和轴承，检查是否过热或振动过大。听是否有异常噪声，如有，则表明电机可能发生故障。迅速找出并消除导致发热、噪声或振动的原因。

检查皮带和电机驱动装置护罩是否牢固，以免导致振动和噪声，及设备损坏和人员受伤。

4. 加热和冷却盘管

盘管（无论用于加热、冷却还是除湿）内外均应清洁，用于热传递的翅片应完好无损。由于冷却盘管一般用于减少空气中的可感知热量（冷却）和潜在热量（除湿），与加热盘管相比更容易丧失传热能力（由于单位面积的热负荷较高）。冷却盘通常有水，因此更可能累积污物。

一般情况下，盘管（特别是冷却盘管）外部每年清洗一次，因为盘管的这一侧接受大部分污物（来自气流）。内部清洗一般只有在传热流体的压差（入口与出口之间）超出制造商提供的适用于特定工作条件下的建议值时才进行。盘管可定期进行压力测试，以检查是否泄漏。应通过处理加热蒸汽和传热水使盘管的管道保持清洁，且应在许多年内保持较高的传热性能。当采用表面和旁路加热盘管时，风门机构应每年检查一次，以确保其在整个活动范围内正常工作。

由于经常调节，控制阀在经过一段时间后会磨损。这些阀门应包括在定期维护计划中。

5. 蒸汽加湿器

加湿器系统由许多部件构成，应检查和维护的部件包括：

过滤器滤网：每年至少检查两次（如果脏污，蒸汽流量会减小）；控制阀每年检查一次，以确保蒸汽阀关闭严密；阀杆填料不漏气；执行机构隔膜不漏气。

密封圈和 O 形圈确保蒸汽不会泄漏到周围区域，以免人员受伤。

使蒸汽正确分散到气流中的喷嘴；如果蒸汽分散不正确，会导致性能下降或在下游形成冷凝水。

消声器：每年至少检查一次是否清洁。

6. 干燥剂除湿器

干燥剂装置的维护包括：过滤器、叶轮驱动装置总成、叶轮支承轴承、工艺段与再生段之间的密封、风机、皮带和控制器。

干燥剂部件应按照推荐的时间表进行维护。

由于干燥剂系统有来自供给侧的进气和用于再活化的辅助气流，两组进气过滤器均需定期更换，以防止气流减小。供给空气或工艺空气过滤器堵塞会导致过热（由于气流减小）和能源浪费。再活化侧过滤器堵塞可能导致许多问题，包括干燥剂转轮除湿气流不足，降低系统性能。由于过滤器负荷会不断增大，没有足够的气流安全地吸收再活化加热器的热量，会导致机组因进入转轮的再活化空气温度过高而停机。与干燥剂系统相关的许多问题均可追溯到过滤器堵塞。

应检查再生气流段与工艺气流段之间的密封。泄漏会导致性能下降。

氯化锂干燥剂会吸收多余的水分，膨胀然后从转轮中"爆"出。氯化锂转轮在未使用时应保持高温和转动。

环绕干燥剂转轮的驱动皮带需要足够的紧度，以转动转轮，但不能过紧，以免增大驱动电机轴承的负荷。干燥剂机组配备自动张紧装置，但皮带张力应至少每年检查两次，或在更换过滤器时检查，以确保皮带既不过松也不过紧。

在检查风机轴承时，应同时检查干燥剂转轮的轴承，并按照制造商的建议加注润滑脂。一般情况下，每年只需要加一次润滑脂，因为转轮转速较慢。

控制器应定期重新校准，以保证工作状态稳定。应检查旁路风门工作状态和位置是否正确。应检查关闭风门的密封。

7. 空气过滤

随着微粒增加过滤器的负荷，气流阻力增大（压降提高）到一定程度时，气流会减小，过滤器会破裂。随着过滤器负荷增大，其效率也可能提高。最好根据预先确定的压降和过滤器的成本更换过滤器。这样可以优化过滤器的总运行成本。如果能源成本较高，一般需要降低更换过滤器的压差设定值。过滤器应正确安装，以防止空气从外部绕过。过滤器制造商应能够提供关于根据现场工作条件达到最低总运行成本的说明。

(1) 高中效过滤器　高中效过滤器在使用不到两年后即应更换，即使未达到压差更换极限。这样可防止微生物滋生和过滤器性能下降。过滤器每年至少应检查两次。

(2) HEPA/ULPA 过滤器　根据测试方法和产品/工艺，现场测试中若发现浓度超过容许极限的上游气溶胶泄漏，则可能需要更换或修补 HEPA/ULPA 过滤器。通常情况下，过滤器现场泄漏测试所用的方法、设备和材料不同于在工厂进行的过滤器效率测试。因此，这两种测试一般没有直接关系。确定过滤器泄漏最常用的极限是在通过现场过滤器表面泄漏扫描装置进行测试时，局部泄漏率大于等于上游气溶胶浓度的 0.01%。关于各种应用场合局部泄漏率容许极限的详细说明见 ISO 14644-3。为满足 GMP 运行要求，现场泄漏测试一般每年进行一次，但在某些地区，无菌生产一般要求每六个月测试一次。

HEPA/ULPA 过滤器的泄漏情况有几种。在用仪器、工具或手取放或接触过滤介质时，若不小心，很容易使其损坏。介质与滤框之间的密封接触面也可能发生泄漏。黏合材料有时会开裂或脱离滤框。这种情况通常是由于生产过程质量控制不合格，或黏合剂与气流中的材料不相容所导致的。另一个主要泄漏源是硅胶密封，即过滤器壳体与过滤器网格系统接触的地方。随着时间的过去，过滤器测试中所用的气溶胶会使硅胶变质。

在贮存、搬运、安装和测试 HEPA/ULPA 过滤器时应小心。应将其存放在环境受控的场所，温度为 4～38℃，相对湿度为 25％～75％。过滤器应妥善存放，以免损坏或异物进入。

在按照制造商建议搬运过滤器时应小心，防止下列情况导致过滤器损坏、包装箱跌落、振动、动作过大、野蛮装卸、贮存或堆放高度不合适。

安装前，建议记录各过滤器上和过滤器壳体上的信息（型号、序列号、性能、工厂测试数据等）。这可解决将来出现的关于过滤器效率和更换问题，或产品召回引发的问题。

8. 管网

定期检查暖通空调管道可发现各种潜在问题（污物、碎屑、漏洞和腐蚀），以便在突然发生故障和需要大修前加以纠正。管道使用一段时间后，密封会松动，可能导致影响房间加压的过量泄漏。压坏的管道会导致气流量不足、噪声增大和气流控制不良。管道保温层若损坏或丧失，则应尽快更换，以免导致水汽凝结，使冷凝水进入工作区域，以及表面生锈和霉菌滋生。

9. 风门和百叶窗

应检查这些部件是否有污物累积，是否运动自如，连杆机构在整个工作范围内无卡滞（全开到全闭）。连杆机构应能够自由活动。对于低泄漏场合的风门，密封垫若变硬或不能提供良好的密封，则应更换风门。这些装置出现污物累积或运转不正常时，若不处理，则会导致空气分配量不足。

10. 风口

污物累积会导致空气分配量不足，可在房间内看到。散流器和风口应定期检查和清洁。

11. 排烟/抽烟系统

制药工作所用的排烟系统需要高度的可靠性，因为它们若发生故障，会对生产造成影响。维护应能够保证设备的正常运行时间，包括：

应检查系统，确保没有可能减小气流量的碎屑和污物；

控制风门应动作自如；

应检查挠性管道接头，确保其不漏气（通常由于损坏或磨损）；

应按照 ASHRAE 标准 10 对排烟罩性能进行测试；

风机是排烟/抽烟系统的主要设备。

12. 空气平衡

应定期对暖通空调系统进行测试、调整和平衡（TAB），以确保系统符合要求，并检查系统是否有效工作。房间配置或暖通空调设备若发生改变，则应进行 TAB。对于 GMP 空间，至少应重新校准监测仪表、检查工艺空间的供给气流量、重新计算每小时换气次数（ACPH）和调整压力关系，这些工作至少应每年进行一次或在测试终端 HEPA 过滤器时进行。应考虑至少每 5 年（对于非 GMP 空间，则为 7 年）进行一次全面的再平衡。总体再平衡可发现未知的能耗增加和潜在的设备故障。进行部分再平衡会有一定的风险；因为某一区域的气流若发生变化，会导致其他区域的相反变化（增大一个房间的气流可能减小其他房间的气流）。注意：气流测量的精度一般为±10％左右。只要达到房间条件和回收率（若测量），这一偏差无关紧要。用于空气平衡的风量罩应定期校准（通常每年校准一次）。在计算再平衡时间表时，应预留足够的时间。

七、备件

GMP规范和保持连续生产的经济性要求贮存备件，以尽可能降低故障的影响。良好的预测性维护计划应能够在零件失效前预测其更换需要，以便有足够的时间订购更换件。不过，有些零部件在设备突然发生故障时可能会有用。粗、中效过滤器：随着时间的推移，粗、中效过滤器可能会因污染粒子的堆积而阻力增大使运行成本和效益受到影响或因其他原因而损坏，需要定期检查和更换。

传动皮带：在长期联系运行时，传动皮带会因磨损而损坏或引起张力改变，定期检查和更换可避免故障停机产生的损失，降低运行成本。

第五章 物料与产品

第一节 概　　述

1. 目的

物料流转涵盖从原辅料进厂到成品出厂的全过程，它涉及企业生产和质量管理的所有部门，因此，物料管理的目的在于：确保药品生产所用的原辅料与药品直接接触的包装材料符合相应的药品注册的质量标准，并不得对药品质量有不利影响。

建立明确的物料和产品的处理和管理规程，确保物料和产品的正确接收、贮存、发放、使用和发运，采取措施防止污染、交叉污染、混淆和差错。

2. 范围

物料管理指药品生产所需物料的购入、贮存、发放和使用过程中的管理，所涉及的物料是指原料（包括原料药）、辅料、中间产品、待包装产品、成品（包括生物制品）、包装材料。

物料指原料、辅料和包装材料；

原料指药品生产过程中使用的所有投入物，辅料除外；

辅料指生产药品和调配处方时所用的辅型剂和附加剂；

包装材料指与药品直接接触的包装材料和容器、印刷包装材料（包括标签和使用说明书），不包括发运用的外包装材料等。

3. 目标

建立物料管理系统，使物料流向明晰、具有可追溯性；制订物料管理制度，使物料的验收、存放、使用有章可循；加强仓储管理，确保物料质量。

第二节　人员和职责

一、人员培训

《药品生产质量管理规范（2010 年修订）》相关要求如下。

> 第二十七条　与药品生产、质量有关的所有人员都应当经过培训，培训的内容应当与岗位的要求相适应。除进行本规范理论和实践的培训外，还应当有相关法规、相应岗位的职责、技能的培训，并定期评估培训的实际效果。
>
> 第二十八条　高风险操作区（如：高活性、高毒性、传染性、高致敏性物料的生产区）的工作人员应当接受专门的培训。
>
> 第三十三条　参观人员和未经培训的人员不得进入生产区和质量控制区，特殊情况确需进入的，应当事先对个人卫生、更衣等事项进行指导。

1. 培训计划

仓库中的关键人员应有适当的学历、培训及经验。从业人员在仓储区工作时应穿戴适当的工作服和防护用品。

应有针对仓库员工的年度培训计划，其内容包括日期、培训内容、负责部门等。员工个人年度培训计划的制订，应根据仓库员工在日常的操作及管理实施的过程中的不同需求，制订出适合本岗位及个人的年度培训计划。

员工的培训计划必须经企业主管领导批准。

2. 培训的形式

（1）新员工培训　对接受培训人员进行综合介绍，使他们了解药品的特殊性和产品质量的重要性，组织参观生产操作现场，了解企业的规章制度。

每个新员工在试用期须完成新员工的培训，由其部门经理或主管考核通过后才能独立开展工作。调动到新岗位的员工需得到同事或专业人员的岗位培训且合格后方可开始新工作。

（2）岗位培训　不仅使员工对所在岗位专业知识、技能应知应会，更重要的是促使他们能够按照质量管理要求和标准操作规程正确做好本岗位工作，做到标准化、规范化操作。

（3）继续培训　以药品监管法规及国家有关政策、新的标准操作规程、新的操作系统为主，同时也可根据实际需要巩固和深化原来的培训内容。

在职员工可根据岗位的需要接受内部专家或外部顾问的适时培训，可针对员工绩效评估的差距，开展系列培训以提升员工基本技能。

3. 培训的内容

以 GMP 培训为主，同时对与质量有关的法规、质量管理基本知识、专业基础知识、岗位技能、岗位操作、岗位职责、卫生规范等相关内容进行培训。根据不同对象，培训教育的侧重点应有所不同。

对于企业一般的培训，人事管理部门应负责列出培训项目，并确定内训和外训的培训资源等。

对于 GMP 培训，QA 应负责列出培训项目。GMP 培训计划应依据培训类型、培训项目及强度（如持续时间、频次）制订，培训项目应涉及 GMP 的所有可行性要求。

对于 HSE 培训，HSE 应负责列出培训项目，每年应有一次紧急警报演习和消防培训。培训项目与周期应根据工作类型确定，包括废料处理、应急计划、急救组织和逃生等。

对于仓库员工，培训的内容应包括 HR 培训、HSE 培训、GMP 培训、仓库相关 SOP 的培训以及各类技能的培训，如叉车的使用及管理。

4. 实施培训

员工应按照培训计划和申请表及时参加培训。

当工厂内组织培训时，培训组织者应准备"培训签到记录表"，参加者需签字确认参加培训，培训师需签字确认培训的实施。

人员须接受相关职责的培训，培训需有记录。

5. 培训考核与培训档案

员工经培训后应进行考核，考核的形式可以是口试、笔试或现场实物操作。

对员工的培训，企业应设立员工个人培训记录，记录员工个人每次培训的情况，以便日后对员工进行考察。员工的个人培训记录内容可包括：姓名、职称、岗位或职务，每次培训的日期、内容、课时、考核情况及结果，培训部门等。

二、人员职责

《药品生产质量管理规范（2010 年修订)》相关要求如下。

第十八条 企业应当配备足够数量并具有适当资质（含学历、培训和实践经验）的管理和操作人员，应当明确规定每个部门和每个岗位的职责。岗位职责不得遗漏，交叉的职责应当有明确规定。每个人所承担的职责不应当过多。

所有人员应当明确并理解自己的职责，熟悉与其职责相关的要求，并接受必要的培训，包括上岗前培训和继续培训。

第三节 设施和设备

一、仓储区

《药品生产质量管理规范（2010 年修订)》相关要求如下。

第三十六条 生产区、仓储区应当禁止吸烟和饮食，禁止存放食品、饮料、香烟和个人用药品等非生产用物品。

第四十四条 应当采取适当措施，防止未经批准人员的进入。生产、贮存和质量控制区不应当作为非本区工作人员的直接通道。

第五十七条 仓储区应当有足够的空间，确保有序存放待验、合格、不合格、退货或召回的原辅料、包装材料、中间产品、待包装产品和成品等各类物料和产品。

第五十八条 仓储区的设计和建造应当确保良好的仓储条件，并有通风和照明设施。仓储区应当能够满足物料或产品的贮存条件（如温湿度、避光）和安全贮存的要求，并进行检查和监控。

第五十九条 高活性的物料或产品以及印刷包装材料应当贮存于安全的区域。

第六十条 接收、发放和发运区域应当能够保护物料、产品免受外界天气（如雨、雪）的影响。接收区的布局和设施应当能够确保到货物料在进入仓储区前可对外包装进行必要的清洁。

第六十一条 如采用单独的隔离区域贮存待验物料，待验区应当有醒目的标识，且只限于经批准的人员出入。

不合格、退货或召回的物料或产品应当隔离存放。

如果采用其他方法替代物理隔离，则该方法应当具有同等的安全性。

第六十二条 通常应当有单独的物料取样区。取样区的空气洁净度级别应当与生产要求一致。如在其他区域或采用其他方式取样，应当能够防止污染或交叉污染。

1. 仓储区的设计

仓储区的设计应首先满足中国《药品生产质量管理规范》要求。仓储区应确保充分的贮存条件，设施、设备的位置、设计、维护应能最大限度降低发生差错的风险，并能够进行有效的清洁和维护，以防止混淆、污染和交叉污染，总体而言，应能避免对物料和产品产生不良影响。

仓储区的布局设计应体现规范性、技术性、先进性、经济性、合理性，应与储运流程相适应，避免人流、物流的路线交叉，防止混淆、污染和交叉污染。

仓储区应有足够的面积和空间，以便于布置设备、放置物料和人员操作活动，应与生产规模相适应，设计时应考虑满足长期规划和发展需求。

仓储区应根据需要设立不同的区域或仓库，通常依据产品类型分别设置制剂产品库或/和原料药产品库，同时应根据物料和产品接收、贮存、发运的不同阶段划分接收区（库）、贮存区（库）、发运区（库）等。此外，不合格品、退货/召回的物料和产品一般设专库保存、隔离。

仓储区应根据原辅料和产品的不同性质设置固体库、液体库，或冷库、阴凉库、常温库，或危险品库、特殊药品库，或净料库、贵细药材库等，对于挥发性物料和污染性物料或产品应设专库贮存，生产用种子批和细胞库，应设专库贮存。

对于高活性的物料和产品以及印刷包装材料，一般设专库贮存。

对于麻醉药品和精神药品，应设专库或专柜贮存，并根据麻醉药品和精神药品的分类实行双人、双锁管理及专人管理，符合《麻醉药品和精神药品管理条例》等相关法律法规的要求。

对于危险化学品，必须设专库贮存，实行专人管理，符合《危险化学品安全管理条例》等相关法律法规的要求。

仓储区内应设置与生产区空气洁净度级别相一致的取样区（室）或采样车。

仓储区应合理配置、安装排风扇、除湿机、加湿器、空调、照明灯（防爆）等设施、设备，以满足物料和产品贮存条件要求，保持清洁、干燥。仓储区可根据实际情况采用自动温湿度调控设备或自动温湿度监测系统（自动温湿度记录仪），实现自动调节、监控、记录功能。

仓储区应合理配置、安装消火栓、灭火器、灭火毯等消防设施和器材，亦可根据实际情况采用自动报警灭火系统，实现自动化控制，仓储区的设计应符合《仓库防火安全管理规则》等相关法律法规的要求。

仓储区应根据实际情况配置相应数量的电子秤、叉车、提升机、升降移载机、输送机、托盘、货架等贮存和运载设施、设备，以满足物料和产品接收、贮存和发运。

仓储区应配置一定数量的拖把、抹布、吸尘器、水池等清洁设施和清洁用具。

2. 仓储区的管理

企业应建立仓储区管理的书面操作规程，内容包括仓储区域划分、定义、功能、贮存条件，仓储区状态标识、物料状态标识、库存记录以及日常管理（例如：门禁管理、物料或产品接收、贮存、发运、退回、清洁、巡检、监测、设施、设备维护）等。

（1）门禁管理 仓储区应执行门禁管理，不得随便出入，只有经授权的人员方可进出仓储区，以确保安全；可采用电子门禁系统或在仓储区管理操作规程中规定相关人员的权限。

（2）接收区 仓储区应设立物料和产品接收区（库），接收区应采用雨篷或仓库等设计保护物料、产品免受外界天气（如雨、雪）的影响。

接收区用于检查、接收物料或产品，可对外包装进行必要的清洁；如可能，应在接收区对接收的物料粘贴企业内部使用的物料标签。接收区与物料和产品贮存的区域应有效隔离。物料和产品接收完毕后，转入贮存区。

（3）贮存区 仓储区应设立物料和产品贮存区（库），用于贮存待验和合格物料和产品；贮存区域内若采用单独的隔离区域贮存待验物料或产品，则待验区应有醒目的状态标识；待检区可采用单独库房贮存、隔离，或采用隔离线、隔离栏划区隔离。

（4）发运（货）区 仓储区应设立发运（货）区/库，并应采用雨篷或仓库等设计保护物料、产品免受外界天气（如雨、雪）的影响。如接收区和发运（货）区为同一区域或有交叉，则应避免同一时间同时操作，以防止混淆和差错的产生。

发运（货）区用于暂存将用于生产的物料或将发运的物料和成品，可对外包装进行必要的清洁。

发运（货）区与物料或产品贮存的区域应有效隔离。

（5）不合格品库 仓储区应设立不合格品库，用于贮存不合格物料或产品，防止混淆或误用。

（6）退货品库 仓储区应设立退货品库，用于贮存退回或召回的产品，防止混淆或误用。

二、清洁操作规程

《药品生产质量管理规范（2010 年修订）》相关要求如下。

> 第三十八条 厂房和选址、设计、布局、建造、改造和维护必须符合药品生产要求，应能最大限度避免污染、交叉污染、混淆和差错，便于清洁、操作和维护。

企业应建立仓储区清洁的书面操作规程，内容通常包括仓储区的清洁内容（例如：墙壁、门窗、照明灯具）、清洁方式、清洁频率、消毒周期（如必要）、清洁或/和消毒工具等，此部分内容可单独制订书面程序，亦可制订在仓储区管理的相关书面程序中纳入。

仓储区内计量设备、运输设备、温湿度调节设备、取样室 HVAC 系统等设备、设施的清洁操作规程一般相应的设备、设施的使用、清洁、维护操作规程中制订。

三、虫害控制

《药品生产质量管理规范（2010 年修订）》相关要求如下。

> 第四十三条 厂房、设施的设计和安装应当能够有效防止昆虫或其他动物进入。应当采取必要的措施，避免所使用的灭鼠药、杀虫剂、烟熏剂等对设备、物料、产品造成污染。

厂区内绿化不宜种植高大落叶乔木、花粉类植物，以不长花絮、绒毛的常青小灌木、草坪为宜；绿化带与厂房、仓库及其他建筑应保持一定距离。

厂区、生产厂房、仓库及其他建筑应合理配置一定数量的昆虫和动物控制设施，能够有效防止昆虫和动物的进入（例如：诱饵站、灭蝇灯、粘鼠板、电子驱虫器、挡鼠板）。昆虫和动物控制设施的安装、布局应合理（例如：灭蝇灯的安装位置不应直对出入口，以避免灯光吸引建筑外的昆虫进入），并有明确的图纸。

厂房、仓库的门窗应采用密闭效果良好的设计，门、窗应避免留有缝隙以防止昆虫、动物进入；与室外相连的通风口应采取有效措施防止昆虫和鸟类进入；厂区内下水道排水口等与地面相通处应设置渠盖、防鼠网等防鼠措施。

企业应根据厂区内昆虫和动物控制的实际状态评估是否使用灭鼠药、杀虫剂、烟熏剂等化学药剂；若使用化学药剂，使用时应考虑天气状况、风向等自然条件以及生产、运输情况，采取必要的措施防止对设备、物料、中间产品、待包装产品或成品造成污染；同时应根据化学品安全信息卡（MSDS）信息及相关资料评估并选择合适的灭鼠药、杀虫剂、烟熏剂。考虑到人员和药品安全，以及最大化降低产品污染风险，原则上以物理防控为主，一般不建议药品生产企业使用化学药剂防控。

企业应建立昆虫和动物控制的书面操作规程，内容包括昆虫和动物控制实施操作规程、定期监测、记录、统计分析及相应设施的布置、维护、保养等。

第四节 收 货

一、物料接收

《药品生产质量管理规范（2010 年修订）》相关要求如下。

第一百零六条 原辅料、与药品直接接触的包装材料和印刷包装材料的接收应当有操作规程，所有到货物料均应当检查，以确保与订单一致，并确认供应商已经质量管理部门批准。

物料的外包装应当有标签，并注明规定的信息。必要时，还应当进行清洁，发现外包装损坏或其他可能影响物料质量的问题，应当向质量管理部门报告并进行调查和记录。

每次接收均应当有记录，内容包括：

（一）交货单和包装容器上所注物料的名称；

（二）企业内部所用物料名称和（或）代码；

（三）接收日期；

（四）供应商和生产商（如不同）的名称；

（五）供应商和生产商（如不同）标识的批号；

（六）接收总量和包装容器数量；

（七）接收后企业指定的批号或流水号；

（八）有关说明（如包装状况）。

第一百零七条 物料接收和成品生产后应当及时按照待验管理，直至放行。

第一百零八条 物料和产品应当根据其性质有序分批贮存和周转，发放及发运应当符合先进先出和近效期先出的原则。

第一百零九条 使用计算机化仓储管理的，应当有相应的操作规程，防止因系统故障、停机等特殊情况而造成物料和产品的混淆和差错。

使用完全计算机化仓储管理系统进行识别的，物料、产品等相关信息可不必以书面可读的方式标出。

---

1. 物料接收

在物料接收时，每次对收到的物料都必须检查相关的订单，并与 QA 批准的合格供应商名单核对，来料是否购自经批准的供应商处，还应对每个包装或容器都要进行以下物理确认，如标签内容、批号、物料或产品的种类和数量。

物料交货时必须检查包装或容器的完整性。如果供应商一次到货的物料不止一批，应该根据供应商的批号进行细分。对于可能的污染、损坏和缺损，每个容器都必须仔细检查。对于每个可疑的容器，整个运输过程都必须为进一步的调查作待检状态。如需要，样品只能被经过培训的、有资质的人员严格按照书面的取样操作规程进行取样。被取样的容器必须有标识。

物料接收区域必须同贮存区域分开。

2. 物料编号

药品生产中所用物料都应有适当的标识。采用物料标识的目的在于防止混淆和差错，并为文件的可追溯性奠定基础。名称、代码及批号是物料标识的三个必要组成部分。

（1）物料的名称 通常以 WHO GMP 指定的药物非专利名称或国家药典规定的通俗名称或化学名称作为物料的标准名称。企业注册的商品名称可与通俗名称同时在标签、说明书上使用。如果企业有必要使用外文名称时，应尽可能使用中国药典收载的拉丁文或英文名称。进口原辅料、包装材料的中文名称，应查阅正式出版物，力求使名称规范化。

（2）代码系统 所有原料、辅料、包装材料和成品都应当给予唯一性的代码。所谓唯一性，是指名称与代码一一对应，代码与质量标准一一对应。在制药企业，代码意味着标准，同一物料名称如其质量标准不同，就必须使用不同的代码。对于成品来说，物料代码还隐含包装的规格，如果将代码与标签联系起来看，代码设置原则的这种特殊必要性就比较好理解了。物料的代码由企业自行给定，负责这一系统的主管部分通常是物料管理部。物料供应商的产品代号与企业内部编号需要关联，可以通过计算机管理系统实现也可以通过其他方式实现，便于物料的追踪性。

代码的管理：由物料管理部分负责指定或删除物料代码并制订企业的物料代码交叉索引表。

所谓交叉索引表，即可从代码查物料名称，或从物料名称查代码的文件。物料代码交叉索引表可通过企业内部的计算机互联网络实现共享，以便有关人员查阅；也可用受控文件的方式，发放给所有有关部门或人员，但一有删除或增加，应立即更换。删除了的代码一般永远不再使用，以防日后产生混淆。为了确保代码的唯一性，只有物料管理部方有权设置或删除物料的代码。

（3）批号系统 同代码一样，对每一次接收的原料、辅料、包装材料和拟生产的每一批产品都必须编制具有唯一性的批号。

返工处理后的物料应给予新的批号，或注上标记 R，以免产生混淆和差错。原料和包装材料应使用统一的批号登记表，且按照到货批次的先后顺序进行登记。当为某一物料编制批号时，必须将该物料的代码和名称登记在该登记表内，表中应同时有记录亚批号、日期和签名的栏目。

二、成品接收

1. 成品的验收入库

仓库按交货记录验收成品入库。入库时，验收人员应检查生产部随每批成品发来的入库交货记录是否完备，根据交货记录检查每批成品的代码、品名、规格、批号、有效期、数量（应特别注意核对零箱的数量）。同时接收两批或两批以上的成品时应注意分开堆放，以免混批。原则上，为便于成品质量的追溯调查，成品应按亚批接收及发放。

核对无误后在交货记录上签名，如发现该批与交货记录存有偏差，立即与生产部门有关人员联系。

仓库根据该成品的贮存条件，将成品存放在常温库、冷库或阴凉库内。用铲车将成品送到空货位上，同批产品应尽量集中存放；注意将零箱药品放在底层货架表面处以便清点、拼箱；并在交货记录上记录相应的库位号码，填上日期并签名。

2. 贮存

成品应分类、分品种、分批号存放。

成品码放时应离墙、离地，货行间需留有一定间距。货位应有明显标志，标明品名、规格、批号和数量。

3. 成品的留检状态

成品记账员根据交货记录核对实物无误后填写库卡，同时将该批产品的有关数据输入计算机并将交货记录归档，把库卡放入"留检"文件夹中。在质量部对该批产品未作出是否合格的决定前该批产品处于"留检"状态。

4. 合格成品的处理

当质量部经过质量评价准予一批成品合格后，应发放化验证书给成品发货员。成品发货员凭此索取该批产品的库卡，并在库卡上记录化验证书号。此时，该批产品已由"留检"状态转为"合格"状态，该批产品可投放市场。

5. 不合格批成品的处理

当质量部经过质量评价判定一批产品为不合格时，应发出两份不合格化验证书给成品接收员，并在该批产品的每一个包装上贴上一张红色不合格标签，注明该药品的名称、规格、代码和批号，标签上应有签名及日期。

成品接收员根据化验证书在库卡上记录该批产品的化验证书号并注明产品"不合格"。

成品接收员核实数量后填写"成品报废单"，并附一份不合格化验证书报部门经理及生产副总经理批准后转财务做账；另一份化验证书存底。应立即将不合格批产品由原来的库位移至不合格品专库，待处理。处理结束后，库卡转质量部存档，不合格成品应按有关规定处理。

三、物料清洁

《药品生产质量管理规范（2010年修订）》相关要求如下。

> 第一百零六条　物料的外包装应有标签，并注明规定的信息。必要时，还应进行清洁，发现外包装损坏或其他可能影响物料质量的问题，应向质量管理部门报告并进行调查和记录。

接收和分配的日期需要考虑保护来料和产品免受天气影响。接收区域要设计并建造成允许对来料的容器进行清洁，如有必要，在存储前需要标明指定的日期。

用吸尘器或专用毛刷清洁纸箱包装和托盘，用毛巾清洁纸板桶或塑料包装，根据情况可采用湿毛巾清洁。

仓库的物料管理员应目检到货物料，按装箱单及收货单对到货进行检查和复核，包括：订单号、物料名称、供应商/制造商、批数、供应商给定的批号、包装类型、包装件数以及单位包装量。

同时还应检查每一个包装，查看是否有破损、渗漏、物料的污染程度、水迹、虫蛀或鼠害。

如果发现有虫蛀或鼠害，应将材料移出仓库以防止蔓延并及时按有关规定处理。必要时，应填写破损报告交给有关采购人员并在收料单上注明有关情况。

第五节　取　　样

《药品生产质量管理规范（2010年修订）》相关要求如下。

第十二条　质量控制的基本要求：

（二）应当有批准的操作规程，用于原辅料、包装材料、中间产品、待包装产品和成品的取样、检查、检验以及产品的稳定性考察，必要时进行环境监测，以确保符合本规范的要求；

（三）由经授权的人员按照规定的方法对原辅料、包装材料、中间产品、待包装产品和成品取样；

（五）取样、检查、检验应当有记录，偏差应当经过调查并记录。

第六十二条　通常应当有单独的物料取样区。取样区的空气洁净度级别应当与生产要求一致。如在其他区域或采用其他方式取样，应当能够防止污染或交叉污染。

第一百零三条　应当建立物料和产品的操作规程，确保物料和产品的正确接收、贮存、发放、使用和发运，防止污染、交叉污染、混淆和差错。

物料和产品的处理应当按照操作规程或工艺规程执行，并有记录。

第一百一十条　应当制订相应的操作规程，采取核对或检验等适当措施，确认每一包装内的原辅料正确无误。

第一百一十一条　一次接收数个批次的物料，应当按批取样、检验、放行。

第二百二十一条　质量控制实验室的文件应当符合第八章的原则，并符合下列要求。

第二百二十二条　取样应当至少符合以下要求：

（一）质量管理部门的人员有权进入生产区和仓储区进行取样及调查；

（二）应当按照经批准的操作规程取样，操作规程应当详细规定：

a. 经授权的取样人；

b. 取样方法；

c. 所用器具；

d. 样品量；

e. 分样的方法；

f. 存放样品容器的类型和状态；

g. 取样后剩余部分及样品的处置和标识；

h. 取样注意事项，包括为降低取样过程产生的各种风险所采取的预防措施，尤其是无菌或有害物料的取样以及防止取样过程中污染和交叉污染的注意事项；

i. 贮存条件；

j. 取样器具的清洁方法和贮存要求。

（三）取样方法应当科学、合理，以保证样品的代表性；

（四）留样应当能够代表被取样批次的产品或物料，也可抽取其他样品来监控生产过程中最重要的环节（如生产的开始或结束）；

（五）样品的容器应当贴有标签，注明样品名称、批号、取样日期、取自哪一包装容器、取样人等信息；

（六）样品应当按照规定的贮存要求保存。

一、取样目的及范围

取样可能有不同的目的，如预确认、交货、批放行测试、中间过程控制、特殊控制或获得留样。取样使用于化学和药物生产的所有区域，包括：原料（辅料、活性成分、包装材料）、中间体、中间过程控制的取样、成品。

取样是质量控制操作规程的中心环节，一批中所取的样品量虽然很少，但被认为是批质量的代表。取样计划和取样的实施操作规程是必要的。

二、取样区

1. 取样的常规要求

进入取样间前，开启空调系统运行一定的时间，直至取样室内环境温度、湿度达到要求后，方可进入。

凡是与产品直接接触的取样器具的清洁和消毒必须符合要求。

同一工作日取不同的物料之间需要彻底清洁工作桌面和地面的明显粉尘，更换干净灭菌的取样工具以防止可能的交叉污染。

2. 人员进出要求

取样人员进入更鞋洗手间，先戴上一次性帽子（必须不露耳朵和头发），然后换上洁净区用鞋，洗手进入缓冲间。随后换上已灭菌的衣服，穿戴时避免无菌服接触地面带来污染，戴好防护眼镜、防尘口罩和一次性手套，穿戴完成后，在整衣镜前检查穿戴正确完整，然后用消毒液擦拭双手后进入工作区域。

3. 物料进出要求

物料的进出可通过传送系统，物料的进入可由仓库人员负责检查容器外包装的完整性（包括原始封签的完整性）后将封签去除，如有异常，报告给取样人员。取样人员负责检查内包装的完整性。如果包装破损，原始封条断开，取样人员应停止取样，报告主管。

4. 取样间的清洁和消毒

(1) 清洁工具 清洁工具可包括水桶、不脱落纤维的拖把、无尘毛巾、擦拭布、乳胶手套等。

(2) 消毒剂

① 0.2%新洁尔灭溶液：取5%新洁尔灭液适量配成0.2%新洁尔灭液，摇匀；

② 75%酒精：取95%乙醇加纯化水适量配成75%溶液，摇匀；

消毒剂每月轮换使用。

(3) 清洁和消毒频率

① 桌面、门把手在取样前和取样结束后清洁和消毒；

② 地面、门在取样结束后清洁；

③ 各房间墙面、窗户和天花板每星期进行清洁；

④ 各房间回风口每月进行清洁和消毒。

(4) 清洁和消毒方法

① 台面：用饮用水冲洗干净的无尘毛巾擦拭，然后用擦拭布蘸消毒剂擦拭；

② 地面：用饮用水洗过的湿拖把擦拭干净，然后用无尘毛巾蘸消毒剂擦拭；

③ 门、窗玻璃及回风口：用饮用水洗过的无尘毛巾将门窗玻璃擦拭干净，然后用无尘毛巾蘸消毒剂擦拭；

④ 天花板及墙面：用饮用水洗过的无尘毛巾擦拭干净，然后用无尘毛巾蘸消毒剂擦拭；

⑤ 取样间线体滚筒表面：用饮用水洗过的无尘毛巾擦拭，然后用无尘毛巾蘸消毒剂擦拭。

(5) 取样间的状态标识 取样间需有明确的状态标识，如：正在使用、已清洁、待清洁。当取样正在进行时，应为"正在使用"的状态；当清洁完成后，应为"已清洁"状态；当取样刚完成需要进行清洁时，应为"待清洁"状态。

三、取样工具和容器

取样工具应不与样品有反应。取样工具应洁净、经灭菌或者消毒，同一批次取样结束后，取样工具应当清洗、灭菌或消毒，超过规定存放时间应重新洗涤、干燥或消毒。

固体样品可用不锈钢匙取样，样品容器应为玻璃或塑料制成，不与样品有反应。容器应密闭、洁净、干燥。如果样品有避光要求，则需要有相应的避光措施。

用于微生物检查的样品应使用已灭菌的容器。

四、取样人员及职责

取样人员在实施取样方面需充分的培训，有资质执行取样操作，并具有足够的药学知识，确保他们工作的有效性和安全性。取样操作规程的培训对取样人员是重要的。培训应记录于个人的培训记录中。

取样人员应熟知取样计划和操作规程，取样人员应掌握技术和设备，并能意识到取样的风险（如污染）和遵守安全的措施。

取样记录应清晰显示取样的日期、所取得容器以及取样的人员。

取样的人员应注意任何污染的标识。任何可疑的标识均应详细记录于取样记录中。

五、取样操作规程

1. 取样前的准备

对于产品取样，取样人员应用工具打开容器（如包装、桶或其他）。工具可能包括刀、钳子、锯子、铁锤、扳手、除尘装置（最好是吸尘器），以及封口胶带、不干胶标签等。取样后标明已取样。

若所取的起始原料具有均一性，则不需要复杂的工具。根据产品特性及取样量，选择合适的取样工具。无菌制药产品应在无菌条件下采集。

所取的起始物料不均一，则取样工具要求复杂和更难清洗。例如，开槽的取样管可用于取固体样品。遵循取样工具生产商的使用说明是重要的。

所有的取样工具应严格保持清洁，使用后或重新使用前，应彻底洗净，用清水或适当的溶剂清洗，并烘干；应该被存储在干净的地方；应提供充足的洗手设施；清洁操作规程用于所有的取样工具和实施。

2. 取样操作和预防措施

取样操作应有书面的操作规程。所取的代表性样品应满足检验的需要。未经授权的开启应能被查实。取样操作规程应确保不均一物料的检测。在取样过程中，应注意任何不均一物料的迹象。

非均匀性的症状包括不同的形状、大小或颜色的结晶、颗粒或固体颗粒，以及液体产品分层；可以发生在长期贮存或在运输过程中暴露于极端的温度下的情况。以上物料的取样和测试应不同于正常情况下的取样和测试。

取样标签应提供合适的细节，包括批号、所取样品的容器号、取样量、取样时间及取样目的。贮存样品的容器应包含以下信息：样品类型、物料名称、识别号、批号、量、取样日期、贮存条件、注意事项以及容器号。

3. 贮存和留样

贮存样品的容器应避免与所取物料的污染。贮存容器应保护样品避免光照，空气和湿度，如药品或相关所取物料的贮存条件。总的来说，容器应密封。

液体样品应存放于合适的密封瓶。固体或半固体的药品可存放于合适的螺旋盖的瓶子中。光敏感性物料应存放于棕色瓶中或用铝箔包裹的无色玻璃瓶中。

固体剂型如片剂，在运输过程中应受到保护。所有容器应密封和贴标。所有样品的包装和运输应避免损害和污染。

当样品贮存时，应确保贮存条件。样品、原辅料、成品的贮存应依据贮存条件。

第六节　贮存条件

《药品生产质量管理规范（2010 年修订）》相关要求如下。

> 第五十八条　仓储区的设计和建造应当确保良好的仓储条件，并有通风和照明设施。仓储区应当能够满足物料或产品的贮存条件（如温湿度、避光）和安全贮存的要求，并进行检查和监控。

一、一般贮存条件

1. 物料贮存

仓库要有标有仓库区域的平面示意图，标明贮存类别，物料应尽可能地选择分类分库存放。通常，物料仓库分为以下几类。

① 原料、辅料库：主要存放生产所需各类原料、辅料。

② 包材库：主要存放生产所需各类包装材料。

③ 成品库：主要存放车间产出的成品。

④ 特殊药品库：包材不合格品库，存放不合格的包材。

⑤ 成品不合格品库：存放不合格的成品。

⑥ 原料、辅料不合格品库：存放不合格的原料、辅料。

⑦ 成品退货品库。

仓库管理员合理安排仓库货位，按物料的品种、规格、批号分区码放。一个货位上，只能存放同一品种、同一规格、同一批号、同一状态的物料。

物料要整齐、稳固地码放在托盘上，托盘须保持清洁，底部要通风、防潮。

合格、不合格、待检状态应分别对应绿色标签、红色不合格标签、黄色待检标签。

仓库内所有物料的账、卡，由相应仓库管理员保管，仓库管理员应及时填写相应的台账，确保账、卡、物一致。

仓库内物料码放通常应符合如下规定：

垛与墙之间不少于 50cm。

垛与柱之间不少于 30cm。

垛与地面之间不少于 15cm。

垛与垛之间不少于 30cm。

库内主要通道宽度不少于 120cm。

仓库内设备、设施与货物堆垛之间不少于 50cm。

消防过道不少于 100cm。

电器设施、架定线路及其他设施与贮存物料垂直及水平间距不少于 50cm。

仓库危险品库物料存放区均需安装防爆照明灯具。

仓库内货物码放、搬运要文明作业。

物料在贮存过程中发生泄漏时应及时处理，固体物料泄漏时使用吸尘器收集，液体物料泄漏时使用吸液垫吸取。收集后的废品放入废品专用袋中，贴上"废品/废料"标签，注明名称、重量、来源等，如果含有药物活性成分，则在"废品/废料"标签右下角贴上"活性成分"标签，运送至废品、废料库。

物料贮存要求：原辅料、包装材料、成品应制订各自的物料贮存要求存放于特定的仓库。

2. 温湿度监控

设施使用时，每天至少一次的温度、湿度（若要求）监控和记录，记录应保存。温度、湿度传感器安装于仓库的关键区域。安装点确定应依据仓库温度的差异。监测设施应依据书面操作规程进行定期的校验和维修。

(1) 室温控制　产品的贮存条件若为室温控制，在贮存区域应确保有合适数量的温度和湿度记录仪，并符合库房的书面程序。当出现温度或湿度超出限度时，须有合适的报告程序，确保立刻采取适当的措施。温湿度记录须进行定期的回顾。对于温湿度记录的库房人员须有合适的培训，并有体系进行维护追踪。

(2) 冷库贮存　有温湿度贮存条件要求的库房应当安装 24h 连续监测的记录仪。产品若要求进行冷库贮存，则需建立适当的温湿度监控程序，以确保产品的贮存条件。贮存产品的低温设备应经确认，并有书面的管理程序。温湿度仪的安装和使用须同时定期记录空气和产品的温度。监测设施的数量和安装位置应依据各自企业的实际情况。温度的记录应至少每天记录一次。湿度的监控设施应依据产品是否为湿度敏感性物质。另外，若有可能应安装温湿度的报警装置，以防温度或湿度超出限度时，可及时通知相关人员采取适当措施，确保产品的贮存条件。温度和湿度应依据书面程序定期回顾。同时，温湿度的监控设施包括报警设施连同其他辅助设备，需定期校验并检查。对于冷冻设施须有定期的维修手册，如果有可能应包括紧急情况的处理方案。

3. 温湿度点的确认

库房的不同方位，其温湿度存在着一定的差异。库房中应存在一定数量合适的温湿度记录仪，并存放于不同的位置。温湿度记录仪放置点，应经过确认。以下因素，在确认温度过程中需考虑：如空间的尺寸，温控设施的位置（空调等），墙面是否朝阳，低的天花板或屋顶以及库房的地理位置，应综合考虑产品所要求的贮存条件，库房所处的客观的地理条件，考虑夏季、冬季等极端温湿度条件等因素，客观有效地进行库房温湿度点分布的确认。

二、特殊贮存条件

根据物料的安全数据和法规要求，以下物料应分类（如高活性的物料，青霉素类，麻醉药品，有毒、易反应、易爆化学品，含碘和放射性物质，有潜在危险的生物制剂），并有专门的仓库贮存，贮存区与周围环境区应隔离。

依据危险品性质及万一发生泄漏和火灾的化学互克性，物料应分开贮存。

其他分类物料的贮存遵循以上原则。

对于温度敏感性物料，在贮存区应特别注意。温度敏感性物料是指物料贮存要求一定的温度，而对温度"没有限制"。

温度敏感性物料应配备适当的技术装置，贮存区应装备适当的温度偏差报警系统。需采取措施将温度偏差引起的不良影响降低至最小。

第七节　物料标识

一、物料状态标识

《药品生产质量管理规范（2010年修订）》相关要求如下。

第五十七条　仓储区应当有足够的空间，确保有序存放待验、合格、不合格、退货或召回的原辅料、包装材料、中间产品、待包装产品和成品等各类物料和产品。

第一百一十二条　仓储区内的原辅料应当有适当的标识，并至少标明下述内容：

（一）指定的物料名称和企业内部的物料代码；

（二）企业接收时设定的批号；

（三）物料质量状态（如待验、合格、不合格、已取样）；

（四）有效期或复验期。

第一百一十九条　中间产品和待包装产品应当有明确的标识，并至少标明下述内容：

（一）产品名称和企业内部的产品代码；

（二）产品批号；

（三）数量或重量（如毛重、净重等）；

（四）生产工序（必要时）；

（五）产品质量状态（必要时，如待验、合格、不合格、已取样）。

第一百三十一条　不合格的物料、中间产品、待包装产品和成品的每个包装容器上均应当有清晰醒目的标志，并在隔离区内妥善保存。

应根据中国《药品生产质量管理规范》相关要求建立物料状态标识/物料、产品标签使用、管理的书面操作规程，规定物料待验、合格、不合格等状态的表示方式、物料状态标签样式。

物料、产品的待验、合格、不合格状态应醒目标识；一般在物料、产品的外包装上粘贴黄色、绿色、红色状态标签以区别物料的待验、合格、不合格状态，物料状态标签接收、发放、使用、销毁应有记录。如采用单独的隔离区域贮存待验物料，待验区应有醒目的标识，且只限于经批准的人员出入，待检区一般采用隔离线、隔离栏划区隔离，且在相应区域内放置待验标签（黄色）以明显区分，亦可采用单独库房贮存、隔离。

企业质量部门负责物料的合格标签、不合格标签接收、发放、使用、销毁，并应有记录。

物料接收后应立即标识为待检状态，按企业制订的物料管理操作规程执行，经检验、评估后转为合格或不合格状态。

对于已取样的物料、产品，取样后应在物料、产品的外包装上标识取样标签，取样标签应至少包括取样人、取样日期等信息，如必要可在取样标签内容中增加物料、产品名称、物料号、取样量等更详细的信息。

对于规定复检期的物料，应在临近复检期前或经评估后在生产使用前完成复验，企业可制订相应的物料、产品复检管理操作规程；对于超过复检期的物料应标识为待验状态，根据复检、评估结果将物料状态由合格或待检状态转为合格状态或不合格状态，并根据相应物料管理操作规程处理，例如复检、评估后判为不合格，则按企业制订的不合格处理操作规程执行。

对于规定有效期的物料，超过有效期的物料、产品，一律不应再复检，应按企业制订的不合格处理操作规程执行，将物料状态由合格状态转为不合格状态。

对于退货产品，应在接收后存放在退货库，标识为待检状态，按企业制订的退货管理操作规程，应评估后转为合格或不合格状态。

对于存放在非原装容器中的物料、产品的物料状态应酌情处理，一般需检验放行的物料、中间产品应标识为待检状态，经检验、评估后转为合格或不合格状态。

采用完全计算机化识别物料状态的仓储管理系统，应进行计算机系统确认后使用；采用该系统时，不必使用可读的物料状态标识牌、状态标签，但必须保证物料足够安全地隔离、受控，只有经受权人方可进入该区域，从事取样、贮存、运输等活动；计算机化仓储管理系统中应能明确识别物料的状态；对于计算机系统中物料状态的改变必须经适当的受权人员根据企业建立的书面操作规程执行。

二、物料标签

《药品生产质量管理规范（2010 年修订）》相关要求如下。

第一百一十五条　应由指定人员按照操作规程进行配料，核对物料后，精确称量或计量，并做好标识。

第一百一十七条　用于同一批药品生产的所有配料应集中存放，并做好标识。

第一百二十六条　每批或每次发放的与药品直接接触的包装材料或印刷包装材料，均应有识别标志，标明所用产品的名称和批号。

根据要求建立物料状态标识/物料、产品标签管理的书面操作规程，应规定物料标签的接收、发放、使用、销毁并记录，物料状态标识/物料标签管理操作规程中应规定物料标签的样式，一般包括物料标签、称重标签、剩余物料标签、粉碎物料标签、废料标签、活性成分标签、中间产品标签、待包装产品标签、成品零箱标签等。

物料、中间产品、待包装产品标签应根据用途规定物料、产品名称、物料号、批号、有效期或复检期、生产阶段等信息内容。

企业应设置专人管理物料、产品标签的接收、发放、使用、销毁，并应有记录。

物料、产品标签、状态标签等标签的粘贴应牢固、不易脱落、清晰易读。

物料、产品标签、状态标签等标签的粘贴位置应合适并相对集中，并有一定次序或方向；一般应粘贴在原供应商产品标签或原物料标签的附近，能够保证原供应商产品标签信息或原物料标签信息完整、清晰、可读，但应采取合适的方式区分原标签和现用标签，一般在原标签上画"×"以示区别。物料、中间产品、待包装产品状态标签的粘贴应能够体现物料、中间产品、待包装产品的历史状态，通常在改变物料状态时，状态标签的粘贴不宜全部覆盖原状态标签。

采用电脑系统打印的切割式标签，应双人复核确保标签内容的正确性、完整性，并采取适当的方式保证标签与物料的相关性、一致性，防止标签脱落后无法明确追溯来源。该计算机系统应经过验证，经批准后方可使用。

采用完全计算机化仓储管理系统，应进行计算机系统确认后使用；采用该系统时必须保证物料足够安全的隔离、受控，只有经受权人方可进入该区域，从事取样、贮存、运输等活动；计算机化仓储管理系统中应能明确物料的接收、发放数量、日期，供应商批号、企业内部批号（或序列号）、生产日期、有效期或复检期、物料状态控制等信息；对于计算机系统中物料接收、发放等计算机化操作、管理必须经适当的受权人员根据企业建立的书面操作规程执行。

第八节　包装材料

一、印字包材的管理

《药品生产质量管理规范（2010年修订)》相关要求如下。

第一百二十条　与药品直接接触的包装材料和印刷包装材料的管理和控制要求与原辅料相同。

第一百二十一条　包装材料应当由专人按照操作规程发放，并采取措施避免混淆和差错，确保用于药品生产的包装材料正确无误。

第一百二十二条　应当建立印刷包装材料设计、审核、批准的操作规程，确保印刷包装材料印制的内容与药品监督管理部门核准的一致，并建立专门的文档，保存经签名批准的印刷包装材料原版实样。

第一百二十三条　印刷包装材料的版本变更时，应当采取措施，确保产品所用印刷包装材料的版本正确无误。宜收回作废的旧版印刷模板并予以销毁。

第一百二十四条　印刷包装材料应当设置专门区域妥善存放，未经批准人员不得进入。切割式标签或其他散装印刷包装材料应当分别置于密闭容器内储运，以防混淆。

第一百二十五条　印刷包装材料应当由专人保管，并按照操作规程和需求量发放。

第一百二十六条　每批或每次发放的与药品直接接触的包装材料或印刷包装材料，均应当有识别标志，标明所用产品的名称和批号。

第一百二十七条　过期或废弃的印刷包装材料应当予以销毁并记录。

---

1. 印字包材的贮存

物料验收合格后，应将到货材料用铲车从收料区送至库区制订的库位上。如果托盘上货物的尺寸超过规定限度，应将货物重新装载。质量部取样员根据化验申请单填写黄色留检标签并签注姓名，在24h内交仓库材料管理员后，抽取样品。

物料管理员应该对标签无误后贴签，每一个原料包装上必须贴一张留检标签；但对于包装材料，每只托盘上可只贴一张留检标签。

原材料或包装材料由质量部决定是否准予合格。质量部质量评价人员应将对该批材料的结论意见及有关数据及时通报仓库管理员。质量部取样员同时应准备好相应的状态标签。

每批合格物料的每一包装上，必须贴上绿色"合格"标签。标签由质量部质量评价员发放，取样标签由取样人员负责填写和粘贴，被取样的每个容器或托盘应至少贴一张。

"合格"标签必须盖住留检标签的黄色部分，但应保留其内容，以便核对名称、代码和批号。

物料管理员此时应将库卡"留检"卡片夹转入"合格品"卡片夹中，记录库位号并根据化验证书填写证书号。

不合格材料的包装上须由质量部取样员贴红色"不合格"的标签。当收到"不合格"化验证书时，物料管理员根据化验证书在库卡上填写证书号，并将其放入"不合格"夹中。并立即用铲车将不合格品从留检区移至不合格品库，以防误用。

为了预防混淆和差错，原料、辅料和包装材料的贮存应符合下述要求：

① 原料、辅料、包装材料应分品种、规格、批号存放。

② 各货位之间应有一定间距，设明显标识，标明品名、规格、批号、数量、进货日期、收货人、待检验或合格状态等。

③ 原料、辅料、包装材料贮存过程中应有防潮、防霉、防鼠及防其他昆虫进入的措施，并有温、湿度记录。

④ 标签、说明书设专柜或专库贮存并由专人管理。

2. 印字包材的发放

除检验取样，所有已入库的包装材料均须经质量部批准放行并贴上绿色合格标签或限制性放行标签后，才可以领用出库，并执行先失效先出的原则。

领用人员在物料提取单上填写需提取的数量。仓库管理员按物料提取单上所需物料的名称、数量、批号配发到指定的仓库发货区。物料配发完后，仓库管理员对发货区的物料进行核对，经核对无误后，将本次配发的物料信息及时填写在仓库发货区信息栏。

发货完成后，仓库管理员及时填写物料进出台账和物料货位卡。

生产部门凭"印刷包装材料核对清单"向仓库领取标签和其他印刷包装材料。"核对清单"和领料单一样，是批生产指令的重要组成部分。每个产品的每一种规格一般使用一张"核对清单"。印刷包装材料的代码和条码号预先打印在清单上。清单的基准稿由物料管理部起草，质量部审核批准。生产时，清单的复印件由物料管理部发往生产部，生产部凭此向仓库领取印刷包装材料。

生产车间每批产品所需印刷包装材料的预计数量见"核对清单"，材料的批号和实发数由包装材料管理员填写并签名。在核对清单上贴上所发印刷包装材料的样张，以便生产车间核对。经计数的印刷包装材料应放在封口容器中连同核对清单一起发往生产车间。应在核对清单上注明封签号，封口容器上应贴配料标签。

车间应按"核对清单"检查印刷包装材料的品名、代码及数量。核对无误后，收料人在"核对清单"上注销封签号并签名。标签在使用前必须用条码机核对条码并加以计数。每卷标签的第一张及最后一张、合格证、说明书则贴在批包装记录的相应位置上。使用过程中的废标签应计数。废标签的代码部分应撕下，贴在"批包装记录"的背面并注明报废总数。

包装工段在完成包装作业后，将剩余的印刷包装材料进行清理及计数，放入密闭容器中退回仓库，然后按公式核算亏损。标签库在收到退回的印刷包装材料后，也应进行计数并对亏损情况进行复核。

企业可根据自身正常生产时的历史统计水平设定标签的偏差限度；如偏差出现负值，即退库标签数多于理论数，应返工检查是否漏贴标签。如未发现漏贴标签，应进行调查并作出相应说明。其他印刷包装材料的偏差限度一般可略高于标签。如超过偏差限度，必须立即向生产部门反馈并报告库区负责人。

包装材料管理员在核对无误后，签名并将核对清单送质量部，存入批产品档案。

3. 印字包材的使用管理

对于印字和非印字包材的购买、处理和控制都同起始物料的管理相似。

对于印字包材尤其需要关注。他们必须存贮在安全的条件下，例如隔离需要授权的区域。

对于没有标签或其他印刷不好的材料的存放和运输都必须放置在密闭的容器中以防止混淆。

包装材料只能被授权的人员根据批准的文件操作规程进行使用。

对于每批到货的印字或非印字包材必须给定特殊的号或识别号。

过期的或不能用的非印字或印字包材必须销毁并且有销毁记录。

4. 印字包材的销毁管理

不合格品系指质量部不准予合格并已贴上红色标签的包装材料。

物料管理员根据检验报告及时填写"材料报废单",内容包括:代码、批号、名称及规格、数量、检验号、报废原因。核对无误后,签名并将此单交材料记账员。

不合格品如需销毁,仓库管理员应根据物料的类别及特性选择适当的处理方法,如:焚烧、切割、回收、掩埋等。销毁前,应杜绝不合格品被误用的可能性。销毁时,应填写"不合格品处理记录",内容包括:物料名称及规格、代码、批号、数量、不合格原因、处理方法、处理日期、执行人/监督人/批准人。仓库管理员及质量部有关人员必须监督销毁不合格印刷包装材料的全过程。

二、非印字包材的管理

非印字包材的管理方式和印字包材类似,需要贮存在指定区域,在生产使用时同样需要存放在指定区域,但在发放时可以不计数发放。

第九节 物料发放

一、非生产物料的发放

1. 非生产物料的入库

非生产物料的入库和贮存应与生产材料分开。直接接触药品需检验放行的生产消耗品,按生产材料管理方式进行。

非生产物料在进库时,生产部采购人员按所购物料开具《材料入库单》,填写入库物料的品名、数量、规格,如有采购订单的需注明采购订单号,交仓库管理员。

仓库管理员根据《材料入库单》及采购订单,核对物料品名、数量、规格等,确认无误后办理入库。双方在《材料入库单》上签字确认。

仓库管理员将《材料入库单》的第三联交生产部,生产部人员可在计算机系统中进行收货确认或用其他的方式进行确认。

直接接触药品需检验放行的生产消耗品,入库后由仓库管理员填写《物料收货台账》,然后在每一个物料的外包装上贴上含"待检"字样的物料标签,粘贴完后填写《标签使用记录》同时填写《物料接收和取样记录》,由生产部操作人员递交给质量控制部申请检验,相关检验报告也递交给质量控制部门。不需检验放行的生产易耗品直接入库。

仓库管理员及时登记物料明细分类账,填写物料货位卡。做到账、卡、物一致。

2. 非生产物料的贮存

物料入库后,仓库管理员将物料将类别、品种、规格、状态分别存放在相应仓库的货架、托盘上,并保持物料稳定、整齐、无倾斜。

非生产物料库：存放劳保用品、办公用品、非易燃易爆的生产易耗品、印刷品、清洁用品等。其中物料状态标签（如黄色待检标签、绿色合格标签、红色不合格标签等）置于专柜中加锁贮存。

化学危险品需要贮存在危险品库中。

仓库管理员应对仓库的温度、湿度进行记录，每天两次，并填写相关表格。

仓库管理员应保持仓库整洁，物料摆放整齐有序。

3. 非生产物料的发放

各部门按需要开具领料单，经部门主管签字确认后交仓库管理员。

仓库管理员根据部门出具的领料单检查所发放物料的品名、数量、规格相符后发货。

申请质量控制部检验的物料，必须经质量部放行后，由质量部相关人员在物料外包装的待检标签上打叉，并贴上绿色合格标签后才能发放。

发货完成后，仓库管理员及时登记物料明细分类账，填写物料货位卡。保持账、卡、物一致。

危险化学品的入库、贮存及发放安危险化学品管理流程进行。

仓库管理员将所有采购订单、材料入库单、领料单、物料明细分类账、物料货位卡等分类归档保存。

二、生产物料的发放

1. 生产指令的下达

生产指令只能由物料管理部下达。生产指令的下达表现在文件上即批生产记录和批包装记录的发放。通常提前一周物料管理部与生产部负责任协商拟订生产计划，物料部按此生产计划发放印有相应批号的批生产记录和批包装记录。车间应有专人负责接收批生产记录和批包装记录并对产品名称、规格、批量、批号等进行核对。核对无误后下发各工段。各工段接收到批生产记录或批包装记录后，即按此生产。应使每位操作人员都清楚正在生产或将要生产的产品名称、规格、批量。

为防止差错，一般除质量保证部文件管理室保存一份存档外，只有物料管理部有批生产记录和批包装记录的空白稿，其他任何部门均不得保留此类文件。只有物料管理部才有权发出印有批号的批生产记录和批包装记录，即生产指令。

2. 物料的接收与发放

物料的接收与发放，不单指生产部门接受由物料部发来的原辅料，也指车间各工段之间半成品或成品的转移。接收与发放时，数额平衡是一个重要方面，另一个重要方面是核对物料名称、代码、批号。必须做到物料名称、代码、批号、数量均准确无误，方可实现过程受控。

3. 配料

配料是物料接收与发放中最易出现差错的过程。在这一步骤中，复核数量是一方面，更重要的是复核物料代码、名称、批号。有些物料名称极其相近，或物料名称相同但质量标准不同，仅凭物料名称进行辨别极易混淆。为防止此类差错，有些单位把配料时所用原辅料材料清单分为两张：一张配料单，一张核料单。配料单为物料部配料人员配料称重时所用，上面规定了物料代码、数量、名称。配料时，配料人员无需看名称，仅根据配料单上代码与物料标签上代码进行配料称量。配料完毕后，物料交生产部配料人员，生产部配料人员再根据核料单（上面有物料名称、代码、数量）与物料标签进行核对，以进一步确证无误。由于代码显著不同，故物料部配料人员在配料时可有效地防止差错的发生。

4. 起始物料

对于起始物料的购买是很重要的过程，需要有特殊经验的人员来完成。

起始物料需要从批准的供应商处用相关的指标来购买。该指标需要同供应商协商制订。生产厂家和供应商需要就起始物料的生产、处理、标签、包装要求、投诉、拒收操作规程等达成一致。

每次到货后必须检查包装的完整性和密封性，以及到货说明与供应商的标签是否一致。

如果一个物料分不同的批号到货，每个批号必须分别取样、测试和放行。

起始物料的存储区域需要有合适的标签。标签至少应该包含以下的信息：

① 产品的指定名称和企业内部的编号。

② 接收时给定的批号。

③ 如果需要，给出物料的状态（如待检、测试、放行、拒收）。

④ 如果需要，在测试的有效期内使用。

⑤ 如果是使用计算机化的存储系统，以上所有的信息都必须体现在标签格式中。

对于起始物料，每个容器都必须用合适的方法和操作规程来鉴别物料。

只有起始物料是由质量控制部门放行的，必须在其有效期内使用。

起始物料必须由指定的人员发放，根据书面的发放操作规程，保证物料的正确称量或计算标签等。

每个发放的物料，其重量和体积都必须单独检查，并作检查记录。

每批物料的放行都必须使用牢固明显的标签。

第十节　成品发送和运输

一、成品的发送

《药品生产质量管理规范（2010年修订）》相关要求如下。

> 第一百二十九条　成品的贮存条件应当符合药品注册批准的要求。
>
> 第二百九十五条　每批产品均应当有发运记录。根据发运记录，应当能够追查每批产品的销售情况，必要时应当能够及时全部追回，发运记录内容应当包括：产品名称、规格、批号、数量、收货单位和地址、联系方式、发货日期、运输方式等。
>
> 第二百九十六条　药品发运的零头包装只限两个批号为一个合箱，合箱外应当标明全部批号，并建立合箱记录。
>
> 第二百九十七条　发运记录应当至少保存至药品有效期后一年。

成品的发放应建立书面的发放操作规程，包括：

a. 产品在放行前，应为待检的状态；

b. 确保只有放行的产品才能发放至外部客户或市场，发放应依据于当地的法规（如只发放给授权的客户）；

c. 产品贮存在合适的条件，如温度、湿度、光照等，应确保质量不受影响，并有体系确保每批产品可追溯以及在适当的时候可召回；

　　d. 发放和接收的药品不得是有效期后或非常接近有效期的产品。

　　产品和物料的发放，只有在接到交货单时，才能发放。交货单的接收和货物的发放必须有文件记录。

　　仓库管理人员应根据交货单认真核对出库成品的物料名称、批号、数量后才能发货。发放的成品必须具有由质量部下达的成品放行的通知单，外包装必须完好无损。

　　仓库相关人员根据发货数量到仓库领取相应数量的成品合格证。成品发放时，仓库相关人员核对发放成品的物料名称、批号后将成品运至发货区，在每件的指定位置贴上成品合格证，双人相互复核，确保不漏贴。粘贴完后应及时填写标签使用记录，破损的成品合格证须及时销毁，销毁方式为用手撕毁，销毁人和销毁复核人在标签使用记录上签字确认。剩余的成品合格证存放在带锁的专柜中保管。

　　装运成品的车辆须是厢式货车，在向运输车辆码放成品时，按照外包装标识的要求正确码放。

　　发货完成后仓库管理人员和承运商双方在交货单上签字确认，复印后原件留存，仓库相关人员应及时填写成品入库台账、成品货位卡。

　　发放记录应包含足够的信息，使产品具有可追溯性。这种记录应确保当出现召回时可以充分地追溯某一批次的产品。此外，还应确保分销链中的每个参与方的责任，确保可追溯性。

二、成品运输

　　物料和产品的运输应保证其完整性和贮存条件，若产品有特殊的运输或贮存条件，应在标签上标明。应确保合同承运商，对产品的运输是在合适的运输和贮存条件下。应特别注意在运输中使用冷链干冰。除有安全防范措施外，必须确保物料和产品不与干冰直接接触，这可能会影响产品的质量，例如冻结。

　　若适当，在运输过程中应使用监测的手段，如温度计，监测记录应适于回顾。应建立交货计划和运输路线，同时应考虑到当地的需要和条件，这样的计划应具有现实性和系统性。

　　运输方法，包括将使用的车辆，应选择与照顾并应考虑当地的条件，包括气候和季节变化的任何经验。交付要求控制温度应符合适用的贮存和运输条件的产品。

　　产品的供应商应事先确保人员和量，如产品运输的合同等，并了解适当的贮存和运输条件的规定。

1. 运输工具

　　药品的发放和运输应控制于指定的温度或湿度条件下，确保运输条件满足产品的贮存。

　　当运输温度高于或低于规定的温度时，应立即采取措施，确保产品的贮存和运输。

　　用于发放产品的设备和运输工具应适合其使用，应确保其包装的完整性和稳定性，防止任何形式的污染。设备和运输工具的设计必须尽量减少错误的风险，并允许有效的清洁和/或维修，对于正在发放的产品应避免污染，如积聚的灰尘或污垢，任何不利于药品质量的影响均应排除。

　　对于药品，应尽可能地使用专用的设备和运输工具。

　　当使用非专用的设备和运输工具时，操作规程必须到位，以确保药品的产品质量不受影响。

　　应确保可进行适当的清洁、检查和记录。

　　不应使用有缺陷的设备和运输工具，否则应明确标识。

　　发放操作规程中应包含所有运输工具和设备的操作和维修，包括清洁和安全的注意事项。

运输工具、设备应保持干净和干燥，并确保定期的清洁。

运输工具、容器和设备应远离昆虫等，应有书面的操作规程规定虫害控制。清洁和消毒剂的使用不应影响产品质量。

清洁运输工具设备的选择不应成为污染源。

处理产品的所有设备的设计、使用、清洁和维修，均应特别注意，保护运输过程中的小盒或大箱。

凡有特殊的存储条件（如温度和/或相对湿度），都应在运输过程中提供必要的检查、监测和记录。所有监测记录至少应保存至有效期后的1年，或按照国家法律规定。监测数据记录应为监管机构提供检查。

运输工具或容器中用于监测条件的设备，例如，温度和湿度的监控，应进行定期的校准。

运输工具应有足够的空间用于产品的运输。

应有适当的机制确保不合格、召回、退回产品的分开运输和贮存，应有清晰标识，并有支持性的文件。

应制订操作规程，以防止未经授权的人进入和/或干扰运输车辆和/或设备，以及防止盗窃或挪用。可考虑增加GPS电子跟踪装置，确保产品在运输过程中的安全性。

2. 运输工具的验证

运输工具的验证，对于运输工具应有合适的监测设备，并对不同的区域进行监测，如在夏天和冬天24h内正常的一天或典型的一天，进行温度的监测。运输工具不同区域的温度，均应适于药品在运输过程的贮存。

3. 运输人员

运输人员应作为合同协议的一部分，在承运商和产品生产商之间。运输人员应有适当的培训，如如何遵循书面操作规程、如何维护正常的温度等。这些培训应有记录。另外，受培训的人员应有适当的知识了解温度对药品所产生的影响，以及药品如何在运输车辆中正确堆放。

第十一节 退 货

《药品生产质量管理规范（2010年修订）》相关要求如下。

第五十七条 仓储区应当有足够的空间，确保有序存放待验、合格、不合格、退货或召回的原辅料、包装材料、中间产品、待包装产品和成品等各类物料和产品。

第六十一条 如采用单独的隔离区域贮存待验物料，待验区应当有醒目的标识，且只限于经批准的人员出入。

不合格、退货或召回的物料或产品应当隔离存放。

如果采用其他方法替代物理隔离，则该方法应当具有同等的安全性。

第一百三十六条 企业应当建立药品退货的操作规程，并有相应的记录，内容至少应当包括：产品名称、批号、规格、数量、退货单位及地址、退货原因及日期、最终处理意见。

同一产品同一批号不同渠道的退货应当分别记录、存放和处理。

第一百三十七条 只有经检查、检验和调查，有证据证明退货质量未受影响，且经质量管理部门根据操作规程评价后，方可考虑将退货重新包装、重新发运销售。评价考虑的因素

至少应当包括药品的性质、所需的贮存条件、药品的现状、历史，以及发运与退货之间的间隔时间等因素。不符合贮存和运输要求的退货，应当在质量管理部门监督下予以销毁。对退货质量存有怀疑时，不得重新发运。

对退货进行回收处理的，回收后的产品应当符合预定的质量标准和第一百三十三条的要求。

退货处理的过程和结果应当有相应记录。

第一百八十三条　下述活动也应有相应的操作规程，其过程和结果应有记录。

第二百六十六条　应按照操作规程，每年对所有生产的药品按品种进行产品质量回顾分析，以确认工艺稳定可靠，以及原辅料、成品现行质量标准的适用性，及时发现不良趋势，确定产品及工艺改进的方向。应考虑以往回顾分析的历史数据，还应对产品质量回顾分析的有效性进行自检。

当有合理的科学依据时，可按产品的剂型分类进行质量回顾，如固体制剂、液体制剂和无菌制剂等。

回顾分析应有报告。

企业至少应对下列情形进行回顾分析：所有因质量原因造成的退货、投诉、召回及调查。

第二百九十四条　因质量原因退货和召回的产品，均应按规定监督销毁，有证据证明退货产品质量未受影响的除外。

根据上述相关规定和要求建立退货管理的书面操作规程，内容包括退货产品的接收、贮存、调查、评估、最终处理（重新包装、重新销售、返工、再加工），并有相关记录。

应根据建立的退货管理操作规程对退货产品进行接收检查，检查内容包括退货产品名称、物料号、产品批号、数量以及外包装情况，对已拆箱的退货产品应检查至最小包装，以防止差错、混淆、假药；接收检查应有记录，一般退货产品应给定退货产品接收批号，便于退货产品的追溯和产品质量回顾分析。

通常退货产品接收后应单独隔离存放在退货品库，同时在退货产品的包装上粘贴退货物料标签并标识为待检状态，直至产品经质量管理部门评估、放行后转为合格状态并存放在合格区（库），退货品库的空间应考虑产品退货和召回的可能并确保有足够的空间。如果召回产品涉及的批次多、数量大而导致退货品库的空间不足时，企业应采取合适的贮存方法对召回产品实施单独隔离、控制。

质量管理等相关部门对退货产品的调查、评估应考虑以下几个方面：

① 退货产品是否保存在原始包装中且未被开封，处于良好状态；

② 是否有文件、证据支持退货产品在要求的条件下贮存和处理；

③ 退货产品的剩余有效期是否可接受；

④ 退货产品是否经质量管理部门检验和评估（评估应考虑产品特性、贮存和运输条件，对于光敏性、温度敏感性等退货产品应特别关注）。

为了尽可能避免退货产品的质量和商业风险，一般情况下，退货产品的最终处理原则如下：

① 所有退货产品将不会再次使用。

② 对于制剂产品退货，不得进行重新加工，一般不得返工。

③ 退货产品如果仅涉及次级包装的更换方可考虑重新包装、重新发运销售，次级包装之前的工序一般不得返工。

④ 对于原料药产品，经质量管理部门按退货管理操作规程严格评价后可考虑进行重新加工或返工。

⑤ 因消费者投诉导致的退货产品，企业应根据投诉管理操作规程进行调查、评估和处理；一般情况下，此类退货产品因无法确认和追溯药品的贮存条件、药品历史等信息以及外包装破损等原因，退货后应直接作为不合格品作销毁处理。

⑥ 因产品质量、销售等原因导致经销商要求的退货产品，企业应根据投诉管理操作规程进行调查、评估；在确认产品存在质量问题后，企业应根据退货管理操作规程进行处理，一般情况，此类退货应在销售管理部门与经销商协商达成一致意见后提出书面的退货申请，经质量管理等相关部门批准后实施退货。

因产品质量、不良反应等原因导致产品召回，企业应根据《药品召回管理办法》规定和要求实施、完成产品召回、销毁。

同一产品同一批号不同渠道的退货产品应分别指定接收批号、分别记录、分开存放和处理。

第十二节　文件和记录

《药品生产质量管理规范（2010年修订）》相关要求如下。

> 第一百零二条　药品生产所用的原辅料、与药品直接接触的包装材料应当符合相应的质量标准。药品上直接印字所用油墨应当符合食用标准要求。
>
> 进口原辅料应当符合国家相关的进口管理规定。
>
> 第一百零三条　应当建立物料和产品的操作规程，确保物料和产品的正确接收、贮存、发放、使用和发运，防止污染、交叉污染、混淆和差错。
>
> 物料和产品的处理应当按照操作规程或工艺规程执行，并有记录。
>
> 第一百三十六条　企业应当建立药品退货的操作规程，并有相应的记录，内容至少应当包括：产品名称、批号、规格、数量、退货单位及地址、退货原因及日期、最终处理意见。
>
> 同一产品同一批号不同渠道的退货应当分别记录、存放和处理。
>
> 第一百三十七条　只有经检查、检验和调查，有证据证明退货质量未受影响，且经质量管理部门根据操作规程评价后，方可考虑将退货重新包装、重新发运销售。评价考虑的因素至少应当包括药品的性质、所需的贮存条件、药品的现状、历史，以及发运与退货之间的间隔时间等因素。不符合贮存和运输要求的退货，应当在质量管理部门监督下予以销毁。对退货质量存有怀疑时，不得重新发运。
>
> 对退货进行回收处理的，回收后的产品应当符合预定的质量标准和第一百三十三条的要求。
>
> 退货处理的过程和结果应当有相应记录。

物料系统所使用的文件和记录应涵盖物料处理的整个过程，包括接收、贮存、发运、退货、不合格等过程中操作规程、记录及标签。

第六章　质量管理

质量管理是指确定质量方针、目标和职责，并通过质量体系中的质量策划、控制、保证和改进来使其实现的全部活动。

第一节　管理职责

建立和实施一个能达到质量目标的有效的质量管理体系并保证其能够持续改进，是企业管理者的根本职责。管理者的领导、承诺和积极参与，对建立并保持有效的质量管理体系是必不可少的。

管理者通过相应的管理活动来建立和实施质量管理体系，这些管理活动是通过高层管理者的领导力、各职能部门的分工协作和各级人员的贯彻执行来完成的。正如新版GMP所规定的1：5企业高层管理人员应确保实现既定的质量目标，各部门不同层次的人员以及供应商、经销商应共同参与并承担各自的责任。

因此，明确管理职责是质量管理体系的组成部分，应该在质量体系中对其内容作出明确规定。质量管理职责主要包括但不限于：确定质量管理体系的范围；建立组织架构和职责授权；建立质量方针/目标/计划；资源管理；沟通机制；系统评审/改进；其他相关质量活动的管理。

一、确定质量管理体系的范围

质量管理体系的建立是企业战略决策的一部分，它的实施范围要和企业的质量策略相一致。因此，企业在根据自身的规模、工艺复杂程度和有限的资源等特定的条件量身定制相应的质量管理体系时，需要考虑以下因素：企业的规模和组织结构（包括外包活动）、企业环境、企业的具体目标、企业所生产的产品、企业的管理流程、企业不断变化的需求。

根据上述要求企业应建立相应的文件具体描述相关内容。

二、建立组织架构和职责授权

《药品生产质量管理规范（2010年修订）》相关要求如下。

第十六条　企业应当建立与药品生产相适应的管理机构，并有组织机构图。

企业应当设立独立的质量管理部门，履行质量保证和质量控制的职责。质量管理部门可以分别设立质量保证部门和质量控制部门。

第十七条　质量管理部门应当参与所有与质量有关的活动，负责审核所有与本规范有关的文件。质量管理部门人员不得将职责委托给其他部门的人员。

第十八条　企业应当配备足够数量并具有适当资质（含学历、培训和实践经验）的管理和操作人员，应当明确规定每个部门和每个岗位的职责。岗位职责不得遗漏，交叉的职责应当有明确规定。每个人所承担的职责不应当过多。

所有人员应当明确并理解自己的职责，熟悉与其职责相关的要求，并接受必要的培训，包括上岗前培训和继续培训。

第十九条 职责通常不得委托给他人。确需委托的，其职责可委托给具有相当资质的指定人员。

第二十条 关键人员应当为企业的全职人员，至少应当包括企业负责人、生产管理负责人、质量管理负责人和质量受权人。

质量管理负责人和生产管理负责人不得互相兼任。质量管理负责人和质量受权人可以兼任。应当制订操作规程确保质量受权人独立履行职责，不受企业负责人和其他人员的干扰。

1. 组织架构

GMP法规只对质量管理体系的内容作出规定，并没有对质量管理体系组织架构给出明确要求。组织架构包括职责以及各级职能部门之间的关系，一般用组织机构图示意。企业需要根据自身的复杂程度和规模建立适合企业特点的组织架构，如图6-1所示。

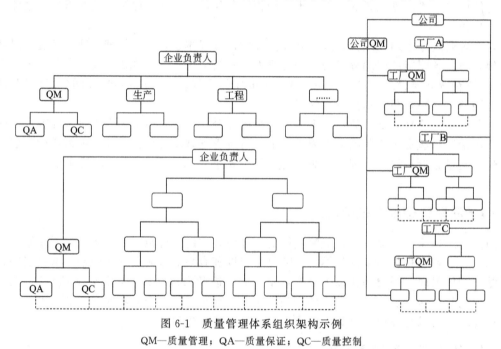

图6-1 质量管理体系组织架构示例
QM—质量管理；QA—质量保证；QC—质量控制

2. 高层管理者

高层管理者是指拥有指挥和控制企业或组织的最高权力的人或一组人（如委员会、董事会等）。

《药品生产质量管理规范（2010年修订）》相关要求如下。

第六条 企业高层管理人员应当确保实现既定的质量目标，不同层次的人员以及供应商、经销商应当共同参与并承担各自的责任。

为了确保整个质量管理体系在全公司层面及时有效地运行，并把握质量工作的正确方向，必须指定质量管理体系的负责人或负责小组（委员会），并给予相应的授权。负责人或小组拥有公司或企业的最高领导权，能够对公司的发展方向起决定性作用，并且对与质量管理体系相关的人力、物力具有决定权，即企业的高层管理者。

GMP并没有对高层管理者的具体职责加以描述，本节参考国际标准 ISO 9000 所列举的职责加以对应。高层管理者能够通过其领导力和措施为质量管理体系的有效运行创造全员参与的环境，表现在以下方面：

① 强调满足客户需求和法规要求的重要性；

② 制订并维护企业的质量方针；

③ 确保质量目标的制订；

④ 推动、激励质量方针和质量目标在整个企业的贯彻和实施；

⑤ 确保建立、实施并维护一个有效的质量管理体系，以实现质量目标；

⑥ 确保提供必要的资源；

⑦ 定期对质量管理体系评审；

⑧ 为质量管理体系的改进举措作决定。

高层管理者对企业质量管理体系的建立、并对其进行监督和维护，使其有效运行负有最高责任；因而，为保证实现质量目标所制订的人员安排、职责划分、认命授权，及其在企业内部的沟通和实施负有最终责任。因为，缺少企业高层管理者的积极参与，质量管理体系的目标是无法完成的，实施质量管理体系所需要的时间、人力、物力等资源，最终要得到高层管理者的支持才能实现。质量管理体系的管理应由高级管理人员担当，能保证对质量问题快速作出反应。

3. 质量管理部门/质量保证/质量控制

《药品生产质量管理规范（2010 年修订）》相关要求如下。

> 第十六条 企业应当建立与药品生产相适应的管理机构，并有组织机构图。
>
> 企业应当设立独立的质量管理部门，履行质量保证和质量控制的职责。质量管理部门可以分别设立质量保证部门和质量控制部门。
>
> 第十七条 质量管理部门应当参与所有与质量有关的活动，负责审核所有与本规范有关的文件。质量管理部门人员不得将职责委托给其他部门的人员。

质量控制（Quality Control，QC）是质量管理的一部分，强调的是质量要求。具体是指按照规定的方法和规程对原辅料、包装材料、中间品和成品进行取样、检验和复核，以保证这些物料和产品的成分、含量、纯度和其他性状符合已经确定的质量标准。

质量保证（Quality Assurance，QA）也是质量管理的一部分，强调的是为达到质量要求应提供的保证。质量保证是一个广义的概念，它涵盖影响产品质量的所有因素，是为确保药品符合其预定用途、并达到规定的质量要求，所采取的所有措施的总和。

质量管理（Quality Management，QM）是指建立质量方针和质量目标，并为达到质量目标所进行的有组织、有计划的活动。

质量管理部门（Quality Unit，QU/Quality Operations，QO）：GMP 规定企业必须建立质量管理部门；并且为了保证质量管理部门对产品质量和质量相关问题独立作出决定，企业应设立独立的质量管理部门，履行质量保证和质量控制的职责；根据企业的实际情况，质量管理部门可以分别设立质量保证部门和质量控制部门；质量管理部门应参与所有与质量有关的活动和事务，因此，在企业的部门设置上，应保证质量管理部门运作的快速有效；质量管理部门在质量管理体系中独立履行的职责，应按照相关法规的要求加以规定、质量管理部门人员的职责可以委托给具有相当资质的指定人员；除了负责 GMP 规定的职责外，质量管理部门的工作范围有时还扩展到注册、临床研究等领域。

从概念所涵盖的范围上，质量控制、GMP、质量保证和质量管理体系存在包含和被包含的关系（图 6-2）。

图 6-2　质量控制、GMP、质量保证和质量管理体系关系

GMP 强调药品生产过程中的质量管理。质量管理明确规定了药品生产过程中的质量管理原则，以及对质量保证和质量控制的基本要求，同时强调在质量管理中应用质量风险管理方法。为了进一步明确质量管理部门的职责、加深理解生产过程中所对应的质量管理活动，将 GMP 对质量控制、生产质量管理和质量保证的具体要求与药品的生产活动相对应，药品生产的一般过程为：人员、厂房和设备等的资源配备－原辅料和包材等物料的采购－按照确定的工艺进行生产－产品的贮运和销售（图 6-3）。

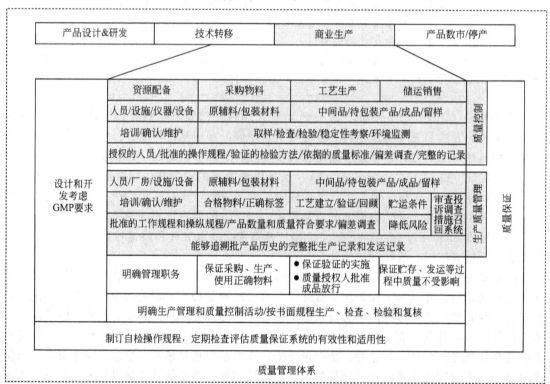

图 6-3　质量管理体系

4. 相关部门和关键人员

管理者应制订部门和员工的职能、职责和授权范围，确保各级部门和人员明确在质量管理体系内相互之间的关系，保证质量管理体系在企业组织的各个层面得以实施。

质量管理部门通常被授权负责维护质量管理体系的正常运行，这意味着：虽然质量管理部门负责控制和管理质量管理体系所要求的所有任务和程序的执行，但相关部门有责任在质量管理部门协助下完成质量管理体系要求的相应任务。质量管理体系的任务是不能仅靠质量管理部门或其他部门独自完成的。

因此，明确质量管理体系相关各部门的职责及其相互关系，是质量管理体系职责管理的重要内容之一；关键人员是指对企业的生产质量管理起关键作用、负主要责任的人员，其主要职责及其相互关系在 GMP 中也有明确规定。

《药品生产质量管理规范（2010 年修订）》相关要求如下。

> 第十八条 企业应当配备足够数量并具有适当资质（含学历、培训和实践经验）的管理和操作人员，应当明确规定每个部门和每个岗位的职责。岗位职责不得遗漏，交叉的职责应当有明确规定，每个人所承担的职责不应当过多。
>
> 所有人员应当明确并理解自己的职责，熟悉与其职责相关的要求，并接受必要的培训，包括上岗前培训和继续培训。
>
> 第十九条 职责通常不得委托给他人，确需委托的，其职责可委托给具有相当资质的指定人员。
>
> 第二十条 关键人员应当为企业的全职人员，至少应当包括企业负责人、生产管理负责人、质量管理负责人和质量受权人。
>
> 质量管理负责人和生产管理负责人不得互相兼任。质量管理负责人和质量受权人可以兼任。应当制订操作规程确保质量受权人独立履行职责，不受企业负责人和其他人员的干扰。

企业可以在 GMP 的基本要求基础上，根据企业的实际架构和工作范围对关键人员的职责加以扩展、并具体化。总之，职责描述应具体、明确；相关联的职责应连贯、不冲突；关键职责不得有空缺；每个人所承担的职责不应过多，以免导致质量风险。

质量受权人的相关要求在欧盟和 WHO 的 GMP 有明确规定；美国 FDA 没有相关规定，但其职责被包含在质量管理部门和质量负责人的职责中。新版中国 GMP 引入了质量受权人的概念，并对其职责作出基本规定。

《药品生产质量管理规范（2010 年修订）》相关要求如下。

> 第二十五条 质量受权人
>
> （一）资质：
>
> 质量受权人应当至少具有药学或相关专业本科学历（或中级专业技术职称或执业药师资格），具有至少五年从事药品生产和质量管理的实践经验，从事过药品生产过程控制和质量检验工作。
>
> 质量受权人应当具有必要的专业理论知识，并经过与产品放行有关的培训，方能独立履行其职责。
>
> （二）主要职责：
>
> （1）参与企业质量体系建立、内部自检、外部质量审计、验证以及药品不良反应报告、产品召回等质量管理活动；

（2）承担产品放行的职责，确保每批已放行产品的生产、检验均符合相关法规、药品注册要求和质量标准；

（3）在产品放行前，质量受权人必须按照上述第2项的要求出具产品放行审核记录，并纳入批记录。

欧盟有关质量受权人的法规自1975年开始执行，对质量受权人（Qualified Person，QP）的资质、职责有明确要求，而且欧盟GMP全面引述了相关的规定；WHO关于质量受权人（Authorized Person，AQ）的规定与欧盟基本一致。

5. 职责授权

职责描述、授权范围应以书面形式进行确认、形成正式文件，以保证相关部门和人员熟悉并理解其具体内容，以便在实际工作中实施。

三、质量方针/目标/计划

《药品生产质量管理规范（2010年修订）》相关要求如下。

第五条　企业应当建立符合药品质量管理要求的质量目标，将药品注册的有关安全、有效和质量可控的所有要求，系统地贯彻到药品生产、控制及产品放行、贮存、发运的全过程中，确保所生产的药品符合预定用途和注册要求。

第六条　企业高层管理人员应当确保实现既定的质量目标，不同层次的人员以及供应商、经销商应当共同参与并承担各自的责任。

质量管理体系通过制订质量方针、质量目标和质量计划，使质量管理体系的各级组织、人员明确各自的质量义务和承诺，并通过质量计划的落实衡量质量目标的完成、通过质量管理体系内各职能部门制订并完成各自相应的质量目标实现企业的质量方针。

1. 质量方针

质量方针：由企业高层管理者制订并以正式文件签发的对质量的总体要求和方向，及其质量组成要素的基本要求；为下一步制订相应质量目标提供基础架构，是制订质量相关职能的基础。应确保质量方针：与企业的宗旨相适合；承诺满足客户需求和法规要求以及持续改进质量管理体系的有效性；提供制订和评审质量目标的框架；在组织内得到沟通和理解；在持续适宜性方面得到评审；质量方针是通过质量管理体系内各职能部门制订并完成各自相应的质量目标实现的。

2. 质量目标

质量目标：最高管理者应确保在企业的相关职能和层次上建立相应的质量目标，质量目标与质量方针保持一致、与相关部门和人员职责对应。质量目标的制订、实施和完成通过下列措施体现：

① 高层领导者应确保制订和实施与质量方针相符合的质量目标；

② 质量目标应与业务目标相结合，并符合质量方针的规定；

③ 企业各级相关部门和员工应确保质量目标的实现；

④ 为了实现质量目标，质量管理体系的各级部门应提供必要的资源和培训；

⑤ 应建立衡量质量目标完成情况的工作指标，并对其进行监督、定期检查完成情况、对结果进行评估并根据情况采取相应的措施。

3. 质量计划

质量计划是为了实现某一质量目标而制订的具体操作规程、资源配备、衡量方法和指标等。质量计划应形成书面文件，其内容应与员工充分沟通，使员工了解他们的工作任务，同时体现了业务目标和质量目标。

总之，企业可根据具体情况建立相应的管理流程，保证管理者完成各自的职责，从而保证质量方针、质量目标和质量计划的建立和实施。各级管理者的职责包括但不局限于表6-1。

表6-1　管理者的职责

项目	质量方针	质量目标	质量计划
职责	高层管理者制订 正式文件签发	高层管理者确保建立 各级部门建立各级目标	各级部门建立并实施
内容	对质量的总要求和方向 各质量要素的构架和要求	根据各质量要素的要求建立具体质量目标和对应的职责范围	建立具体操作规程 资源分配衡量方法和指标

4. 资源管理（Resource Management）

《药品生产质量管理规范（2010年修订）》相关要求如下。

> 第七条　企业应配备足够的、符合要求的人员、厂房、设施和设备，为实现质量目标提供必要的条件。

为了保证质量管理体系的实施，并持续改进其有效性，企业应确定并提供充足、合适的资源，包括以下几方面。

(1) 人力资源　质量管理体系中承担任何任务的人员都有可能直接或间接地影响产品质量，企业应确保配备足够的、能胜任的人员，从以下几方面考虑：确定所需人员应具备的资质和能力；提供培训以获得所需的能力；基于教育背景、培训、技能和经验评估人员的可胜任性；确保企业的相关人员具有质量意识，即认识到所从事活动的相关性和重要性，以及如何为实现质量目标作贡献；相关记录形成文件。

(2) 基础设施　企业应确定、提供为达到质量要求所需的基础设施，并确认其功能符合要求、维护其正常运行。具体包括：建筑物、工作场所和相关的设施；过程设备（硬件和软件）；支持性服务（如运输、通信或信息系统）。

(3) 工作环境（图6-4）　企业应确定和管理为达到质量要求所需的工作条件，例如洁

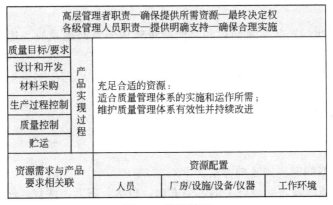

图6-4　资源管理

净度、温度、湿度、照明、噪声等。

对以上几方面资源的具体要求是与特定的产品及其实现过程相关联的，产品的实现过程应考虑：

① 指定产品的质量目标和要求，法规要求、注册标准、客户要求、企业要求或标准等；

② 产品的设计和开发；

③ 物料采购，供应商确认、物料符合标准；

④ 需要建立的工艺及其验证和运行控制；

⑤ 产品质量控制；

⑥ 产品贮运条件的建立、确认和维护。

5. 保证有效沟通

企业应建立沟通机制，并保证其有效运行。沟通机制应形成正式管理文件，包括建立书面程序和信息流程图，其具体内容涉及以下几方面。

① 确保来自客户的需求、法规要求以及委托方的信息能够及时得到沟通。

a. 核心文件的管理和执行。

b. 质量标准的制订。

c. 操作程序的制订。

d. 质量协议的制订。

② 确保企业各级职能之间的信息流通及时、全面，即各级职能部门或人员应该及时得到与其相应的信息和数据。

a. 市场需求预测、生产计划、物料采购、检验放行之间的信息沟通。

b. 常规生产操作过程的质量信息和数据的传递。

c. 常规状态维护和监测信息的传递。

③ 确认、收集并整理系统运行数据。

这是对系统进行评审的基础；是企业持续改进的关键信息；也是衡量是否满足预期要求并与客户作进一步沟通的依据；企业可以根据自身生产和产品的特点确定关键质量信息和数据，例如：

a. 对最新法规要求、注册标准的变更、客户需求的更新及其执行情况。

b. 人员培训、设施设备状态和环境监测相关信息和数据。

c. 物料和产品质量相关数据。

d. 变化趋势分析、风险分析。

e. 纠正措施和预防措施。

f. 变更管理。

④ 确保将所发生的产品质量问题和企业质量管理体系问题及时、逐级上报，并得到相应解决。

a. 自检和外部检查结果以及整改措施。

b. 物料、产品的拒收。

c. 检验结果超标。

d. 偏差处理。

e. 投诉和召回。

f. 重大紧急质量问题处理管理办法。

沟通的范围可能涉及与质量有关的各个方面，包括：研发、法规注册、生产和质量管理等部门人员。

上述质量信息和数据的沟通及传递可以通过制订相应的管理程序加以规定；还可以通过定期质量会议和阶段性汇总报告的形式对指定或关心的问题进行沟通、评审；遇到重大或紧急问题时启动紧急沟通机制。总之，沟通机制的建立和实施是对质量管理体系的有效运行和持续改进的保证。

图 6-5 概括了信息沟通机制的主要内容、方式和职责，企业可根据具体情况实施。

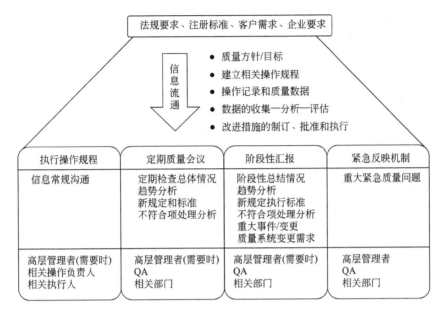

图 6-5　信息沟通机制

6. 管理评审/持续改进

对质量管理体系进行评审是质量管理体系的主要管理职能之一，高层管理者通过定期评审企业的质量管理体系，确保其持续的适宜性、充分性和有效性。管理者应建立对质量管理体系的运行进行评审的方法，评审的内容包括：对工艺、产品和客户需求（这里的客户是指接收产品或服务的一方）的评估；评估系统改进的可能性和质量管理体系变更的需求，包括质量方针和质量目标的变更需求。具体内容至少应包括：

a. 质量方针和质量目标的适用性；

b. 审计和检查的结果；

c. 客户的反馈，包括投诉；

d. 系统数据的趋势分析；

e. 对潜在问题或防止再次发生同样问题所采取的预防措施的落实情况；

f. 前次质量管理体系管理评审的措施落实情况；

g. 有可能影响质量管理体系的业务或环境的变化（例如：产量或产品类型的变化等）；

h. 产品是否满足客户的需求。

当建立和实施一个新的质量管理体系时，对系统评审的频率应该比成熟系统更频繁；除了按计划进行固定的系统评审外，质量管理体系的评审还应该是管理层会议的常设议题；除此之外，可以定期邀请有资格的外部机构评估系统的适用性和有效性。

系统评审的结果应包括：对质量管理体系和相关质量管理程序的改进；对生产工艺和产品的改进；资源的重新配备。

第二节 产品质量实现

质量管理体系在药品生产企业的有效建立和实施一般是采用过程方法（Process Approach）来实现的。即确定药品生产企业质量管理体系的相关质量活动；制订相应的管理程序和标准，使众多的相互关联的质量活动得到有效管理、处于受控状态；最终使生产出来的产品质量达到预定的标准。

重点与GMP对应的内容，包括：人员培训、设施设备、物料管理、工艺方法、环境控制、质量控制和产品放行，以及确认和验证等。这些质量活动的关系、管理程序，以及对应的实现目标如图6-6所示。

质量活动	物料	人员	设备	环境	工艺	检测	产品
管理程序	供应商管理 取样检验放行	人员资质 人员培训 职责授权	厂房设施设备 生命周期管理 校准操作维护	洁净级别控制 环境条件 环境检测	技术转移 工艺过程控制 返工重新加工	实验室管理 质量控制	产品放行 贮存运输
受控状态 实现目标	合格物料	合格人员	确认状态	符合检测标准	验证状态	符合质量标准	授权人放行 符合贮存条件
产品质量的实现取决于对相关质量活动的程序管理，并使其处于受控状态，达到预定的标准							

图6-6 产品质量实现目标

人员培训：GMP培训管理，包括培训类型、培训计划、实施、报告等。

基础设施（包括厂房设施设备等）：生命周期管理及其要素，包括用户需求、校准、维护等。

物料管理：供应商管理、原辅料和包材的质量控制、生产物料管理、贮运等。

工艺过程：技术转移、过程控制、返工和重新加工等。

环境控制：洁净级别管理、环境监控、趋势分析等。

质量控制和产品放行：质量标准的建立、质量控制、产品放行流程等。

确认和验证：验证主计划、确认流程、工艺验证、清洁验证、计算机化系统验证等。

《药品生产质量管理规范（2010年修订)》对质量管理要求如下。

第二章 质量管理
第一节 原 则

第五条 企业应当建立符合药品质量管理要求的质量目标，将药品注册的有关安全、有效和质量可控的所有要求，系统地贯彻到药品生产、控制及产品放行、贮存、发运的全过程中，确保所生产的药品符合预定用途和注册要求。

第六条 企业高层管理人员应当确保实现既定的质量目标，不同层次的人员以及供应商、经销商应当共同参与并承担各自的责任。

第七条 企业应当配备足够的、符合要求的人员、厂房、设施和设备，为实现质量目标提供必要的条件。

第二节　质量保证

第八条　质量保证是质量管理体系的一部分。企业必须建立质量保证系统，同时建立完整的文件体系，以保证系统有效运行。

第九条　质量保证系统应当确保：

（一）药品的设计与研发体现本规范的要求；

（二）生产管理和质量控制活动符合本规范的要求；

（三）管理职责明确；

（四）采购和使用的原辅料和包装材料正确无误；

（五）中间产品得到有效控制；

（六）确认、验证的实施；

（七）严格按照规程进行生产、检查、检验和复核；

（八）每批产品经质量受权人批准后方可放行；

（九）在贮存、发运和随后的各种操作过程中有保证药品质量的适当措施；

（十）按照自检操作规程，定期检查评估质量保证系统的有效性和适用性。

第十条　药品生产质量管理的基本要求：

（一）制订生产工艺，系统地回顾并证明其可持续稳定地生产出符合要求的产品；

（二）生产工艺及其重大变更均经过验证；

（三）配备所需的资源，至少包括：

1.具有适当的资质并经培训合格的人员；

2.足够的厂房和空间；

3.适用的设备和维修保障；

4.正确的原辅料、包装材料和标签；

5.经批准的工艺规程和操作规程；

6.适当的贮运条件。

（四）应当使用准确、易懂的语言制订操作规程；

（五）操作人员经过培训，能够按照操作规程正确操作；

（六）生产全过程应当有记录，偏差均经过调查并记录；

（七）批记录和发运记录应当能够追溯批产品的完整历史，并妥善保存、便于查阅；

（八）降低药品发运过程中的质量风险；

（九）建立药品召回系统，确保能够召回任何一批已发运销售的产品；

（十）调查导致药品投诉和质量缺陷的原因，并采取措施，防止类似质量缺陷再次发生。

第三节　质量控制

第十一条　质量控制包括相应的组织机构、文件系统以及取样、检验等，确保物料或产品在放行前完成必要的检验，确认其质量符合要求。

第十二条　质量控制的基本要求：

（一）应当配备适当的设施、设备、仪器和经过培训的人员，有效、可靠地完成所有质量控制的相关活动；

（二）应当有批准的操作规程，用于原辅料、包装材料、中间产品、待包装产品和成品的取样、检查、检验以及产品的稳定性考察，必要时进行环境监测，以确保符合本规范的要求；

（三）由经授权的人员按照规定的方法对原辅料、包装材料、中间产品、待包装产品和成品取样；

（四）检验方法应当经过验证或确认；

（五）取样、检查、检验应当有记录，偏差应当经过调查并记录；

（六）物料、中间产品、待包装产品和成品必须按照质量标准进行检查和检验，并有记录；

（七）物料和最终包装的成品应当有足够的留样，以备必要的检查或检验；除最终包装容器过大的成品外，成品的留样包装应当与最终包装相同。

第四节　质量风险管理

第十三条　质量风险管理是在整个产品生命周期中采用前瞻或回顾的方式，对质量风险进行评估、控制、沟通、审核的系统过程。

第十四条　应当根据科学知识及经验对质量风险进行评估，以保证产品质量。

第十五条　质量风险管理过程所采用的方法、措施、形式及形成的文件应当与存在风险的级别相适应。

第十章　质量控制与质量保证
第一节　质量控制实验室管理

第二百一十七条　质量控制实验室的人员、设施、设备应当与产品性质和生产规模相适应。

企业通常不得进行委托检验，确需委托检验的，应当按照第十一章中委托检验部分的规定，委托外部实验室进行检验，但应当在检验报告中予以说明。

第二百一十八条　质量控制负责人应当具有足够的管理实验室的资质和经验，可以管理同一企业的一个或多个实验室。

第二百一十九条　质量控制实验室的检验人员至少应当具有相关专业中专或高中以上学历，并经过与所从事的检验操作相关的实践培训且通过考核。

第二百二十条　质量控制实验室应当配备药典、标准图谱等必要的工具书，以及标准品或对照品等相关的标准物质。

第二百二十一条　质量控制实验室的文件应当符合第八章的原则，并符合下列要求：

（一）质量控制实验室应当至少有下列详细文件：

1. 质量标准；

2. 取样操作规程和记录；

3. 检验操作规程和记录（包括检验记录或实验室工作记事簿）；

4. 检验报告或证书；

5. 必要的环境监测操作规程、记录和报告；

6. 必要的检验方法验证报告和记录；

7. 仪器校准和设备使用、清洁、维护的操作规程及记录。

（二）每批药品的检验记录应当包括中间产品、待包装产品和成品的质量检验记录，可追溯该批药品所有相关的质量检验情况；

（三）宜采用便于趋势分析的方法保存某些数据（如检验数据、环境监测数据、制药用水的微生物监测数据）；

（四）除与批记录相关的资料信息外，还应当保存其他原始资料或记录，以方便查阅。

第二百二十二条　取样应当至少符合以下要求：

（一）质量管理部门的人员有权进入生产区和仓储区进行取样及调查；

（二）应当按照经批准的操作规程取样，操作规程应当详细规定：

1. 经授权的取样人；

2. 取样方法；

3. 所用器具；

4. 样品量；

5. 分样的方法；

6. 存放样品容器的类型和状态；

7. 取样后剩余部分及样品的处置和标识；

8. 取样注意事项，包括为降低取样过程产生的各种风险所采取的预防措施，尤其是无菌或有害物料的取样以及防止取样过程中污染和交叉污染的注意事项；

9. 贮存条件；

10. 取样器具的清洁方法和贮存要求。

（三）取样方法应当科学、合理，以保证样品的代表性；

（四）留样应当能够代表被取样批次的产品或物料，也可抽取其他样品来监控生产过程中最重要的环节（如生产的开始或结束）；

（五）样品的容器应当贴有标签，注明样品名称、批号、取样日期、取自哪一包装容器、取样人等信息；

（六）样品应当按照规定的贮存要求保存。

第二百二十三条 物料和不同生产阶段产品的检验应当至少符合以下要求：

（一）企业应当确保药品按照注册批准的方法进行全项检验；

（二）符合下列情形之一的，应当对检验方法进行验证：

1. 采用新的检验方法；

2. 检验方法需变更的；

3. 采用《中华人民共和国药典》及其他法定标准未收载的检验方法；

4. 法规规定的其他需要验证的检验方法。

（三）对不需要进行验证的检验方法，企业应当对检验方法进行确认，以确保检验数据准确、可靠；

（四）检验应当有书面操作规程，规定所用方法、仪器和设备，检验操作规程的内容应当与经确认或验证的检验方法一致；

（五）检验应当有可追溯的记录并应当复核，确保结果与记录一致。所有计算均应当严格核对；

（六）检验记录应当至少包括以下内容：

1. 产品或物料的名称、剂型、规格、批号或供货批号，必要时注明供应商和生产商（如不同）的名称或来源；

2. 依据的质量标准和检验操作规程；

3. 检验所用的仪器或设备的型号和编号；

4. 检验所用的试液和培养基的配制批号、对照品或标准品的来源和批号；

5. 检验所用动物的相关信息；

6. 检验过程，包括对照品溶液的配制、各项具体的检验操作、必要的环境温湿度；

7. 检验结果，包括观察情况、计算和图谱或曲线图，以及依据的检验报告编号；

8. 检验日期；

9. 检验人员的签名和日期；

10. 检验、计算复核人员的签名和日期。

（七）所有中间控制（包括生产人员所进行的中间控制），均应当按照经质量管理部门批准的方法进行，检验应当有记录；

（八）应当对实验室容量分析用玻璃仪器、试剂、试液、对照品以及培养基进行质量检查；

（九）必要时应当将检验用实验动物在使用前进行检验或隔离检疫。饲养和管理应当符合相关的实验动物管理规定。动物应当有标识，并应当保存使用的历史记录。

第二百二十四条　质量控制实验室应当建立检验结果超标调查的操作规程。任何检验结果超标都必须按照操作规程进行完整的调查，并有相应的记录。

第二百二十五条　企业按规定保存的、用于药品质量追溯或调查的物料、产品样品为留样。用于产品稳定性考察的样品不属于留样。

留样应当至少符合以下要求：

（一）应当按照操作规程对留样进行管理；

（二）留样应当能够代表被取样批次的物料或产品；

（三）成品的留样：

1. 每批药品均应当有留样；如果一批药品分成数次进行包装，则每次包装至少应当保留一件最小市售包装的成品；

2. 留样的包装形式应当与药品市售包装形式相同，原料药的留样如无法采用市售包装形式的，可采用模拟包装；

3. 每批药品的留样数量一般至少应当能够确保按照注册批准的质量标准完成两次全检（无菌检查和热原检查等除外）；

4. 如果不影响留样的包装完整性，保存期间内至少应当每年对留样进行一次目检观察，如有异常，应当进行彻底调查并采取相应的处理措施；

5. 留样观察应当有记录；

6. 留样应当按照注册批准的贮存条件至少保存至药品有效期后一年；

7. 如企业终止药品生产或关闭的，应当将留样转交授权单位保存，并告知当地药品监督管理部门，以便在必要时可随时取得留样。

（四）物料的留样：

1. 制剂生产用每批原辅料和与药品直接接触的包装材料均应当有留样。与药品直接接触的包装材料（如输液瓶），如成品已有留样，可不必单独留样；

2. 物料的留样量应当至少满足鉴别的需要；

3. 除稳定性较差的原辅料外，用于制剂生产的原辅料（不包括生产过程中使用的溶剂、气体或制药用水）和与药品直接接触的包装材料的留样应当至少保存至产品放行后两年。如果物料的有效期较短，则留样时间可相应缩短；

4. 物料的留样应当按照规定的条件贮存，必要时还应当适当包装密封。

第二百二十六条　试剂、试液、培养基和检定菌的管理应当至少符合以下要求：

（一）试剂和培养基应当从可靠的供应商处采购，必要时应当对供应商进行评估；

（二）应当有接收试剂、试液、培养基的记录，必要时，应当在试剂、试液、培养基的容器上标注接收日期；

（三）应当按照相关规定或使用说明配制、贮存和使用试剂、试液和培养基。特殊情况下，在接收或使用前，还应当对试剂进行鉴别或其他检验；

（四）试液和已配制的培养基应当标注配制批号、配制日期和配制人员姓名，并有配制（包括灭菌）记录。不稳定的试剂、试液和培养基应当标注有效期及特殊贮存条件。标准液、滴定液还应当标注最后一次标化的日期和校正因子，并有标化记录；

（五）配制的培养基应当进行适用性检查，并有相关记录。应当有培养基使用记录；

（六）应当有检验所需的各种检定菌，并建立检定菌保存、传代、使用、销毁的操作规程和相应记录；

（七）检定菌应当有适当的标识，内容至少包括菌种名称、编号、代次、传代日期、传代操作人；

（八）检定菌应当按照规定的条件贮存，贮存的方式和时间不应当对检定菌的生长特性有不利影响。

第二百二十七条　标准品或对照品的管理应当至少符合以下要求：

（一）标准品或对照品应当按照规定贮存和使用；

（二）标准品或对照品应当有适当的标识，内容至少包括名称、批号、制备日期（如有）、有效期（如有）、首次开启日期、含量或效价、贮存条件；

（三）企业如需自制工作标准品或对照品，应当建立工作标准品或对照品的质量标准以及制备、鉴别、检验、批准和贮存的操作规程，每批工作标准品或对照品应当用法定标准品或对照品进行标化，并确定有效期，还应当通过定期标化证明工作标准品或对照品的效价或含量在有效期内保持稳定。标化的过程和结果应当有相应的记录。

第二节　物料和产品放行

第二百二十八条　应当分别建立物料和产品批准放行的操作规程，明确批准放行的标准、职责，并有相应的记录。

第二百二十九条　物料的放行应当至少符合以下要求：

（一）物料的质量评价内容应当至少包括生产商的检验报告、物料包装完整性和密封性的检查情况和检验结果；

（二）物料的质量评价应当有明确的结论，如批准放行、不合格或其他决定；

（三）物料应当由指定人员签名批准放行。

第二百三十条　产品的放行应当至少符合以下要求：

（一）在批准放行前，应当对每批药品进行质量评价，保证药品及其生产应当符合注册和本规范要求，并确认以下各项内容：

1. 主要生产工艺和检验方法经过验证；

2. 已完成所有必需的检查、检验，并综合考虑实际生产条件和生产记录；

3. 所有必需的生产和质量控制均已完成并经相关主管人员签名；

4. 变更已按照相关规程处理完毕，需要经药品监督管理部门批准的变更已得到批准；

5. 对变更或偏差已完成所有必要的取样、检查、检验和审核；

6. 所有与该批产品有关的偏差均已有明确的解释或说明，或者已经过彻底调查和适当处理；如偏差还涉及其他批次产品，应当一并处理。

（二）药品的质量评价应当有明确的结论，如批准放行、不合格或其他决定；

（三）每批药品均应当由质量受权人签名批准放行；

（四）疫苗类制品、血液制品、用于血源筛查的体外诊断试剂以及国家食品药品监督管理局规定的其他生物制品放行前还应当取得批签发合格证明。

第三节　持续稳定性考察

第二百三十一条　持续稳定性考察的目的是在有效期内监控已上市药品的质量，以发现药品与生产相关的稳定性问题（如杂质含量或溶出度特性的变化），并确定药品能够在标示的贮存条件下，符合质量标准的各项要求。

第二百三十二条　持续稳定性考察主要针对市售包装药品，但也需兼顾待包装产品。例如，当待包装产品在完成包装前，或从生产厂运输到包装厂，还需要长期贮存时，应当在相应的环境条件下，评估其对包装后产品稳定性的影响。此外，还应当考虑对贮存时间较长的中间产品进行考察。

第二百三十三条　持续稳定性考察应当有考察方案，结果应当有报告。用于持续稳定性考察的设备（尤其是稳定性试验设备或设施）应当按照第七章和第五章的要求进行确认和维护。

第二百三十四条　持续稳定性考察的时间应当涵盖药品有效期，考察方案应当至少包括以下内容：

（一）每种规格、每个生产批量药品的考察批次数；

（二）相关的物理、化学、微生物和生物学检验方法，可考虑采用稳定性考察专属的检验方法；

（三）检验方法依据；

（四）合格标准；

（五）容器密封系统的描述；

（六）试验间隔时间（测试时间点）；

（七）贮存条件（应当采用与药品标示贮存条件相对应的《中华人民共和国药典》规定的长期稳定性试验标准条件）；

（八）检验项目，如检验项目少于成品质量标准所包含的项目，应当说明理由。

第二百三十五条　考察批次数和检验频次应当能够获得足够的数据，以供趋势分析。通常情况下，每种规格、每种内包装形式的药品，至少每年应当考察一个批次，除非当年没有生产。

第二百三十六条　某些情况下，持续稳定性考察中应当额外增加批次数，如重大变更或生产和包装有重大偏差的药品应当列入稳定性考察。此外，重新加工、返工或回收的批次，也应当考虑列入考察，除非已经过验证和稳定性考察。

第二百三十七条　关键人员，尤其是质量受权人，应当了解持续稳定性考察的结果。当持续稳定性考察不在待包装产品和成品的生产企业进行时，则相关各方之间应当有书面协议，且均应当保存持续稳定性考察的结果以供药品监督管理部门审查。

第二百三十八条　应当对不符合质量标准的结果或重要的异常趋势进行调查。对任何已确认的不符合质量标准的结果或重大不良趋势，企业都应当考虑是否可能对已上市药品造成影响，必要时应当实施召回，调查结果以及采取的措施应当报告当地药品监督管理部门。

第二百三十九条　应当根据所获得的全部数据资料，包括考察的阶段性结论，撰写总结报告并保存。应当定期审核总结报告。

第四节　变更控制

第二百四十条　企业应当建立变更控制系统，对所有影响产品质量的变更进行评估和管理。需要经药品监督管理部门批准的变更应当在得到批准后方可实施。

第二百四十一条　应当建立操作规程，规定原辅料、包装材料、质量标准、检验方法、操作规程、厂房、设施、设备、仪器、生产工艺和计算机软件变更的申请、评估、审核、批准和实施。质量管理部门应当指定专人负责变更控制。

第二百四十二条　变更都应当评估其对产品质量的潜在影响。企业可以根据变更的性质、范围、对产品质量潜在影响的程度将变更分类（如主要、次要变更）。判断变更所需的验证、额外的检验以及稳定性考察应当有科学依据。

第二百四十三条　与产品质量有关的变更由申请部门提出后，应当经评估、制订实施计划并明确实施职责，最终由质量管理部门审核批准。变更实施应当有相应的完整记录。

第二百四十四条　改变原辅料、与药品直接接触的包装材料、生产工艺、主要生产设备以及其他影响药品质量的主要因素时，还应当对变更实施后最初至少三个批次的药品质量进行评估。如果变更可能影响药品的有效期，则质量评估还应当包括对变更实施后生产的药品进行稳定性考察。

第二百四十五条 变更实施时，应当确保与变更相关的文件均已修订。

第二百四十六条 质量管理部门应当保存所有变更的文件和记录。

第五节 偏差处理

第二百四十七条 各部门负责人应当确保所有人员正确执行生产工艺、质量标准、检验方法和操作规程，防止偏差的产生。

第二百四十八条 企业应当建立偏差处理的操作规程，规定偏差的报告、记录、调查、处理以及所采取的纠正措施，并有相应的记录。

第二百四十九条 任何偏差都应当评估其对产品质量的潜在影响。企业可以根据偏差的性质、范围、对产品质量潜在影响的程度将偏差分类（如重大、次要偏差），对重大偏差的评估还应当考虑是否需要对产品进行额外的检验以及对产品有效期的影响，必要时，应当对涉及重大偏差的产品进行稳定性考察。

第二百五十条 任何偏离生产工艺、物料平衡限度、质量标准、检验方法、操作规程等的情况均应当有记录，并立即报告主管人员及质量管理部门，应当有清楚的说明，重大偏差应当由质量管理部门会同其他部门进行彻底调查，并有调查报告。偏差调查报告应当由质量管理部门的指定人员审核并签字。

企业还应当采取预防措施有效防止类似偏差的再次发生。

第二百五十一条 质量管理部门应当负责偏差的分类，保存偏差调查、处理的文件和记录。

第六节 纠正措施和预防措施

第二百五十二条 企业应当建立纠正措施和预防措施系统，对投诉、召回、偏差、自检或外部检查结果、工艺性能和质量监测趋势等进行调查并采取纠正和预防措施。调查的深度和形式应当与风险的级别相适应。纠正措施和预防措施系统应当能够增进对产品和工艺的理解，改进产品和工艺。

第二百五十三条 企业应当建立实施纠正和预防措施的操作规程，内容至少包括：

（一）对投诉、召回、偏差、自检或外部检查结果、工艺性能和质量监测趋势以及其他来源的质量数据进行分析，确定已有和潜在的质量问题。必要时，应当采用适当的统计学方法；

（二）调查与产品、工艺和质量保证系统有关的原因；

（三）确定所需采取的纠正和预防措施，防止问题的再次发生；

（四）评估纠正和预防措施的合理性、有效性和充分性；

（五）对实施纠正和预防措施过程中所有发生的变更应当予以记录；

（六）确保相关信息已传递到质量受权人和预防问题再次发生的直接负责人；

（七）确保相关信息及其纠正和预防措施已通过高层管理人员的评审。

第二百五十四条 实施纠正和预防措施应当有文件记录，并由质量管理部门保存。

第七节 供应商的评估和批准

第二百五十五条 质量管理部门应当对所有生产用物料的供应商进行质量评估，会同有关部门对主要物料供应商（尤其是生产商）的质量体系进行现场质量审计，并对质量评估不符合要求的供应商行使否决权。

主要物料的确定应当综合考虑企业所生产的药品质量风险、物料用量以及物料对药品质量的影响程度等因素。

企业法定代表人、企业负责人及其他部门的人员不得干扰或妨碍质量管理部门对物料供应商独立作出质量评估。

第二百五十六条 应当建立物料供应商评估和批准的操作规程，明确供应商的资质、选择的原则、质量评估方式、评估标准、物料供应商批准的程序。

如质量评估需采用现场质量审计方式的，还应当明确审计内容、周期、审计人员的组成及资质。需采用样品小批量试生产的，还应当明确生产批量、生产工艺、产品质量标准、稳定性考察方案。

第二百五十七条　质量管理部门应当指定专人负责物料供应商质量评估和现场质量审计，分发经批准的合格供应商名单。被指定的人员应当具有相关的法规和专业知识，具有足够的质量评估和现场质量审计的实践经验。

第二百五十八条　现场质量审计应当核实供应商资质证明文件和检验报告的真实性，核实是否具备检验条件。应当对其人员机构、厂房设施和设备、物料管理、生产工艺流程和生产管理、质量控制实验室的设备、仪器、文件管理等进行检查，以全面评估其质量保证系统。现场质量审计应当有报告。

第二百五十九条　必要时，应当对主要物料供应商提供的样品进行小批量试生产，并对试生产的药品进行稳定性考察。

第二百六十条　质量管理部门对物料供应商的评估至少应当包括：供应商的资质证明文件、质量标准、检验报告、企业对物料样品的检验数据和报告。如进行现场质量审计和样品小批量试生产的，还应当包括现场质量审计报告，以及小试产品的质量检验报告和稳定性考察报告。

第二百六十一条　改变物料供应商，应当对新的供应商进行质量评估；改变主要物料供应商的，还需要对产品进行相关的验证及稳定性考察。

第二百六十二条　质量管理部门应当向物料管理部门分发经批准的合格供应商名单，该名单内容至少包括物料名称、规格、质量标准、生产商名称和地址、经销商（如有）名称等，并及时更新。

第二百六十三条　质量管理部门应当与主要物料供应商签订质量协议，在协议中应当明确双方所承担的质量责任。

第二百六十四条　质量管理部门应当定期对物料供应商进行评估或现场质量审计，回顾分析物料质量检验结果、质量投诉和不合格处理记录。如物料出现质量问题或生产条件、工艺、质量标准和检验方法等可能影响质量的关键因素发生重大改变时，还应当尽快进行相关的现场质量审计。

第二百六十五条　企业应当对每家物料供应商建立质量档案，档案内容应当包括供应商的资质证明文件、质量协议、质量标准、样品检验数据和报告、供应商的检验报告、现场质量审计报告、产品稳定性考察报告、定期的质量回顾分析报告等。

第八节　产品质量回顾分析

第二百六十六条　应当按照操作规程，每年对所有生产的药品按品种进行产品质量回顾分析，以确认工艺稳定可靠，以及原辅料、成品现行质量标准的适用性，及时发现不良趋势，确定产品及工艺改进的方向。应当考虑以往回顾分析的历史数据，还应当对产品质量回顾分析的有效性进行自检。

当有合理的科学依据时，可按照产品的剂型分类进行质量回顾，如固体制剂、液体制剂和无菌制剂等。

回顾分析应当有报告。

企业至少应当对下列情形进行回顾分析：

（一）产品所用原辅料的所有变更，尤其是来自新供应商的原辅料；

（二）关键中间控制点及成品的检验结果；

（三）所有不符合质量标准的批次及其调查；

（四）所有重大偏差及相关的调查、所采取的整改措施和预防措施的有效性；

（五）生产工艺或检验方法等的所有变更；

（六）已批准或备案的药品注册所有变更；

（七）稳定性考察的结果及任何不良趋势；

（八）所有因质量原因造成的退货、投诉、召回及调查；

（九）与产品工艺或设备相关的纠正措施的执行情况和效果；

（十）新获批准和有变更的药品，按照注册要求上市后应当完成的工作情况；

（十一）相关设备和设施，如空调净化系统、水系统、压缩空气等的确认状态；

（十二）委托生产或检验的技术合同履行情况。

第二百六十七条 应当对回顾分析的结果进行评估，提出是否需要采取纠正和预防措施或进行再确认或再验证的评估意见及理由，并及时、有效地完成整改。

第二百六十八条 药品委托生产时，委托方和受托方之间应当有书面的技术协议，规定产品质量回顾分析中各方的责任，确保产品质量回顾分析按时进行并符合要求。

第九节 投诉与不良反应报告

第二百六十九条 应当建立药品不良反应报告和监测管理制度，设立专门机构并配备专职人员负责管理。

第二百七十条 应当主动收集药品不良反应，对不良反应应当详细记录、评价、调查和处理，及时采取措施控制可能存在的风险，并按照要求向药品监督管理部门报告。

第二百七十一条 应当建立操作规程，规定投诉登记、评价、调查和处理的程序，并规定因可能的产品缺陷发生投诉时所采取的措施，包括考虑是否有必要从市场召回药品。

第二百七十二条 应当有专人及足够的辅助人员负责进行质量投诉的调查和处理，所有投诉、调查的信息应当向质量受权人通报。

第二百七十三条 所有投诉都应当登记与审核，与产品质量缺陷有关的投诉，应当详细记录投诉的各个细节，并进行调查。

第二百七十四条 发现或怀疑某批药品存在缺陷，应当考虑检查其他批次的药品，查明其是否受到影响。

第二百七十五条 投诉调查和处理应当有记录，并注明所查相关批次产品的信息。

第二百七十六条 应当定期回顾分析投诉记录，以便发现需要警觉、重复出现以及可能需要从市场召回药品的问题，并采取相应措施。

第二百七十七条 企业出现生产失误、药品变质或其他重大质量问题，应当及时采取相应措施，必要时还应当向当地药品监督管理部门报告。

第七章　生产管理

生产管理（Production Management）对企业生产系统的设置和运行的各项管理工作的总称，药品生产是指将原料加工制备成能供医疗用的药品的过程。任何药品的质量形成是生产出来的，而不是检验出来的，因此必须对影响药品生产质量的因素加强管理。

《药品生产质量管理规范（2010年修订）》相关生产管理的要求如下。

第一节　原　则

第一百八十四条　所有药品的生产和包装均应当按照批准的工艺规程和操作规程进行操作并有相关记录，以确保药品达到规定的质量标准，并符合药品生产许可和注册批准的要求。

第一百八十五条　应当建立划分产品生产批次的操作规程，生产批次的划分应当能够确保同一批次产品质量和特性的均一性。

第一百八十六条　应当建立编制药品批号和确定生产日期的操作规程。每批药品均应当编制唯一的批号。除另有法定要求外，生产日期不得迟于产品成型或灌装（封）前经最后混合的操作开始日期，不得以产品包装日期作为生产日期。

第一百八十七条　每批产品应当检查产量和物料平衡，确保物料平衡符合设定的限度。如有差异，必须查明原因，确认无潜在质量风险后，方可按照正常产品处理。

第一百八十八条　不得在同一生产操作间同时进行不同品种和规格药品的生产操作，除非没有发生混淆或交叉污染的可能。

第一百八十九条　在生产的每一阶段，应当保护产品和物料免受微生物和其他污染。

第一百九十条　在干燥物料或产品，尤其是高活性、高毒性或高致敏性物料或产品的生产过程中，应当采取特殊措施，防止粉尘的产生和扩散。

第一百九十一条　生产期间使用的所有物料、中间产品或待包装产品的容器及主要设备、必要的操作室应当贴签标识或以其他方式标明生产中的产品或物料名称、规格和批号，如有必要，还应当标明生产工序。

第一百九十二条　容器、设备或设施所用标识应当清晰明了，标识的格式应当经企业相关部门批准。除在标识上使用文字说明外，还可采用不同的颜色区分被标识物的状态（如待验、合格、不合格或已清洁等）。

第一百九十三条　应当检查产品从一个区域输送至另一个区域的管道和其他设备连接，确保连接正确无误。

第一百九十四条　每次生产结束后应当进行清场，确保设备和工作场所没有遗留与本次生产有关的物料、产品和文件。下次生产开始前，应当对前次清场情况进行确认。

第一百九十五条　应当尽可能避免出现任何偏离工艺规程或操作规程的偏差。一旦出现偏差，应当按照偏差处理操作规程执行。

第一百九十六条　生产厂房应当仅限于经批准的人员出入。

第二节　防止生产过程中的污染和交叉污染

第一百九十七条　生产过程中应当尽可能采取措施，防止污染和交叉污染，如：

（一）在分隔的区域内生产不同品种的药品；

（二）采用阶段性生产方式；

（三）设置必要的气锁间和排风；空气洁净度级别不同的区域应当有压差控制；

（四）应当降低未经处理或未经充分处理的空气再次进入生产区导致污染的风险；

（五）在易产生交叉污染的生产区内，操作人员应当穿戴该区域专用的防护服；

（六）采用经过验证或已知有效的清洁和去污染操作规程进行设备清洁；必要时，应当对与物料直接接触的设备表面的残留物进行检测；

（七）采用密闭系统生产；

（八）干燥设备的进风应当有空气过滤器，排风应当有防止空气倒流装置；

（九）生产和清洁过程中应当避免使用易碎、易脱屑、易发霉器具；使用筛网时，应当有防止因筛网断裂而造成污染的措施；

（十）液体制剂的配制、过滤、灌封、灭菌等工序应当在规定时间内完成；

（十一）软膏剂、乳膏剂、凝胶剂等半固体制剂以及栓剂的中间产品应当规定贮存期和贮存条件。

第一百九十八条　应当定期检查防止污染和交叉污染的措施并评估其适用性和有效性。

第三节　生产操作

第一百九十九条　生产开始前应当进行检查，确保设备和工作场所没有上批遗留的产品、文件或与本批产品生产无关的物料，设备处于已清洁及待用状态。检查结果应当有记录。

生产操作前，还应当核对物料或中间产品的名称、代码、批号和标识，确保生产所用物料或中间产品正确且符合要求。

第二百条　应当进行中间控制和必要的环境监测，并予以记录。

第二百零一条　每批药品的每一生产阶段完成后必须由生产操作人员清场，并填写清场记录。清场记录内容包括：操作间编号、产品名称、批号、生产工序、清场日期、检查项目及结果、清场负责人及复核人签名。清场记录应当纳入批生产记录。

第四节　包装操作

第二百零二条　包装操作规程应当规定降低污染和交叉污染、混淆或差错风险的措施。

第二百零三条　包装开始前应当进行检查，确保工作场所、包装生产线、印刷机及其他设备已处于清洁或待用状态，无上批遗留的产品、文件或与本批产品包装无关的物料。检查结果应当有记录。

第二百零四条　包装操作前，还应当检查所领用的包装材料正确无误，核对待包装产品和所用包装材料的名称、规格、数量、质量状态，且与工艺规程相符。

第二百零五条　每一包装操作场所或包装生产线，应当有标识标明包装中的产品名称、规格、批号和批量的生产状态。

第二百零六条　有数条包装线同时进行包装时，应当采取隔离或其他有效防止污染、交叉污染或混淆的措施。

第二百零七条　待用分装容器在分装前应当保持清洁，避免容器中有玻璃碎屑、金属颗粒等污染物。

第二百零八条　产品分装、封口后应当及时贴签。未能及时贴签时，应当按照相关的操作规程操作，避免发生混淆或贴错标签等差错。

第二百零九条　单独打印或包装过程中在线打印的信息（如产品批号或有效期）均应当进行检查，确保其正确无误，并予以记录。如手工打印，应当增加检查频次。

第二百一十条 使用切割式标签或在包装线以外单独打印标签，应当采取专门措施，防止混淆。

第二百一十一条 应当对电子读码机、标签计数器或其他类似装置的功能进行检查，确保其准确运行。检查应当有记录。

第二百一十二条 包装材料上印刷或模压的内容应当清晰，不易褪色和擦除。

第二百一十三条 包装期间，产品的中间控制检查应当至少包括下述内容：

（一）包装外观；

（二）包装是否完整；

（三）产品和包装材料是否正确；

（四）打印信息是否正确；

（五）在线监控装置的功能是否正常。

样品从包装生产线取走后不应当再返还，以防止产品混淆或污染。

第二百一十四条 因包装过程产生异常情况而需要重新包装产品的，必须经专门检查、调查并由指定人员批准。重新包装应当有详细记录。

第二百一十五条 在物料平衡检查中，发现待包装产品、印刷包装材料以及成品数量有显著差异时，应当进行调查，未得出结论前，成品不得放行。

第二百一十六条 包装结束时，已打印批号的剩余包装材料应当由专人负责全部计数销毁，并有记录。如将未打印批号的印刷包装材料退库，应当按照操作规程执行。

第一节 生产过程管理

生产部门以 CFDA 批准的处方、工艺，根据销售部门的销售计划，制订出生产年计划和月生产计划。根据原辅料、包装材料和成品库存的具体情况，计划生产多少批（批量是通过工艺验证过的），向相关生产车间下达批生产指令和批包装指令。一式四份，分别下发至生产车间、仓库、质量部、生产部（存档），实行逐级签字制。下达时间为生产前 2～7 天为宜。

批生产指令应包括：指令单号、产品名称、规格、产品批号、批量、物料名称与使用量、进厂编号、执行的工艺规程、指令起草人、起草日期、指令签发人、签发日期、指令接收人、接收日期、领料人、领料日期、仓库保管员、发料日期、备注等。

批包装指令应包括：指令单号、产品名称、产品批号、批量、规格、包装规格、计划包装数量、执行工艺规程、包装材料名称、进厂编号、领用量、使用量、指令起草人、起草日期、指令签发人、签发日期、指令接收人、接收日期、领料人、领料日期、仓库保管员、发料日期、备注等。

生产车间接到批生产指令、批包装指令后，由车间主任或工艺员将指令内容传达至各工序，同时进行备料。

仓库接到批生产指令、批包装指令后，提前做好发料准备工作，发出量以指令量为依据。

车间凭领料单及指令领料，保管员核实无误后可发料，领料人及保管员均在指令上签字并注明日期。

质量部门接到批生产指令、批包装指令后，依据指令内容实施监控，并留存备案。

一、生产前准备

1. 备料

① 生产车间凭批生产指令、批包装指令，开具领料单，向仓库领取本批产品所需的原辅料、包装材料，检查无误后收料，领入车间备用。

② 各工序向车间内的原辅料暂存室或内（外）包材暂存室，领取原辅料、包装材料时，应检查所领取的物料是否与本批生产相一致，且外观性状符合要求，并做好领用、发放记录。

③ 上、下工序交接中间产品时，应对所交接的产品检查核实后，填写"中间产品交接单"。

2. 生产操作前检查

① 工序上不得有上批次生产剩余物料及物品。

② 生产环境：工序清洁、清场操作符合规定，具有"清洁合格证"或"清场合格证"；洁净级别、压差、温度及相对湿度均符合 GMP 要求。

③ 设备情况：所用设备准确，状态完好，已清洁，具有"清洁合格证"，并在规定清洁有效期内。

④ 操作性文件：具有岗位标准操作规程、岗位空白生产记录，且与本批产品相适应。

⑤ 工器具：生产所需工器具状态完好，已清洁，具有"清洁合格证"，并在规定清洁有效期内。

⑥ 计量器具：本工序的各种计量器具均具有检定合格证；且已清洁，具有"清洁合格证"，并在规定的清洁有效期内。

⑦ 核实本批生产所需物料的品名、批号、数量应准确。

二、生产操作过程管理

① 严格按照注册批准的工艺进行生产操作。

② 严格执行工艺规程和岗位标准操作规程，不得任意更改。

③ 不同品种、规格的生产操作不得在同一操作间同时进行。

三、生产结束后管理

生产结束后的清洁、清场管理：

① 严格执行"清场管理规程"。

② 严格执行各工序相关的清洁消毒规程（设备、器具、环境、衣物等）。

③ 物料平衡管理，严格执行"物料平衡的管理规程"。

④ 批生产记录、批包装记录管理，严格执行"批生产记录、批包装记录的管理规程"。

第二节　药品生产管理流程及要点

生产管理的重要性：药品生产质量管理规范以生产为基础，有生产才有质量。药品的质量是生产出来的，而不是检验出来的。因此说，生产管理是相当重要的。依照 GMP 进行生产管理。

一、批生产记录

批生产记录是一批药品生产各工序全过程（包括中间控制）的完整记录，应具有质量的可追踪性。

批的概念：在规定限度内具有同一性质和质量，并在同一连续生产周期中生产出来的一定数量的药品为一批。

① 大、小容量注射剂一般以同一配液罐一次所配制的药液所生产的均质产品为一批。

② 粉针剂一般以同一批原料药在同一连续生产周期内生产的均质产品为一批。

③ 冻干粉针剂以同一批药液使用同一台冻干设备在同一生产周期内生产的均质产品为一批。

④ 固体、半固体制剂在成型或分装前使用同一台混合设备一次混合量所生产的均质产品为一批。固体制剂如采用多次混合后的产品作为一个批号，必须经过验证，证明产品质量的均一性后，在规定限度内所生产的产品为一批。一般以最终所采用的混合设备如多维运动混合机混合一次的数量为一个批次。

⑤ 液体制剂、膏滋、浸膏及流浸膏等以灌封（装）前经最后混合的药液所生产的均质产品为一批。

⑥ 连续生产的原料药，在一定时间间隔内生产的在规定限度内的均质产品为一批。间歇生产的原料药，可由一定数量的产品经最后混合所得的在规定限度内的均质产品为一批。

混合前的产品必须按同一工艺生产并符合质量标准，且有可追踪的记录。

⑦ 生物制品生产应按照《中国生物制品规程》中的"生物制品的分批规程"分批和编制批号。

应注意两台或两台以上的压片机（胶囊充填机）所压制出来的片子，必须分别作片重差异（装量差异）检查，确认在同一合格的范围之内并且符合其质量要求后才可作为一批。生产过程、中间产品都必须在质量管理部门质管员的严格监控下，各种监控凭证要纳入批记录背面，无质管员签字发放的各种放行凭证，不得继续操作。

二、定置管理

为了便于养成良好的生产习惯，减少发生差错的可能性，车间应进行定置管理。

① 生产操作与设备应按工艺流程的顺序合理布局，使物料的生产按同一方向顺序流动，避免物料的交叉流动，减少交叉污染的可能性，且不遗漏任何生产工序。

② 操作间的定置管理是指严格规定操作间的设备、各种物料及容器、操作台等的摆设位置。生产中所使用的工器具，在使用完毕后都应放回原位，不能到处丢放或放在设备里面，以免发生生产事故。

③ 中间站等其他房间也应进行定置管理，如洁具间应规定各种清洁工具的存放位置，并严格执行制订的定置管理制度。

三、状态标志管理

① 与设备连接的主要固定管道（包括工艺用水管道）应标明管道内物料的名称及流向。管道应安装整齐、有序，或用不同的颜色进行喷涂以示区别。如物料管道——黄色、蒸汽管道——红色、饮用水管道——蓝色、压缩空气管道——白色等，可由各企业按自己的实际情况自定，以喷涂颜色的方向表示物料的流向。

② 各个生产操作间也应有状态标志来说明操作间现在的生产状态。生产时应标明所生产的品种、规格、批号、生产日期、操作者等；未生产时应用清洁、待清洁等表示，清洁状态应标明清洁有效期、上批产品名称等；未使用的房间应用备用标志表示。

③ 设备的状态有清洁、使用、备用、维修、待修等。使用时应标明所生产的品种、规

格、批号、生产日期、操作人等，设备固定状态标志应标明设备的型号、设备负责人等。

④ 物料和使用容器也应有状态标志，其内容如前面容器标签所示。

四、包装与贴签管理

① 对符合生产工艺规程要求，在质量管理部门和车间工艺技术员、质量员的监控下完成生产全过程，并检验合格的产品可由生产管理部门下达批包装指令。对于一些检验周期长，需要在检验结果前包装的制剂产品，则允许先包装后按待检寄库的产品处理，检验合格后才办理入库手续。

② 包装所使用的标签和使用说明书，必须由车间填写领料单，派人到标签库限额领取，并由领料人及发料人签字。已打印批号的标签，发剩的和残缺标签或该批号取消时，或车间贴签工序剩余标签不得回收利用，应由经手人会同质管部门派人监督销毁，并做好记录，经手人及监督人员签字。

③ 车间应设标签库，由专人负责标签的领用和发放，并按品种、规格分类，存放在标签库内，上锁保管，并有记录登记，已印批号的标签，按批存放。产品包装时，由包装工序根据批包装指令派专人向车间领取并填写领用记录。

④ 每批产品在包装完成后应及时填写包装记录，如实填写所领用的包装材料数量。如果"使用数＋剩余数＋残损数"之和与领用数不相符时，应查明原因，并做好记录。标签不得改作他用或涂改后再使用。

五、中间站的管理

① 车间生产的中间产品，应存放在中间站内，不得长时间存放于操作间。中间站存放的范围包括：中间产品、待重新加工的产品、清洁的周转容器等，除上述范围以外的物品不得存放于中间站，中间站应随时保持清洁，不得有散落的物料，地上散落的物料不得回收。进入中间站的物品其外包装必须清洁、无浮尘。

② 中间产品在中间站应有明显的状态标志，注明品名、批号、规格、数量、并按品种、批号码放整齐。不同品种、不同批号、不同规格的产品之间应有一定的距离，物料应加盖密封保存。并以"红色牌"表示不合格，以"黄色牌"表示待验，以"绿色牌"表示合格，以"白色牌"表示待重新加工，并且分堆存放。

③ 操作人员每天及时将物料存放入中间站，并填写中间站进站记录，中间站管理员核对品名、规格、批号、重量（数量）容器数、工序名称、加工状态等，无误后检查外包装清洁情况，并由送料人及中间站管理员共同签字，填写进站日期，并将物料按规定堆放整齐。中间站管理员填写中间产品台账及中间站物料卡，中间站进站记录应附于批生产记录上。

④ 中间站存放的物料要求账、卡、物一致，质量管理部门监督员及车间工艺技术员、质量员应定期对中间站的物料状况进行检查。

⑤ 中间站管理员对中间产品进行检验，此时物料应挂待验状态标志，只有经检验合格后，才能挂合格的状态标志，或由质量管理部门发放中间产品合格证。

⑥ 根据车间下达的工序生产指令，中间站管理员可向下一工序发放合格的中间产品，并填写中间产品出站记录，由下一工序的领料人员复核品名等到，在中间站出站记录上共同签字，同时填写中间站台账及库卡。中间站应上锁管理。管理人员离开时应上锁后方可离开。

六、不合格品的管理

① 经质量管理部门检验确认不合格的产品，由检验部门发放不合格品检验报告单，车

间及时将不合格品存放于规定的不合格品存放区内，并挂上红色不合格品标志，按不合格品处理程序及时进行处理。

② 不合格品一般由生产管理部门会同有关部门分析提出处理意见后报质量管理部门审核同意后，由主管领导批准，规定部门执行，限期处理，并填写处理记录。

七、模具、筛网的管理

① 车间设备员应对生产使用的模具建立档案，存放于相应的模具间。模具使用前后均应检查其光洁度，零配件是否齐全，有无破损，是否符合生产要求等，并填写模具使用发放记录。对破损的模具应进行维修，合格后方可使用，无法继续使用的，应办理报废手续，并根据实际情况申请采购。

② 筛网使用前应检查其完好程度，是否符合生产工艺的要求，每一存放的筛网都应标明其规格（目数）。生产过程中应经常检查筛网的使用情况，如发现破损应追查原因，若对产品造成了质量影响，进行必要的处理后方可继续生产。如为质量问题应及时报告车间领导及质量管理部门进行解决。

③ 生产过程中一般使用不易与药品产生化学反应的不锈钢或尼龙筛网。

八、生产过程中产生的特殊物料的管理

1. 粉头的管理

① 粉头是指生产过程中产生的合格的、可以回收利用的或未用完的少量物料。如胶囊充填完成后剩余的加料盘中的物料等。

② 生产结束后产生的粉头应及时装入洁净的容器中，注明品名、规格、批号、重量（数量）、生产日期、操作人及复核人等，送入中间站保存并做记录，报送车间工艺技术员。车间工艺技术员根据生产安排情况，将合格的粉头投入下一批生产的同一规格品种的产品中，并要求在批生产记录中注明粉头的物料流动情况。粉头必须规定使用周期，超过规定的周期后必须进行复检，合格后才能继续使用。不合格的粉头应作为废弃物处理。

2. 生产中产生的废弃物的管理

生产中的废弃物是指生产过程中产生的不合格的物料及其他不能继续使用的物品，包括掉落在地上的物料、压片或胶囊充填中做装量差异（片重差异）后的片子（胶囊）、盛放物料的塑料袋等。应按照废弃物管理规程，由生产操作人员及时将废弃物装入专门的盛放废弃物的容器中，在规定的时间，由专门的人员收集后由物料通道传出洁净区。

如：粉碎操作后留在粉碎机内的药物；制粒时不小心掉在地上的颗粒；干燥过程中取出观察颗粒外观的颗粒；压片前试压（调机）后留下的片子；取样检查片重差异的素片；胶囊充填过程中怀疑有装量差异不合格的胶囊；制粒后发现有钢丝筛网破损后的颗粒。

九、物料平衡的管理

建立并规定物料平衡检查标准，严格控制生产过程中物料收率的变化，进行严格的收率控制，使之在合理的范围内，对不正常的情况进行分析处理，这是防止差错和混淆的有效方法之一。

① 物料平衡计算公式：

$$收率 = \frac{理论值}{实际值} \times 100\%$$

式中，理论值为按照所用的原料（包装材料）理论产量（在生产中无任何损失或差错的情况下得出的最大数量）；实际值为生产过程中实际产出量。

制粒工序的物料平衡计算公式：

$$物料平衡＝\frac{总投入的原料}{合格产品＋不合格产品＋损耗量}×100\%$$

口服固体制剂车间一般需计算物料平衡的工序有：备料（粉碎、过筛）；制粒、和药；制丸、压片、胶囊充填；包衣；内包装；外包装。

中药前处理工序：药材拣选；炮制加工；提取浓缩；药材干燥。

② 在生产过程中如发生有跑料情况，应及时通知车间管理人员及质量管理部门，并详细记录跑料过程及数量，跑料数量也应计入物料平衡之中，加在实际值范围之内。

③ 凡物料平衡收率不符合生产工艺规程的规定，应立即贴上待处理品的状态标志，不能递交到下一道工序，并填写偏差处理单，按偏差处理程序进行处理。

十、清场管理

（1）定义和目的　为了防止混淆和差错事故，各生产工序在生产结束，转换品种、规格或批号前，均应进行清场。

（2）清场的频次　每天生产结束后应进行清理，将设备表面、操作间清理干净；换品种、批号时应进行彻底的清场；连续生产规定的时间（一般3天）后，也应进行彻底清场；长时间的生产间隔后，再次开始生产之前也应进行清场。

（3）清场的人员　清场必须严格按照岗位与设备等的清洁规程进行操作，车间工艺技术员、质量员及质量管理部门的质监员应对清场工作进行监督。

（4）清场的内容及要求

① 地面无积灰、无结垢，门窗、室内照明灯、风管、墙面、开关箱等外壳无积尘，室内不得存放与下次生产无关的物品（包括物料、文件、记录和个人杂物）。

② 使用的工具、容器应清洁、无异物、无油垢。

③ 设备内外无生产遗留的药品，无油垢。

④ 非专用设备、管道、容器、工具应按规定拆洗或灭菌处理。

⑤ 凡直接接触药品的设备、管道、工具、容器应每天或每批清洗或清理。同一设备连续生产同一无菌产品时，其清洗周期可按生产工艺规程及标准操作规程执行。

⑥ 包装工序清场时，多余的标签及使用说明书等包装材料应全部按规定处理。

十一、清场记录及合格证

① 清场时应填写清场记录，记录内容包括工序名称、上批生产品名、规格、批号、清场日期、清场项目及检查情况、清场人及检查人签字。

② 清场结束由车间质量员复查合格后发放清场合格证正副本，正本纳入本批批生产记录，副本流入下一批生产记录中，清场合格证应规定有效期，超过有效期的应重新进行检查。无上批清场合格证副本，车间不得进行下一批产品的生产。

总之，药品质量是设计和生产出来的，而不是检验出来的。因此，药品质量必须在生产过程中控制，把质量不合格的因素和引起质量不一致的因素处理在生产过程中，控制原料、辅料、包装材料、已生产环境及工艺条件，对生产中的每道工序、每一个环节都要进行严格的质量控制，同时要求全员参与质量管理，严格生产操作技术规范，严把质量关，加强对药品生产达标验证工作的领导与管理，提高企业员工的技术素质，以达到保证药品质量的目的。

第八章　确认和验证

验证是美国 FDA 1976 年对污染输液所致触目惊心的药难事件调查后采取的重要举措，距今已有 30 多年的历史。中国 GMP 2010 修订版对验证进行了重新的定义，并将确认作为一个独立的概念从验证中分离出来。其中规定：

验证是有文件证明任何操作规程（或方法）、生产工艺或系统能达到预期结果的一系列活动。

确认是有文件证明厂房、设施、设备能正确运行并可达到预期结果的一系列活动。

除了定义方面的更新，新版中国 GMP 将验证和确认的范围也进行了扩展。在确认中引入了设计确认的概念，从而将开发过程也列入了确认的范围。验证的范围也从单纯针对产品的生产验证扩展为包含所有的生产工艺、操作规程和检验方法，并且新增加了清洁程序验证的内容。此外，新版中国 GMP 中还规定确认或验证的范围和程度应经过风险评估来确定，这一点也与近几年在国际制药行业中广泛应用的质量风险管理的概念相一致。

第一节　对象和范围

确认主要针对厂房、设施、设备和检验仪器。其中厂房和设施主要指药品生产所需的建筑物以及与工艺配套的空调系统、水处理系统等公用工程；生产、包装、清洁、灭菌所用的设备以及用于质量控制（包括用于中间过程控制）的检测设备、分析仪器等也都是确认的考察对象。

而验证主要考察生产工艺、操作规程、检验方法和清洁方法等。新版中国 GMP 对计算机化系统进行了定义，其中虽未明确规定验证的要求，但在制药行业中通常认为计算机化系统也属于验证的范畴。

《药品生产质量管理规范（2010 年修订）》要求如下。

> 第一百三十八条　企业应当确定需要进行的确认或验证工作，以证明有关操作的关键要素能够得到有效控制。确认或验证的范围和程度应当经过风险评估来确定。
>
> 第一百三十九条　企业的厂房、设施、设备和检验仪器应当经过确认，应当采用经过验证的生产工艺、操作规程和检验方法进行生产、操作和检验，并保持持续的验证状态。

第二节　人员职责

根据中国 GMP 2010 修订版，生产管理负责人和质量管理负责人都应确保完成各种必要的验证工作，确保关键设备经过确认；质量管理负责人还应负责审核和批准验证方案和报告。

通常，用户部门或相关工作（如生产、清洁等）的负责部门负责进行厂房、设施、设备等的确认以及相关的验证，并起草相关的确认或验证方案和报告。

质量部门负责对确认或验证方案和报告进行批准。此外，确认和验证中也经常涉及工程技术部门、开发部门以及公司外部的合同商。

对于内部及外部人员的职责应在公司验证总计划或相关文件中规定。

第三节 确认和验证的计划

所有的确认和验证活动都应有组织地按照计划进行准备和执行，并且活动应按照正式批准的程序和方法实施。所有对于确认和验证的组织、计划以及实施方式等的要求都应在验证总计划（Validation Master Plan，VMP）中进行描述。

《药品生产质量管理规范（2010 年修订）》相关要求：

> 第一百四十五条 企业应当制订验证总计划，以文件形式说明确认与验证工作的关键信息。
>
> 第一百四十六条 验证总计划或其他相关文件中应当作出规定，确保厂房、设施、设备、检验仪器、生产工艺、操作规程和检验方法等能够保持持续稳定。

一、验证总计划

验证总计划是总结公司确认和验证的整体策略、目的和方法的文件。它的作用是确定确认和验证的策略、职责以及整体的时间框架。

① 应对所有的厂房、设施、设备、计算机化系统，与生产、测试或贮存相关的规程、方法是否需要确认或验证进行评估。

a. 确认：厂房、设施、设备等。

b. 验证：生产工艺、分析方法、清洁程序或计算机化系统等。

② 应能反映上述确认和验证活动的状态，应定期回顾、及时更新。

二、验证总计划主要内容

验证总计划应是一个简洁清晰的概况性文件，其他文件（如公司政策文件、SOP、验证方案、报告等）中已经存在的内容只需在验证总计划中列出参考文件编号即可，不必重复内容。通常，验证总计划应包括以下内容：

① 公司的确认和验证方针，对于验证总计划所包含操作的一般性描述，位置和时间安排（包括优先级别）等。

② 所生产和检测的产品。

③ 各部门的职责和组织结构。

④ 负责下列工作的部门或人员：

验证总计划；

起草确认和验证方案、报告；

确认和验证的实施；

批准确认和验证文件。

⑤ 所有厂房、设施、设备、仪器等的清单以及确认的需求应包含所有厂房、设施、设备、检验仪器等，以及对它们是否需确认的评估结论确认的状态下一次再评估或周期性再确

认的日期（计划）。

⑥ 所有工艺过程、分析方法和清洁程序的清单以及验证的需求应包含所有生产工艺、分析方法、清洁/消毒/灭菌程序、其他过程（如运输），以及对它们是否需验证的评估结论。

⑦ 验证的状态：

下一次再评估或周期性再验证的日期（计划）；

所有计算机化系统的清单以及验证的需求，应包括所有计算机化系统，以及对它们是否需验证的评估结论。

⑧ 制订上述确认和验证活动的计划，包括时间安排等。

除了上述的验证总计划外，企业还可以根据需要建立针对项目或针对特定产品的验证总计划。

第四节　确　认

确认包括设计确认（DQ）、安装确认（IQ）、运行确认（OQ）和性能确认（PQ）。

《药品生产质量管理规范（2010年修订）》相关要求：

> 第一百三十九条　企业的厂房、设施、设备和检验仪器应当经过确认，应当采用经过验证的生产工艺、操作规程和检验方法进行生产、操作和检验，并保持持续的验证状态。
>
> 第一百四十条　应当建立确认与验证的文件和记录，并能以文件和记录证明达到以下预定的目标：
>
> （一）设计确认应当证明厂房、设施、设备的设计符合预定用途和本规范要求；
>
> （二）安装确认应当证明厂房、设施、设备的建造和安装符合设计标准；
>
> （三）运行确认应当证明厂房、设施、设备的运行符合设计标准；
>
> （四）性能确认应当证明厂房、设施、设备在正常操作方法和工艺条件下能够持续符合标准；
>
> （五）工艺验证应当证明一个生产工艺按照规定的工艺参数能够持续生产出符合预定用途和注册要求的产品。

厂房、设施、设备等的生命周期包含设计、采购、施工、测试、操作、维护、变更以及退役，而确认工作应贯穿生命周期的全过程，确保生命周期中的所有步骤始终处于一种受控的状态。

一、设计确认（DQ）

新的厂房、设施、设备确认的第一步为设计确认（DQ）。

设计确认是有文件记录的对厂房、设施、设备等的设计所进行的审核活动，目的是确保设计符合用户所提出的各方面需求，经过批准的设计确认是后续确认活动（如安装确认、运行确认、性能确认）的基础。

通常，设计确认中包括以下的项目：

(1) 用户需求说明文件（User Requirement Specification，URS）　用户需求说明文件是从用户角度对厂房、设施、设备等所提出的要求。需求的程度和细节应与风险、复杂程度相匹配，其中可以针对待设计的厂房、设施、设备等考虑以下内容：

① 法规方面的要求（GMP要求、环保要求等）；

② 安装方面的要求和限制（尺寸、材质、动力类型、洁净级别等）；

③ 功能方面的要求；

④ 文件方面的要求（供应商应提供的的文件及格式要求，如图纸、维护计划、使用说明、备件清单等）。

（2）技术规格说明文件（Technical Specification，TS） 技术规格说明文件是从设计者角度对厂房、设施、设备等怎样满足用户需求所进行的说明。技术规格说明应根据用户需求说明文件中的条款准备，其中应包括必要的技术图纸等。

对比用户需求说明和技术规格说明可采用表格的方式将需求条款与设计条款进行逐条的比对并将对比的结果进行记录。为了方便对比以及对相应条款进行引用，建议对每一条需求和技术规格单独编号。

风险分析：应通过风险分析确定后续确认工作的范围和程度，并制订降低风险的措施。降低风险的措施可以是确认中的某项具体测试或者增加相应的控制或检查规程等，这些措施的执行情况需在后续的确认活动中进行检查。

风险分析可采用不同的方法进行（图 8-1），具体建议可参见"质量风险管理"章节的建议。

图 8-1 风险分析

对于标准化的设备，"设计"在很多情况下仅仅是对不同的型号进行选择的活动。在这样的情况下，设计确认的内容可以根据设备的复杂程度以及"客户化"的程度相对简化。例如，标准的或"低风险"的设备，可以将需求文件在采购文件之中进行描述，不需要单独建立用户需求说明或技术说明。

二、安装确认（IQ）

应对新的或发生改造之后的厂房、设施、设备等进行安装确认；设备、设施、管路的安装以及所涉及的仪表应对照工程技术图纸及设计确认文件进行检查；供应商提供的操作指导、维护和清洁的要求等文件应在安装确认过程中收集并归档；新设备的校准需求和预防性维护的需求应在这一阶段定义。

安装确认应包括以下的检查项目但不局限于：

a. 到货的完整性。

b. 将到货的实物与订单、发货单、DQ 文件等进行对比。

c. 检查设计确认文件中所规定的文件（如操作说明、备件清单、图纸等）是否齐全。

d. 材质和表面：检查直接接触产品的设备材质类型和表面的光滑程度；检查可能对产品质量产生影响的其他物质（如润滑剂、冷却剂等）。

e. 安装和连接情况：对照图纸检查安装情况（机械安装、电器安装、控制回路等）；加工情况（如焊接、排空能力、管路斜度、盲管等）；设备等的标识（内部设备编号的标识、管路标识等）；检查设备设施等与动力系统（如供电）的连接情况；检查设备设施等与公用设施（如压缩空气系统、冷水系统等）的连接情况。

f. 初始清洁。

g. 校准：应对厂房、设备、设施等的控制或测量用的仪表等进行校准需求的评估；对需校准的仪表等建立校准方法；完成初始校准。

h. 文件：收集及整理（归档）由供应商提供的操作指导、维护方面的要求；建立设备设施等的工作日志（logbook）；技术图纸等的审核（确认为最新状态）。

三、运行确认（OQ）

运行确认应在安装确认完成之后进行。其中的测试项目应根据对于工艺、系统和设备的相关知识而制订；测试应包括所谓的"最差条件"即操作参数的上下限度（例如最高和最低温度）而且测试应重复足够的次数以确保结果可靠并且有意义。

运行确认应包括以下内容但不局限于：

① 功能测试；

② 设备的基本功能；

③ 系统控制方面的功能（如报警、自动控制等）；

④ 安全方面的功能（如设备的急停开关功能，安全联锁功能等）；

⑤ 培训，在运行确认结束之前，应确认相关人员的培训已经完成，其中应至少包括设备操作、维护以及安全指导方面的内容；

⑥ 检查 OQ 中所使用到的测量用仪器：必须确保运行确认中所使用的测量用仪器仪表等都经过校准；

⑦ 检查相关文件的准备情况（以下文件都应在运行确认结束前完成）：

a. 操作规程，与设备设施操作、清洁相关的操作规程应在运行确认过程中进行完善和修改，并在运行确认结束之前完成；

b. 预防性维护计划，新设备已加入企业预防性维护计划中；

c. 校准计划；

d. 监测计划。

四、性能确认（PQ）

性能确认应在安装确认和运行确认成功完成之后执行，尽管将性能确认作为一个单独的活动进行描述，在有些情况下也可以将性能确认与运行结合在一起进行。性能确认是通过文件证明当设备、设施等与其他系统完成连接后能够有效地可重复地发挥作用，即通过测试设施、设备等的产出物（例如纯化水系统所生产出的纯化水、设备生产出的产品等）证明它们正确的性能。

性能确认中：可以使用与实际生产相同的物料，也可以使用有代表性的替代物料（如空白剂）；测试应包含"最差条件"，例如在设备最高速度运行时测试。

五、再确认

《药品生产质量管理规范（2010 年修订）》相关要求如下。

第一百四十四条　确认和验证不是一次性的行为。首次确认或验证后，应当根据产品质量回顾分析情况进行再确认或再验证。关键的生产工艺和操作规程应当定期进行再验证，确保其能够达到预期结果。

第八十一条　经改造或重大维修的设备应当进行再确认，符合要求后方可用于生产。

厂房、设施、设备等完成确认之后应通过变更管理系统进行控制，所有可能影响产品质量的变更都应正式地申请、记录并批准。厂房、设施、设备等的变更可能对产品质量造成影响时应进行评估，其中包括风险分析。通过风险分析确定是否需要再确认以及再确认的程度。

厂房、设施、设备等的初次确认完成之后，应对它们的确认状态进行维护。

在没有发生较大的变更的情况下，可以通过对维护、校准、工作日志、偏差、变更等的定期回顾确保厂房、设施、设备等的确认状态。这种周期性的回顾可视为再确认。

当发生改造、变更或反复出现故障时，需通过风险评估确定是否进行再确认，以及再确认的范围和程度。

六、试运行和确认

试运行（Commissioning）是在进行确认时经常被提及的概念，对于试运行的介绍可以详见本指南"基础设施"。

根据上文的介绍，确认活动依据药品生产质量管理规范（GMP）执行，通过文件证明厂房、设施、设备等可以达到预期的结果。其重点考察可能影响产品质量的关键因素（通过风险分析确定）。

而试运行主要依据良好工程管理规范（GEP）执行，是在工程技术方面对厂房、设施、设备等进行的测试和接收，主要关注工程学方面的要求（例如，电路的连接及标识、液压系统等）。

制药企业内的所有设备和设施都应通过风险评估判断它们的风险水平以及对产品质量的影响，只有那些对产品质量可能产生影响的设备和设施需要进行确认。因此并不是所有设备都需进行确认，但是从工程技术角度，所有的设施设备等在正式接收之前都应进行必要的技术检查。

在很多情况下，确认（安装确认和运行确认）是与试运行同时执行的，它们的内容存在重叠的情况，即试运行中的某些测试或检查项目与确认中的项目相类似甚至完全相同（例如，检查并记录设备的型号、功率；与公用系统的连接等）。但确认活动对文件的要求更为严格同时要求质量部门的参与。图 8-2 引自"ISPE 基准指南"第五册中"试运行与确认"，通过它即可看出试运行、确认以及后续的工艺验证之间的关系（图 8-2）。

通常，试运行过程中执行的测试或检查不需要在确认的过程中重复，但是必须保证试运行的文件记录符合 GMP 的要求，并且过程中有质量部门的参与（如必要的审核和批准）。

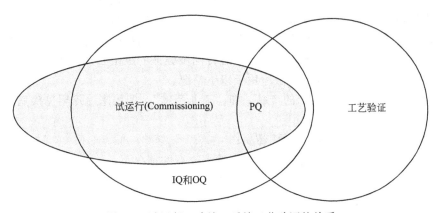

图 8-2　试运行、确认、后续工艺验证的关系

第五节 验 证

验证是质量体系中的一个基本要素，用来确保工艺、过程、方法或系统等能够实现预定的用途。

一、工艺验证

《药品生产质量管理规范（2010 年修订）》相关要求如下。

> 第一百四十条 应当建立确认与验证的文件和记录，并能以文件和记录证明达到以下预定的目标：
>
> （五）工艺验证应当证明一个生产工艺按照规定的工艺参数能够持续生产出符合预定用途和注册要求的产品。
>
> 第一百四十一条 采用新的生产处方或生产工艺前，应当验证其常规生产的适用性。生产工艺在使用规定的原辅料和设备条件下，应当能够始终生产出符合预定用途和注册要求的产品。
>
> 第一百四十二条 当影响产品质量的主要因素，如原辅料、与药品直接接触的包装材料、生产设备、生产环境（或厂房）、生产工艺、检验方法等发生变更时，应当进行确认或验证。必要时，还应当经药品监督管理部门批准。
>
> 第一百四十四条 确认和验证不是一次性的行为。首次确认或验证后，应当根据产品质量回顾分析情况进行再确认或再验证。关键的生产工艺和操作规程应当定期进行再验证，确保其能够达到预期结果。

基于对上述法规的理解和制药企业的生产实践，所有市售药物产品或药物中间体的生产过程都需要验证。生产工艺中涉及的可能影响最终产品质量的因素应在工艺的开发阶段确定，在开发结束之后通过工艺验证对这些因素的影响进行系统化的评估。

1. 验证的类型

工艺验证通常可以按照以下三种方式进行：前验证（也可被称为前瞻性验证或预验证）、同步验证、回顾性验证。

（1）前验证 针对新的生产工艺或当工艺发生重大变化时所进行的工艺验证应采用前验证的方式，在验证成功结束之后才可以放行产品。工艺验证中所生产的产品批量应与最终上市的产品批量相同。通常，工艺验证要求进行连续三个成功批次的生产。

（2）同步验证 在某些非常特殊的情况下也可以接受通过同步验证的方式进行工艺验证，即在常规生产过程中进行验证。同步验证中生产的产品如果符合所有验证方案中规定的要求，可以在最终验证报告完成之前放行。进行同步验证的决定必须合理、有文件记录并且经过质量部门批准。同步性验证方法适用于以下情况：

① 由于需求很小而不常生产的产品，如"孤儿药物"，即用来治疗罕见疾病的药物或每年生产少于 3 批的产品；

② 生产量很小的产品，如放射性药品；

③ 从前未经验证的遗留工艺过程，没有重大改变的情况下；

④ 已有的、已经验证的工艺过程发生较小的改变时；

⑤ 已验证的工艺进行周期性再验证时。

（3）回顾性验证 有些历史遗留的产品未进行工艺验证。这些工艺过程在满足以下条件时可以通过对历史数据回顾的方式进行回顾性验证：

一直按照市售产品批量规模进行生产，能够很好地理解生产中的工艺过程并记录下来；

有通过药典规定或经过验证实验方法进行检测所得到的充足可靠的验证数据；

对关键程序参数和关键质量特性作了规定并进行了控制；

建立了工艺过程的中间控制和可接受标准；

没有由于操作失误和设备故障之外而引起的任何工艺过程或产品失败；

在产品生产中应用的药物活性成分的杂质谱已经建立；

同时还应具备：工艺过程没有重大的历史改变；所有关键工艺参数和关键质量特征都可以作为有代表性的历史数据；执行回顾性验证的决定应得到质量部门批准。

此类验证活动只对于成熟的已进行常规生产的工艺适用，当发生产品组分变更、操作规程、方法或设备变更时不允许使用回顾性验证。回顾性验证基于历史数据，所涉及的过程包括准备验证方案、报告数据回顾的结果、作出相应的结论和建议。

回顾性验证的数据来源包括以下内容：批生产过程记录和包装过程记录；过程控制图表；以往数据资料；变更控制记录（如工艺过程仪器、设备和设施）；工艺过程的性能表现（如工艺能力分析）；已完成产品的数据，包括趋势和稳定性结果。

回顾性验证中所选的批次应能代表回顾周期内生产的所有批次（包括不符合质量标准的批次），并且批数应足够多。此外，为了获得足够数量或种类的数据，回顾性验证可能需要对留样进行额外测试。通常回顾性验证需通过 10～30 个连续批次的数据进行检查，但如果有合理的理由，批数可以减少。

2. 工艺过程验证的前提

工艺过程验证的前提条件包括：已经批准的主生产处方、基准批记录（Master Batch Record，原版空白批记录）以及相关的 SOP。

基准批记录的建立应基于组方和工艺规程，它应该带有专门、详细的生产指导和细则，须建立于验证方案起草之前，并在工艺过程验证开始前得到批准。基准批记录中需规定主要的工艺参数，例如：

活性原料和辅料的量，包括造粒和包衣过程需要溶液的量；

确定关键工艺过程参数以及参数范围。

设备确认（包括实验室设备）——在生产工艺过程验证前，所有参与验证的设施、设备、系统（包括计算机化系统）都必须完成设备确认。设备确认完成的情况应包括在工艺验证方案中。

可能影响工艺验证的支持性程序（如设备清洁、过滤、检查和灭菌）都须事先经过确认或验证；

关键仪表的校准；

终产品、过程中间控制检测、原料和组成成分都应该具备经过批准的标准；

购买、贮存并批准工艺验证所需的原料和组成成分；

使用经过验证的检验方法；

参加验证的人员须在工作前进行培训，并将培训记录存档。

3. 工艺验证的主要考察内容

工艺验证应对可能影响产品质量的关键因素进行考查，这些因素应通过风险评估进行确定，其中包括但不限于以下内容。

（1）起始物料 一般，起始物料如果具备下列特点，则被认为是关键起始物料：

起始物料的波动可能对产品质量产生不良影响；

起始原料决定了产品的关键特性（例如：缓释制剂中影响药物释放的材料）；

应对产品配方中的所有起始物料进行评估，以决定其关键性。应尽可能在工艺验证的不同批次中使用不同批的关键起始物料。

（2）工艺变量 如果工艺变量的波动可能对产品质量产生显著影响，则被认为是关键的工艺变量。在验证方案中，应对每一个关键变量设置特定的接受标准。关键工艺变量应通过风险评估进行确定，整个生产过程从起始物料开始，到成品结束都需要包含在风险评估中。常见的关键工艺变量包括但不限于：工艺时间、温度、压力；电导率；pH 值；不同工艺阶段的产率；微生物负荷；已称量的起始原料、中间物料和半成品的贮存时间和周期；批内的均匀性，通过适当的取样和检测进行评估。

（3）中间控制 在工艺验证中应对重要的工艺变量进行监控，并对结果进行评估。

（4）成品质量测试 产品质量标准中所有的检测项目都需要在验证过程中进行检测。测试结果必须符合相关的质量标准或产品的放行标准。

（5）稳定性研究 所有验证的批次都应通过风险分析评估是否需执行稳定性考察，以及确定稳定性考察的类型和范围。

（6）取样计划 工艺验证过程中所涉及的取样应按照书面的取样计划执行，其中应包括取样时间、方法、人员、工具、取样位置、取样数量等。通常，工艺验证应采用比常规生产更严格的取样计划。

（7）设备 在验证开始之前应确定工艺过程中所有涉及的设备，以及关键设备参数的设定范围。验证范围应包含"最差条件"，即最有可能产生产品质量问题的参数设定条件。

此外，对验证结果进行评估时可以采取对比的方式识别质量方面的波动。例如，首次验证所生产的产品应与用于药品申请时所生产的产品（关键批或生物等效批）质量进行对比；由于工艺变更引起的再验证，验证产品应与变更前的产品质量进行比较。

4. 工艺验证文件

验证方案内容：

① 将要使用的验证方法的描述（如预验证、回顾性验证、同步性验证）并带有对所选方法的理由说明。

② 产品描述，包括产品名称、剂型、适用剂量和待验证基准批记录的版本。

③ 过程流程图表说明关键过程步骤以及监控的关键过程参数。

④ 原料列表，包括参考标准和物料代码（如物料清单）。

⑤ 参与验证的设备和设施列表以及是否经过确认。

⑥ 所有用于验证的测试设备仪表都应该在校验有效期内。

⑦ 产品的定义：终产品的标准；中间过程控制标准；已有药品的相等性；关键过程参数和操作范围，包括对其范围的理由说明或包含理由说明的其他参考文件。

⑧ 可接受标准。

⑨ 取样计划，包括形式、量和样品数，附特殊取样及操作要求。

⑩ 稳定性测试要求：若无要求，方案须包含对这一决定的评估理由。

⑪ 记录和评估结果的方法（如统计分析）。

⑫ 对均匀性研究的要求或现行研究的参考。

验证方案须清楚定义试验条件并且说明在验证中如何达到这些条件。

验证报告内容：题目、批准日期和文件编号；验证目标和范围；实验实施的描述；结果总结；结果分析；结论；偏差和解决方法；附件（包括原始数据）；参考资料（包括验证方案号和版本号)；对需要纠正缺陷的建议。

5. 生产工艺的再验证

生产工艺的再验证主要针对以下两种情况。

① 当发生可能影响产品质量的变更或出现异常情况时，应通过风险评估确定是否需进行再验证以及确定再验证的范围和程度。可能需要进行再验证的情况包括但不局限于：

关键起始物料的变更（可能影响产品质量的物理性质如密度、黏度或粒度分布）；

关键起始物料生产商的变更；

包装材料的变更（例如塑料代替玻璃）；

扩大或减小生产批量；

技术、工艺或工艺参数的变更（例如混合时间的变化或干燥温度的变化）；

设备的变更（例如增加了自动检查系统）；设备上相同部件的替换通常不需要进行再验证，但可能影响产品质量的情况除外；

生产区域或公用系统的变更；

发生返工或再加工；

生产工艺从一个公司、工厂或建筑转移到其他公司、工厂或建筑；

反复出现的不良工艺趋势或 IPC 偏差、产品质量问题或超标结果（这些情况下应先确定并消除引起质量问题的原因，之后再进行再验证）；

异常情况（例如，在自检过程中或工艺数据趋势分析中发现的）。

② 周期性的再验证：生产工艺在完成首次验证之后，应定期进行再验证以确定它们仍保持验证状态并仍能满足要求，再验证的频率可以由企业根据产品、剂型等因素自行制订。周期性的再验证可以采用同步验证的方式、回顾的方式或两者相结合的方式进行，方式的选择应基于品种和剂型的风险。

如果采用回顾的方式，回顾时需考虑以下内容：

a. 批生产过程记录和包装过程记录；

b. 过程控制图表；

c. 以往数据资料；

d. 变更控制记录（如工艺过程仪器、设备和设施）；

e. 工艺过程的性能表现（如工艺能力分析）；

f. 已完成产品的数据，包括趋势和稳定性结果；

g. 前次验证中定义的纠正或预防性措施，如适用；

h. 工艺验证状态的变更；

i. 召回、严重偏差以及确定的由相应工艺导致的超标结果（放行时或稳定性测试中）、合理的投诉以及退货也应进行评估；

j. 放行测试、稳定性考察及/或中间过程控制数据的趋势；

k. 与工艺相关的质量标准限度、检验规程、验证文件的当前状态。

备注：通常如果通过回顾可以证明工艺的受控状态时，可以采用回顾的方式进行周期性再验证；但关键工艺过程（如灭菌）的周期性再验证不建议采用回顾的方式，而应重复（或部分重复）首次验证中的测试内容。

二、清洁验证

《药品生产质量管理规范（2010 年修订）》相关要求如下。

第一百四十三条　清洁方法应当经过验证，证实其清洁的效果，以有效防止污染和交叉污染。清洁验证应当综合考虑设备使用情况、所使用的清洁剂和消毒剂、取样方法和位置以及相应的取样回收率、残留物的性质和限度、残留物检验方法的灵敏度等因素。

1. 清洁验证的一般要求

清洁验证是通过文件证明清洁程序有效性的活动，它的目的是确保产品不会受到来自于同一设备上生产的其他产品的残留物、清洁剂以及微生物污染。

为了证明清洁程序的有效性，在清洁验证中应至少执行连续三个成功的清洁循环。

对于专用设备，清洁验证可以不必对活性成分进行考察，但必须考虑清洁剂残留以及潜在的微生物污染等因素，对于一些特殊的产品，还应考察降解产物。

对于没有与药物成分接触的设备（如加工辅料用的流化床或包衣片所使用的包装设备），清洁验证可以不必对活性成分进行考察，但必须考虑清洁剂残留及微生物污染等因素。

清洁验证中需对下列放置时间进行考察，进而确定常规生产中设备的放置时间：设备最后一次使用与清洁之间的最大时间间隔（"待清洁放置时间"）；设备清洁后至下一次使用的最大时间间隔（"清洁后放置时间"）。

2. 清洁验证的前提条件

进行清洁验证的前提条件是：

清洁程序已批准，其中包括关键清洁程序的参数范围；

完成风险评估（对于关键操作、设备、物料包括活性成分、中间体、试剂、辅料、清洁剂以及其他可能影响到清洁效果的参数）；

分析方法经过验证；

取样方法已经批准，其中包括取样规程和取样点；

验证方案已经批准，其中包括接受标准（根据不同设备制订）。

3. 测试项目

清洁验证中涉及的测试项目应根据产品的类型通过风险分析而定，通常需考虑以下内容：目测检查；活性成分残留；清洁剂残留；微生物污染；难清洁并可能对后续产品造成不良影响的辅料（如色素或香料）。

4. 取样

清洁验证中应用的取样方法应详细规定并且经过批准，选择取样方法时应考虑残留物和生产设备的特性。

（1）化学成分残留取样　应根据残留物的性质以及生产设备的特点选择取样和测试的方法。常用的取样方法包括擦拭法和淋洗法。由于残留物在设备表面并不是均匀分布的。因此，选择取样点时应考虑"最差条件"，例如最难清洗的材质或位置。

擦拭法是通过使用棉签等取样工具蘸取适当的溶剂对规定面积的设备表面进行擦拭的取样方法。

淋洗法是通过使用适当溶剂对设备表面淋洗之后收集淋洗液的取样方法，其中包括收集清洁程序的最终淋洗水或清洁后使用额外溶剂淋洗的方式。

注：收集最终淋洗水的方法适用于淋洗水能够接触到全部设备表面的清洁方法，如在线清洁（Cleaning In Place，CIP）方法。采用额外溶剂淋洗的方法因较难控制取样面积，不推荐作为首选的取样方法（尽量选择擦拭法）。

(2) 微生物污染取样　根据生产设备和环境条件，可采用擦拭法（使用无菌棉签）、接触平皿法或淋洗法进行微生物取样。取样点中应包括最差条件，如最难清洁的位置或最难干燥的位置。

5. 接受标准

国内外的法规中都未对清洁验证的接受标准进行明确规定，企业可以根据产品、剂型等实际情况制订清洁验证的接受标准，一般有以下的方式。

(1) 目测标准　设备清洁后无可见残留（包括所有类别的外来物质：如水、试剂、溶剂、化学物质等）。

(2) 活性成分残留水平　活性成分的接受标准应根据前一产品的药理活性、毒性以及其他的潜在污染因素确定。常用的方法有以下三种：一般标准、基于日治疗量的计算标准、基于毒性数据的计算标准。其中一般标准和基于日治疗量的计算标准较为常用，也可以采取从其中选择最严格的限度。

6. 测试和结果的评估

清洁验证中应采用验证过的分析方法对残留物或污染物进行测试，接受限度应根据所涉及的产品的特性而定。

应使用专属性的分析方法（如色谱法）对残留物进行测试。

如果使用非专属性的测试方法如总有机碳法、电导率法或紫外吸收法，应证明结果与专属方法的测试结果等效或者采用最差条件对结果进行评估（例如：使用总有机碳法测量淋洗液中活性成分残留含量时，无法区分测试到的碳来自前一产品活性成分、辅料还是清洁剂。这种情况下，最差条件意味着，测试出的总有机碳全部认为来自于前一产品的活性成分）。

计算单位面积上污染物的残留量时，设备的总面积应为后一产品生产所涉及的所有设备面积之和。

因为受到设备表面的类型和特性（材料、粗糙程度）、取样（包括取样方法和取样材料）和分析方法等的影响，残留物的测量值通常低于真实值。因此应通过真实值与测量值之间的比例关系计算出真实值，从而将计算结果修正到更接近真实值的水平（对结果进行补偿）。这个比例关系被称作回收因子（Recovery Factor，RF）。

回收因子为污染物（活性成分或清洁剂）残留量的实际值与残留量的测量值之间的比值。

$$RF = \frac{残留量的实际值}{残留量的测定值}$$

回收因子应通过分析方法验证而得到，在方法验证时应针对不同的取样方法以及不同的表面材质分别测试回收因子。如果测得的回收因子＞2，通常应考虑选择其他更合适的取样和分析方法。

分析方法验证内容详见"质量控制指南"。

残留量（mg/m^2）应按照下列公式进行修正计算：

$$X = \frac{RP \times RF}{AP}$$

式中　X——残留量（修正值）；

　　　AP——取样面积；

　　　RP——样品中检出的残留量（测量值）；

　　　RF——回收因子。

7. 分组概念（Bracketing Concept）

同一个清洁程序可能会应用在不同的产品、工艺和设备上。在清洁验证时不必针对每个独立的因素分别进行测试，而可以选择一个"最差的条件"（例如，最难清洁的产品或最难清洁的设备），通过只对"最差条件"进行测试进而推断清洁方法对于其他条件同样有效。这样的操作方式称为"分组"。

分组时可以考虑但不局限于，以下因素：

a. 剂型；

b. 活性成分的含量（例如配方相同但活性成分含量不同的产品）；

c. 生产设备（如将相同或相似的设备进行分组）；

d. 清洁方法（如对使用相同清洁方法的几个相似产品进行分组）。

最差条件的选择包括但不局限于：

a. 待清除物质的溶解性（如最难清除的活性成分）；

b. 待清除物质的毒性；

c. 设备尺寸和结构（如最大的接触面积或最难清洁的表面）。

8. 文件

清洁验证方案：应经过质量部门正式批准。清洁验证方案中应规定清洁程序验证的细节，其中应包括：

a. 验证的目的；

b. 执行和批准验证的人员职责；

c. 对所使用的设备的描述；

d. 生产结束至开始清洁的时间间隔（待清洁放置时间）；

e. 每个产品、每个生产系统或每个设备所使用的清洁规程；

f. 需连续执行的清洁循环的数量；

g. 常规监测的要求；

h. 取样规程，包括选择特定取样方法所依据的原则；

i. 明确规定取样位置；

j. 计算结果时所用的回收因子；

k. 分析方法，包括检测限度和定量限度；

l. 接受标准，包括设定标准的原则；

m. 根据分组原则，验证可以涵盖的其他产品、工艺或设备；

n. 再验证的时间。

清洁验证报告：验证之后应起草最终的清洁验证报告，其中应包括清洁程序是否通过验证的明确结论。应在报告中确定对于验证过的清洁程序的使用限制。报告应经过质量部门的批准。

9. 再验证

已验证过的清洁程序通过变更管理进行控制。当下列情况发生时，需进行清洁程序的再验证：

当清洁程序发生变更并可能影响清洁效果时（如清洁剂的配方发生变化或引入新清洁剂或清洁程序参数发生改变时）；

当设备发生变更并可能影响到清洁效果时；

当分组或最差条件发生变化并可能影响到验证结论时（如引入新产品或新设备而形成了

新的"最差条件"时);

当日常监测中发现异常结果时;

定期再验证：每个清洁程序应定期进行再验证，验证的频率由企业根据实际情况制订。对日常清洁程序监测结果的回顾可以作为周期性再验证。与在位清洁系统相比，手工清洁方法应采取更高频率的再评估。

三、分析方法验证

新版中国 GMP 中规定"应采用经过验证的检验方法进行检验，并保持持续的验证状态"。

分析方法验证的目的是证明该方法与其预期的目的相适应。

ICH Q2（R1）文件为目前国际制药行业广泛认可的分析方法验证的指导文件，其中第一部分介绍分析方法验证的一般要求，第二部分介绍方法学。《中国药典》（2010 版）附录 XIX "药品质量标准分析方法验证指导原则"中的主要内容与 ICH Q2（R1）文件基本一致，仅在个别条款的具体要求中存在差别。企业可根据实际需要选择相应的参考文件。

四、计算机化系统验证

近二三十年，随着 IT 业的快速发展，IT 技术在制药业的应用也越来越广泛，自动化制药设备、仪器、生产过程、管理系统等不断涌现。随之，在 20 世纪 90 年代，制药业的计算机化系统（Computerized System，CS）和计算机化系统验证（Computerized System Validation，CSV）被正式提出。计算机化系统验证属于验证范畴，但是又不同于其他验证，是验证工作中的难点，这一点在国际、国内都是如此。

当前，国际上新的制药理念不断被提出并付诸实施，比如：基于科学的质量风险管理、质量源于设计（Quality by Design，QbD）等，它们都强调基于对产品和过程的了解作出科学的分析和判断，从而建立自己的计算机化系统验证方法，以适应我们不同的需求。

1. 计算机化系统

根据 PIC/S 法规对计算机化系统的定义：计算机化系统（Computerized System）由计算机系统（Computer System）和被其控制的功能或程序（Controlled Function or Process）组成。

计算机系统由所有的计算机硬件、固件、安装的设备驱动程序和控制计算机运行的软件组成；被控制的功能可以包括被控制的设备（如自动化设备和实验室或工艺相关的使用仪器）、决定设备功能的操作程序或者不是设备的而是计算机系统硬件的操作。计算机化系统由硬件、软件和网络等组件，与受控的功能和相关联的文件组成，见图 8-3。

2. 计算机化系统的生命周期

计算机化系统的生命周期包含由最初概念至退役的所有活动，分为四个主要阶段。

概念阶段：通常，在这个阶段确定需求。

项目阶段：项目阶段包括计划、供应商的评估和选择、标准的制订、配置（对客户化的应用程序编码）、测试、报告和放行。

操作阶段：系统操作通常是生命周期中最长的一个阶段，通过应用必要的操作规程使系统维持在"符合要求"的受控状态。变更控制是这一阶段非常重要的活动。

退役阶段：系统生命周期的最后一个阶段，其中应确定数据的保存、转移或销毁以及对这些过程的控制。

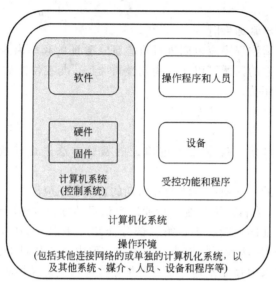

图 8-3　计算机系统和计算机化系统的关系

3. 计算机化系统的验证

计算机化系统的验证是通过以下两方面的活动使系统达到并维持符合法规要求以及预定目的的状态：

① 执行必要的生命周期活动。

生命周期活动的范围可以根据下列内容进行适当增减：

系统对于用药安全、产品质量及数据完整性的影响（风险评估）；

系统的复杂程度和创新程度（系统的结构和类别）；

供应商评估的结果（供应商能力）。

② 实施必要的操作控制：系统生命周期过程中通过应用相关的管理规程保证系统处于一种受控的状态。

4. 计算机化系统验证的一般流程

首先应确定需求，即系统的目标；之后对系统进行 GMP 相关性评估，根据评估结果确定是否需要进行验证；通过对系统进行风险评估和分类，根据结果确定验证范围（必要的生命周期活动和文件）。

图 8-4 显示了计算机化系统验证的一般流程。

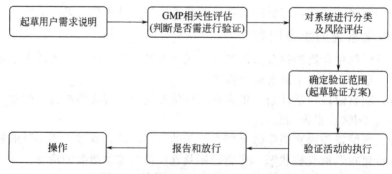

图 8-4　计算机化系统验证的一般流程

用户需求说明：用户需求（User Requirements Specification，URS）应该清晰地描述用户对计算机化系统的需求，是从用户角度提出的系统应具备的功能、系统操作的数据以及操作的环境。用户需求作为基础文件，是下一步系统开发、风险评估和系统测试的前提，也是验证活动的基础。如图 8-5 所示。

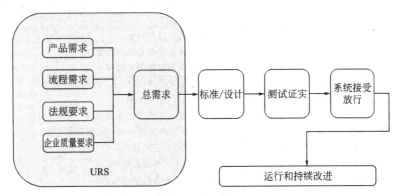

图 8-5　计算机化系统的用户需求说明

GMP 相关性评估：计算机化系统与 GMP 的相关性是做计算机化系统验证的依据，即判断系统功能是否影响 GMP 规定的内容，即是否最终对病人的安全、药品的质量和数据的真实完整性造成影响。

可以将相关的 GMP 规定按不同方面归纳成一系列问题列表，通过回答系统功能是否与列表中的内容相关，最终确定系统是否与 GMP 相关。问题关注的是计算机化系统的功能是否控制或监测某项操作，是否显示、生成或记录相关的质量和操作数据，是否直接提供相关的 GMP 证书或文件等。

风险评估：风险评估方法可用于计算机化系统的不同阶段。例如，对整个系统的风险评估决定系统的总体配置水平和关键控制手段；对系统各功能的风险评估决定控制方法和测试范围和水平；对变更的风险评估决定变更后的措施和测试水平等。

对系统各功能的风险评估决定了相应的风险控制措施、验证测试范围和日常检查手段等。

针对不同类型的计算机化系统实施不同程度验证，验证中的活动和文件可参见但不局限于表 8-1 的内容。

在 4 类软件系统的验证中涉及比 3 类系统更多的生命周期活动，通常包括 3 个级别的标准和确认。

(1) 功能标准（Functional Specification）　功能标准是从供应商角度对系统应具备的功能所进行的描述。测试通常基于功能标准而定。

(2) 配置标准（Configuration Specification）　配置标准中应包含系统中所有软件产品的配置情况，其中包括具体的设置和参数。制药企业的 IT 专家应参与配置标准的审核和批准。

(3) 设计标准（Design Specification）　客户化系统的设计标准应由供应商提供，描述系统如何被开发和维护，其中应包括系统开发的技术细节，基于功能标准而定。制药企业的 IT 专家应参与设计标准的审核和批准。

测试：在开发、执行以及接收过程中应进行不同级别的测试。测试的范围可以根据业务风险以及不同类别系统的复杂程度进行调整。

建立必要的管理程序，包括但不局限于：异常湿件管理及 CAPA；变更管理（变更管理、配置管理、维修活动）；定期审核；持续性管理（备份和恢复、业务持续计划、灾难恢复计划）。

表 8-1　计算机化系统验证中的不同文件生命周期

分类		描　述	验证活动
软件	1	已建立的商业软件(系统操作);基础工具软件(杀毒软件等)	记录版本号,安装确认
	2	不能配置或不需配置直接使用的软件	简化的生命周期活动(Abbreviate Life Cycle Approach) 用户需求说明 基于风险的供应商评估 针对风险评估结果的用户测试 建立系统使用和管理的程序
	3	需配置的产品(所提供的标准界面和功能可以按照用户业务需求配置)	完整的生命周期活动(Life Cycle Approach) 基于风险的供应商评估 证明供应商具有适当的质量系统 一些文件可由供应商保留(如:设计规格) 记录版本号,安装确认 测试(证实测试环境的结果) 测试(证实业务流程中的结果) 建立系统使用和管理的程序 建立数据管理程序
	4	客户定制应用软件	与3类软件相同,此外更严格的供应商审计整个生命周期的文件(功能规格、设计规格、结构测试等) 设计和源代码审核
硬件	1	标准硬件	设备组成信息(包括生产商或供应商),确认正确的安装和连接,符合配置管理和变更控制
	2	客户定制硬件	除上述内容外,定制部分的硬件应有设计规格并符合接受测试,基于风险的供应商审计,组装硬件中的组件来源不同应测试确认并兼容性

备份(Backup)指对数据、记录以及软件等复制的过程,目的是防止原始信息或内容的丢失或不完整。

恢复(Restore)指在必要时对数据、记录以及软件等进行复原的活动。

灾难恢复计划(Disaster Recovery Plan)指当系统中断时从技术层面恢复系统所应进行的活动。

业务持续计划(Business Continuity Plan)包括系统中断时从业务层面保证业务流程持续的活动。

报告和系统的放行:验证活动完成之后应通过验证报告对所进行的验证活动、发生的偏差情况和改正措施等进行总结,并且对系统是否满足预定用途作出最终结论。

5. 资源分配与人员职责

计算机化系统验证具有与不同于其他验证的特点,如:在PIC/S指南中除了对企业的相关规定外,"还有必要对软件和自动化系统的供应商和开发者如何符合GMP作出要求。因为,他们在进行软件开发的同时,还肩负着将用户对质量和性能的要求以严谨的方式'构建'到软件当中的责任,这一点往往超出了用户的控制能力之外,因此供应商和企业用户之间要分工明确"。

与供应商充分沟通、充分利用供应商的知识和技术文件在计算机化系统验证活动中非常重要;同时,用户自己的IT专家(Subject Matter Expert,SME)是代表用户审核专业文件的关键角色。

验证的关键人员包括用户企业和供应商两部分,其中,用户人员中应包括专业IT人员，具体描述如下。

① 用户企业验证团队需要由如下人员组成：

a. 项目负责人（Project Manager）。

b. 业务流程负责人（Process Owner）：负责业务流程的管理，确保计算机系统所控制的程序符合要求，拥有对系统中流程相关数据的所有权，负责系统的释放。也称为责任用户（Responsible User）。

c. QA：负责整个验证过程的监督和控制。

d. 计算机系统负责人（System Owner）：负责系统的正常运行、提供技术支持、维护系统的验证状态、系统数据安全等。一般是企业的IT部门人员或IT专家。

e. 关键用户（Key User）：负责使用系统操作流程的关键功能。

f. IT专家（Subject Matter Expert，SME）：专指对计算机系统有专长的IT专家，从计算机化系统项目的计划阶段就应该参与其中，尤其在系统测试方面起主导作用，这些工作包括验证策略的制订、测试方法、接收标准的制订以及测试结果的审核等。有时也可外请。

② 供应商（Supplier）/开发者（Developer）方面：负责确定软件开发方法；负责提供软件产品和服务，供应商可以是第三方，也可以是企业内部开发组；供应商应该使用最合适的开发方法和模型。

验证活动需要用户和供应商共同完成，其中，用户的SME可以是公司的IT专业人员，也可以外请。SME是连接用户和供应商的关键角色：帮助用户完成设计审核等IT专业相关的工作。

③ 业务流程负责人（Process Owner）和系统负责人（System Owner）：在验证活动中起重要作用，分别负责计算机化系统的受控业务流程（Controlled Process）和控制系统（Controlling System）。

可以根据项目的复杂程度、范围大小和人员的实际情况，合理调配资源。对于小型、简单的系统，涉及的部门和参与的人员相对较少，关键用户和QA人员即可达到要求，一个人可同时兼任多个角色；而大型、复杂的系统则需要各方面人员的合作才能完成，涉及的部门和参与人员较多。

6. 验证的可追溯性

可追溯性是指用户需求是如何在系统的功能规格以及设计规格中体现的，又是如何在系统中被测试所证实的，以确保整个验证活动都建立在最初制订的用户需求基础上，即系统能够达到用户的需求。下表所示为计算机化系统验证各阶段活动的内容及其相互之间的追溯关系，用户需求是其他阶段活动的源头。

7. 再验证

对于下列情况应考虑进行再验证以确保系统的受控状态：

当发生变更并且变更可能影响系统功能时；

当系统反复出现异常情况而对验证状态产生怀疑时（这种情况下，应首先进行调查，确认原因并改正之后再进行再验证）；

应定期对系统进行再验证以确定系统的验证状态，这种再验证可以以回顾评估的方式进行。

第六节　确认和验证过程中的偏差

确认和验证方案的执行过程中出现的异常情况或偏差（如未按照方案执行或出现超标结

果）应进行记录。根据异常或偏差的情况，可能需要采取进一步的调查、纠正措施。针对发生的异常或偏差，应至少记录发生位置、时间、发现的人员、可能的原因、调查结果以及纠正措施等。所有的异常或偏差都应在确认和验证报告中进行汇总，并对确认和验证的结果进行评估。

第七节　确认和验证的文件

《药品生产质量管理规范（2010 年修订）》相关要求如下。

> 第一百四十七条　应当根据确认或验证的对象制订确认或验证方案，并经审核、批准。确认或验证方案应当明确职责。
> 第一百四十八条　确认或验证应当按照预先确定和批准的方案实施，并有记录。确认或验证工作完成后，应当写出报告，并经审核、批准。确认或验证的结果和结论（包括评价和建议）应当有记录并存档。
> 第一百五十九条　与本规范有关的每项活动均应当有记录，以保证产品生产、质量控制和质量保证等活动可以追溯。记录应当留有填写数据的足够空格。记录应当及时填写，内容真实，字迹清晰、易读，不易擦除。

确认和验证的文件是厂房、设施、设备等的重要的 GMP 文件，应根据相关的标准操作规程建立并保存，其应能反映出厂房、设施、设备、工艺、分析方法、清洁程序的确认或验证状态。应确保在它们生命周期以及退役后的一段时间之内确认和验证文件被妥善地保存。

确认和验证的活动应按照书面的确认和验证方案执行。方案中详细规定如何执行确认和验证活动；方案应被审核及批准；方案中应规定关键的步骤以及接受标准。应根据方案起草确认和验证报告，其中包括对于结果的总结、对于偏差或异常情况的评估以及对于确认和验证的最终结论。

一、确认的文件（确认方案和报告）

确认方案一般应由用户部门负责起草，并经过质量部门的批准。确认活动应在方案批准之后执行。

确认方案中通常应至少包括以下内容：确认的原因、目的、范围等；对于待确认的厂房、设施、设备等的描述（其中包括对关键参数或功能的说明）；人员职责；时间计划；风险评估（确定关键参数或功能以及相应的降低风险的措施）；测试内容和接受标准；附件清单。

应建立书面的确认报告，报告应以确认方案为基础。确认报告中应对所获得的结果进行总结、对所发现的偏差进行评价，并得出必要的结论。报告中应包括纠正缺陷所需的变更的建议。任何对确认方案的变更都应进行记录并有合理解释。

通常，确认报告应至少包括以下内容：对测试结果的总结；对结果的评估；验证中出现的偏差情况；风险分析中确定的降低风险措施的执行情况；确认的最终结论；附件清单。

二、验证的文件（验证方案和报告）

验证应按照书面并且经过批准的流程执行，验证文件应有独立的文件编号，并且应至少经过质量部门的审核和批准。以下仅列出了通用的验证文件应涉及项目，针对具体类型验证文件的要求可详见具体章节。

验证方案是一个授权的计划，其中描述了所有验证过程中必需的测试项目以及接受标准。此文件由以下部分组成，但不局限于：

验证的原因和类型；

对于待验证的工艺、规程、方法或系统的简要描述；

风险分析的结果，其中描述关键工艺参数；

所需采用的分析方法；

所需使用的设备类型；

需取的样品；

需测试或监测的产品特性，以及测试的条件和测试规程；

接受标准；

时间安排；

人员职责；

如果适用，验证开始执行的前提条件；

如果适用，验证方案的附件清单（例如图纸、取样计划等）。

验证活动、测试结果以及最终的评估必须全面地记录在验证报告中。验证报告至少应包括：未解决问题的清单（如CAPA）；对于验证前提的执行情况的确认；验证方案中规定的中间过程控制及最终测试中获得的结果，包括出现的任何失败的测试或不合格的批次；对所有获得的相关结果的回顾、评估以及与接受标准的对比；对于验证方案的偏差或验证活动中出现的偏差的评估，以及未完成的改正或预防性措施的清单；验证报告的附件清单及/或额外的参考文件（如实验室报告，报表等）；对于整个验证的正式批准或拒绝。

第九章　文件管理

药品生产企业软件管理的标志，主要体现在文件管理上。

《药品生产质量管理规范（2010 年修订）》涉及内容：

> 第一节　原则
> 第二节　质量标准
> 第三节　工艺规程
> 第四节　批生产记录
> 第五节　批包装记录
> 第六节　操作规程和记录

根据法规要求，文件管理在不同的生命周期过程应遵循以下规定：

文件管理是质量管理系统的基本组成部分，涉及 GMP 的各个方面，与生产、质量、贮存和运输等相关的所有活动都应在文件系统中明确规定。所有活动的计划和执行都必须通过文件和记录证明。良好的文件和记录是质量管理系统的基本要素。应精心设计、制订、审核和发放文件。文件应按照操作规程管理，内容应清晰、易懂，并有助于追溯每批产品的历史情况。

第一节　文件结构与生命周期

一、文件体系结构

为确保质量管理系统的有效性，能够全面体现质量管理系统组织结构的文件系统是十分重要的。为了方便有效地管理药厂数量庞大的文件，可以将文件分为如图 9-1 所示四个层次进行管理。

根据公司的规模、组织架构和活动范围，以上四类文件可以有交叉和合并，如指导文件和规程可以合并为一类。有一些企业根据自身的情况使用标准管理规程和标准操作规程两类的文件结构也是可以的。

根据建立的四级文件结构，需要确定每一级别中具体需要编写和执行的文件（表 9-1）。

二、文件管理的生命周期

同设施、设备和程序的管理一样，文件管理也有相应的生命周期过程，见图 9-2。通过整个生命周期过程的分阶段控制，确保文件管理符合相应的法规和程序要求。

对于表 9-2 不同生命周期过程的具体描述，在确保文件处于受控状态的前提下，企业可根据自身的实际情况制订相应的管理程序要求。

下面对文件的存档和保存期限进行进一步说明。

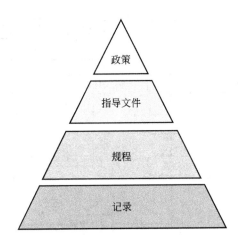

文件类别	描述	
政策	公司政策综述: 政策定义了框架、基本原则和目标,不涉及具体的系统、工艺或要求	SMP
指导文件	系统、通用性工艺、总体要求: 指导文件定义了通用性工艺和总体要求/职责	SOP
规程	详细的操作要求和规程: 基于相应的指导文件,详细的操作要求和规程包括通用性工艺的详细说明、工厂或和某职能的(内部)标准操作	
记录	所有与GMP相关活动的记录文件,提供这些活动的历史和相关情况	—

图 9-1 文件体系结构

表 9-1 各级文件结构需要编写和执行的文件细则

文件类别	文件举例	说 明
政策	• 质量手册 • 工厂主文件 • 工作职责说明书 • 质量目标	• 公司最高管理层负责批准此类文件 • 不需要频繁修订
指导文件	• 生产处方 • 设备的维护和校准 • 确认和验证 • 变更管理 • 偏差管理 • 质量标准 • 监测	• 基于政策内容,相关管理人员负责编写 • 根据政策变更、注册要求、法规更新或新的客户要求随时进行修订或定期回顾更新
规程	• 操作程序	• 基于指导文件的内容,相关的操作部门负责编写 • 根据实际情况随时进行修订或定期回顾更新
记录	• 记录	• 基于规程内容进行编订 • 根据实际情况随时进行修订或定期回顾更新

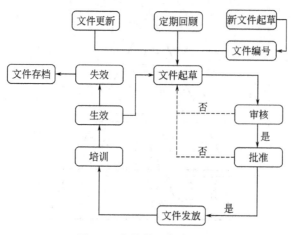

图 9-2　文件管理生命周期

表 9-2　文件管理生命周期

生命周期	描　述		
文件起草	● 建立新文件 ● 对已有文件进行更新或定期回顾		
文件审核	格式审核:对照已规定的文件标准格式检查相应的内容(如,文件编号、版本号、字体、字号等)(文件管理人员负责) 内容审核:从法规、技术和管理的角度确认文件内容(相应部门技术专家和管理负责人)		
文件批准	● 文件在使用前必须经过批准,批准人应当是相应部门或领域负责人		
文件发放、 培训和生效	● 批准后的文件可以用于培训 ● 不能同时有两个版本的文件在工作现场出现		
	文件发放	● 确保工作现场文件的获取,可根据需要发放文件的纸质版本 ● 如需向公司外部使用者提供文件,应有明确规定 ● 文件发放应有相应的记录	
	培训	有效日期前组织相关人员进行培训,并有相应的记录	
	生效	● 生效日期当天文件生效,正式按文件规定内容执行 说明:文件生效之前,均需要经过适当培训。即设定"批准日期"规定时间段后的日期为文件生效日期(可由文件管理人员根据批准日期设定)。但根据具体情况也可以另行规定,如批准日期即为文件生效日期	
文件失效	● 文件失效后,要及时撤销,防止错误使用失效版本的文件		
文件存档	● 按规定对文件进行保存和归档		
定期回顾	● 根据规定时限对文件进行定期回顾,检查文件内容是否是最新并适用		

　　文件记录的保存可以是纸质原件或电子表格或准确的副本,如影印件、缩影胶片、单片缩影胶片或原件的其他精确复制品。关于文件记录的保存期限,对于与批相关的文件和批不相关的文件有不同的要求。

　　《药品生产质量管理规范(2010年修订)》中有以下描述"与本规范有关的每项活动均应有记录,所有记录至少应保存至药品有效期后一年,确认和验证、稳定性考察的记录和报告等重要文件应长期保存,以保证产品生产、质量控制和质量保证等活动可以追溯。"在保证中国GMP要求的前提下,参考欧盟和美国的规定,表9-3中列出了不同物料批相关文件的建议保存期限。

表 9-3 不同物料批相关文件的建议保存期限

文件	公司规定的保存期限	法规依据
记录、方案和相关文件涉及采购、收货、生产(包括清洁、批相关的偏差和批相关的监测)、控制实验(包括实验室记录)、放行、拒收、返工、再加工、储存、发货、运输和退货等		
中间品、半成品和成品	有效期后 1 年或放行后 5 年,选择较长者	Directive 2003/94/EC 人用药 21 CFR 211.180(a)
活性成分、辅料和包装材料	与活性成分、辅料和包装材料有关的产品有效期后 1 年	21 CFR 211.180(b)
用于销售的活性成分	有效斯后 1 年或如果有重检期,发货后 3 年	欧盟 GMP 指南人用药品及兽药第二部分,6.13 章
用于临床试验的半成品和成品	临床试验完成或正式终止后 5 年	Directive 2003/94/EC 人用药 GMP 指导原则第 9.1 条

　　对于批不相关的文件,相关法规对保存期限没有具体的规定。各公司需要依据产品、工艺的特点等因素,制订相应的保存年限,保证产品生产、质量控制和质量保证等活动可以追溯。一些文件,如政策、指导文件、SOP 和基准批记录等,应有变更历史记录,记录应长期保存。

第二节　文件种类

　　质量管理系统中要建立哪些文件?企业要根据自己质量管理系统的范围而定,下表中列出了质量管理系统中应至少包括的 GMP 文件。不同企业之间文件名称可能有所差别,但只要有相应内容的文件即可。具体负责部门,企业可根据各自公司的组织结构而定。需注意,一些与 GMP 不直接相关的领域,如临床研究、开发、IT 领域、市场和销售,与质量相关的活动也必须有相应的文件和记录。

　　质量管理体系中需要建立的文件见表 9-4。

表 9-4 质量管理体系中需要建立的文件细则

负责部门	文件类型	QA	生产	工程	QC	物流
管理系统	质量手册	—	—	—	—	
	质量目标	—	—	—	—	
管理流程	文件的接受和保存	—				
	供应商和委托加工生产商的审计报告	—				
	委托生产	—				
	工厂文件	—				

续表

负责部门 / 文件类型		QA	生产	工程	QC	物流
资源和资产管理	培训					
	人员考核办法					
	组织结构图			—	—	—
	工作职责说明书					
	人员增减和卫生					
	环境监测记录	—				—
	设施和设备的校准和确认					
	设备设施的维护、维修和清洁	—				
	操作指南	—				
	房间的清洁程序	—		—	—	—
	昆虫和动物控制		—	—	—	—
产品相关流程管理	工艺和清洁验证			—	—	
	起始物料的控制			—	—	
	取样程序			—	—	
	检测规程/记录			—	—	
	超标结果的处理程序			—	—	
	实验室设备的校准和确认			—	—	
	分析方法验证	—	—	—		
	标准品和试剂的处理	—	—	—		
	销售记录			—	—	
	投诉的处理	—		—	—	—
	产品召回			—	—	
	生产记录	—				—
	质量标准(生产处方)					—
	生产偏差的处理措施					
	容器的包装和标签	—				
	变更控制程序		—	—	—	—
	验证主计划		—	—	—	—
	旅行程序		—	—	—	—
流程管理、分析和改进	操作指南和记录		—	—	—	—

一、标准操作规程

新版 GMP 中定义，"标准操作规程是经批准用来指导药品生产活动的通用性文件，如设备操作、维护与清洁、验证、环境控制、取样和检验等"。标准操作规程是企业活动和决策的基础，确保每个人正确、及时地执行质量相关的活动和流程。

标准操作规程根据企业的规定应该有相应的模板和编写要求，一般情况下，应包括以下内容，每页：文件题目/文件编号/版本号；第几页/共几页。封面页：公司名称；文件类型—标准操作规程；文件题目/文件编号/版本号（＊）；第几页/共几页；适用范围；生效日期（＊）；回顾日期；参考文件/替代文件编号；作者、审核人和批准人签名/日期（＊）；文件发放（＊）；关键字（＊）；根据新版中国 GMP 要求必须包括的内容（表 9-5）。

表 9-5　药品生产标准操作规程正文

1. 目的
描述文件的目标
2. 定义/缩略语
解释文件中的定义和缩略语，便于文件的理解
3. 职责
描述程序中执行者和参与者的责任，如果任务可授权需要明确指出文件改版、检查和批准的职责
4. 设备及材料
描述规程执行的过程中需要使用的设备或材料
5. 步骤（尽量使用表格、清单和流程图，清晰描述）
描述需要完成的任务和达成的目标
使用物料和设备的质量标准
可接受标准，时间要求
使用的文件、表格和模板
偏差处理
6. 附件
数据信息、工作流程，如表格、清单等
7. 培训要求
部门
需培训的岗位
8. 变更历史
文件编号
版本号
变更描述
生效日期

二、质量标准

《药品生产质量管理规范（2010 年修订)》要求如下。

第一百六十四条　物料和成品应当有经批准的现行质量标准；必要时，中间产品或待包装产品也应当有质量标准。

质量标准详细阐述生产过程中所用物料或所得产品必须符合的技术要求。质量标准是质量评价的基础，是保证产品质量、安全性、有效性和一致性的重要因素。

质量标准需根据药典、国家标准或注册文件的变化，进行相应的修订。当药典或有关文件更新时，应检查每个物料相对应的专论、方法等，以确定是否需要更新质量标准。

在药典要求变更后，应进行相应物料的影响分析。

标准加严：重新评估检测结果；

方法变更：评估/风险分析，并且适当时候按照新方法检测；

新的要求：检测或风险分析。

经过一定的过渡期，所有批次的物料应该经过评估或测试以满足新的要求。

三、工艺规程

《药品生产质量管理规范（2010年修订）》要求如下。

第一百六十八条 每种药品的每个生产批量均应当有经企业批准的工艺规程，不同药品规格的每种包装形式均应当有各自的包装操作要求。工艺规程的制订应当以注册批准的工艺为依据。

第一百六十九条 工艺规程不得任意更改。如需更改，应当按照相关的操作规程修订、审核、批准。工艺规程是产品设计、质量标准和生产、技术、质量管理的汇总，是企业组织和指导生产的主要依据和技术管理工作的基础。保证生产的批与批之间，尽可能与原设计计吻合，保证每一药品在整个有效期内保持预定的质量。

按照《药品生产质量管理规范（2010年修订）》及企业通常的文件规定的要求，工艺规程应包括如表9-6所示的内容。

表9-6 工艺规程内容

生产处方

- 产品名称和产品代码
- 产品剂型、规格和批量
- 所用原辅料清单（包括生产过程中可能消失、不在成品中出现的物料），阐明每一物料的指定名称、唯一的代码和用量；如原辅料的用量需要折算时，还应说明计算方法
- 产品特性概述（包括产品的物理特性描述，如外观、颜色、形状、单位重量等）
- 针对需要按照效价调整的物料，可描述调整需要的计算方法
- 产品质量标准编号，注册标准编号

生产操作要求

- 对生产场所和所用设备的说明（如操作间的位置和编号、洁净度级别、必要的温湿度要求、设备型号和编号等）
- 关键设备的准备所采用的方法（如清洗、组装、校准、灭菌等）或相应操作规程编号
- 详细的生产步骤说明（如物料的核对、预处理、加入物料的顺序、混合时间、温度等）
- 所有中间控制方法及评判标准
- 预期的最终产量限度，必要时，还应说明中间产品的产量限度，以及物料平衡的计算方法和限度
- 待包装产品的贮存要求，包括容器、标签及特殊贮存条件
- 需要说明的特别注意事项

包装操作要求

- 以最终包装容器中产品的数量、重量或体积表示的包装规格
- 所需全部包装材料的完整清单，包括包装材料的名称、数量、规格、类型以及与质量标准有关的每一包装材料的代码
- 印刷包装材料的实样或复制品，并标明产品批号、有效期打印位置
- 需要说明的特别注意事项，包括对生产区和设备进行的检查，在包装操作开始前，确认包装生产线的清场已经完成等
- 包装操作步骤的说明，包括重要的辅助性操作条件和所用设备的注意事项、包装材料使用前的核对
- 中间控制的详细操作，包括取样方法及合格标准
- 待包装产品、印刷包装材料的物料平衡计算方法和限度

注：• 中国新版GMP规定；○ 企业通常要求。

工艺规程应进行定期回顾，通过变更管理控制其改变。

四、批记录

根据新版 GMP 的规定，批记录（Batch Record，BR）是记述每批药品生产、质量检验和放行审核的所有文件和记录，可追溯所有与成品质量有关的历史和信息。每批药品都应有批记录，包括：批生产记录；批包装记录；批检验记录；药品放行审核记录；其他与本批产品有关的记录文件。

通过批记录可以追溯所有与产品生产、包装和检验相关的历史和信息，特别是当产品在销售过程中出现质量问题时。基于批记录在药品生产过程中的重要作用，批记录管理过程中的重要控制点和风险点总结如表 9-7 所示。

表 9-7　批记录管理的重点控制点和风险点

过程	控制点/风险点
起草	(1)基准批记录依据以下文件制订： • 注册文件 • 现有批量的工艺验证 • 工艺规程 • 质量标准 • 其他相关文件 (2)有统一格式的标准化模板要求
使用	(1)为了区别批记录与其他文件,可以使用彩色纸张(如绿色)打印或复印 (2)以现行版基准批记录进行复印或打印 (3)遵循记录填写的要求进行记录
审核	在任何情况下,质量授权人必须在产品放行前对"必须保证每批已放行产品的生产、检验均符合相关法规、药品注册批准或规定的要求和质量标准"的要求作出书面承诺,并纳入批记录
保存	按照相应规定保存 用电子方法保存的批记录,应采用磁带、缩微胶卷、纸质副本或其他方法进行备份,以确保记录的安全,且数据资料在保存期间内应便于查阅
修订	基准批记录的修正或变更应当根据变更管理的规定程序进行批准,填写变更历史记录

五、记录

记录是反映实际生产活动实施结果的书面文件，药品生产的所有环节，从生产到检验再到销售都要有记录可查证追溯。记录必须真实、完整，才可以体现生产过程中的实际情况。下面就记录在使用和填写时的一般要求总结如下。各企业在符合相关法律法规要求的前提下，可根据自身的实际情况作出相应的规定。

使用的记录格式为经过批准的格式。

所记录的信息应及时、真实、清晰、正确、完整。

不可使用不规范的缩写去记录文字或单位（如物理或化学单位），填写记录时应注意数字单位及有效数字与要求一致。

在记录中工整地书写文字或数据，正常情况下应使用蓝色或黑色、字迹不能擦掉或消退的笔（尽量使用签字笔）。

内容与上项相同时应重复抄写，不得用"……"或"同上"等表示。

GMP 文件记录不允许使用废纸。

只有由本人获得的数据，才可填入记录中。

记录应按表格内容填写齐全，如果操作无须执行，相应的空格用斜线划掉，并签名和日期，必要时写上无须填写的原因。

所有文件和记录必须有总页数和页码，如果页数不够可以加附加页。

与产品放行相关的数据从原始数据记录转移到报告单/数据处理系统时，如果数据转移人没有进行测量/测试/运行的操作，或转移的时间超过一天，需要经过第二人的复核签名。结果页需和该记录/文件一起保存，如果单独保存必须指明地点和保存期限。

理论上，原始数据的更改是不应发生或不可能发生的。原始数据只能在例外的情况下被更正，例如：输入错误或书写错误。如果输入的更正是必要的，更正后原来的信息应仍可读，更正人应签名和日期。应记录更正原因，如打印错误、数字调换或抄写错误。

禁止覆盖、删除或涂抹任何已填写的数据信息，更改信息数据应用单线划掉需要更改的内容，在其上、下或旁边写上正确的内容，并签名、注明日期和更正原因。

六、批生产/包装记录

每页：物料号；产品名称；规格；生产批号；文件编号（包括版本号）；页号/总页数；批准签名。

封面页：物料号；产品名称；批量；文件编号（包括版本号）；生效日期日期；参考文件。

批信息：生产批号；生产日期（仅限包装阶段）；有效期（仅限包装阶段）；生产订单号；批量（仅限非固定批量包装阶段）；编制人和复核人的签名；内容。

以下列出了基准批记录中包括的内容，根据企业的实际情况，在满足相应法规要求的前提下，内容可有所不同。

1. 批记录总结

由生产和质量相关负责人员对整批进行最后的评估；

如果批记录有偏差，需附偏差报告；

需要时，与报告相关的验证的信息。

2. 批记录内容列表

批记录所包括的内容的清单及生产结束后生产和 QA 相关人员的初步审查的结果。

3. 安全警告

列出所有物料的物料安全数据表（MSDS）编号以保证所有相关人员都已受到培训。可确保使用这些物料时可采取适当的处理方法避免事故发生。

陈述所有必要的人身保护措施。

任何与所有步骤相关的重要注意事项。

4. 物料清单（Bill of Materials，BOM）

参考注册文件的单剂量处方。

验证批量的处方，包括物料号、物料名称、数量和单位（参考验证文件和操作规定）。

5. 清场及设备清洁度确认

列出生产房间号（或者区域位置）和所有将要使用的设备名称和系统号。

按照上批的清场记录检查区域状态。

检查设备清洁度。

6. 安装和功能测试

安装指南；机器功能测试和结果。

7. 物料的接收

对照物料接收清单双人复核。

8. 操作步骤

操作指南和记录，包括起始时间、完成时间、操作人签名、复核人签名。

凡重要步骤，必须由第二个人检查或者得到相关负责人的批准，并在批记录中进行清晰的描述，例如物料的接收、称量、计算和一些危险的操作。

产率和物料平衡。

9. 中间过程控制（IPC）

取样计划，需描述频率、地点、数量、方法和工具。

检验规程和记录包括测试仪器类型、标准、结果和签名。

相关负责人评估测试结果。

10. 转移文件

转移文件应当放到批件录指定的页号或者说明应当附到哪页上，例如印刷包装材料的实样、物料标签、设备清洁标签、机器打印信息、称量表等。

11. 附录

其他批相关的文件，例如偏差报告。

第十章　药品注册管理

我国药品种类、数量繁多，但是申报的新药多是仿制和对已有药品进行剂型及给药途径的改变，而真正自主创新的药品数量很少，而注册的化学药中没有一种是自主创新的。我国药品生产存在着极其严重的低水平重复建设，随意申报现象较为严重，随着我国药企的不断发展，新药研发注册将越来越受到重视，没有研发注册，就没有生存、发展的空间。

药品注册　是指国家食品药品监督管理局根据药品注册申请人的申请，依照法定程序，对拟上市销售药品的安全性、有效性、质量可控性等进行审查，并决定是否同意其申请的审批过程。

新药申请　是指未曾在中国境内上市销售的药品的注册申请。

对已上市药品改变剂型、改变给药途径、增加新适应证的药品注册按照新药申请的程序申报。

仿制药申请　是指生产国家食品药品监督管理局已批准上市的已有国家标准的药品的注册申请；但是生物制品按照新药申请的程序申报。

进口药品申请　是指境外生产的药品在中国境内上市销售的注册申请。

补充申请　是指新药申请、仿制药申请或者进口药品申请经批准后，改变、增加或者取消原批准事项或者内容的注册申请。

再注册申请　是指药品批准证明文件有效期满后申请人拟继续生产或者进口该药品的注册申请。

药品生产企业都要进行药品注册，除根据发展需要进行新药（中药、天然药物、化学药品和生物制品）和仿制新药申请外，还要进行药品补充申请和药品再注册工作。按照《药品管理法》和《药品注册管理办法》要求进行药品注册管理实施。

《药品管理法》相关规定如下。

第二十九条　研制新药，必须按照国务院药品监督管理部门的规定如实报送研制方法、质量指标、药理及毒理试验结果等有关资料和样品，经国务院药品监督管理部门批准后，方可进行临床试验。药物临床试验机构资格的认定办法，由国务院药品监督管理部门、国务院卫生行政部门共同制定。

完成临床试验并通过审批的新药，由国务院药品监督管理部门批准，发给新药证书。

第三十一条　生产新药或者已有国家标准的药品的，须经国务院药品监督管理部门批准，并发给药品批准文号；但是，生产没有实施批准文号管理的中药材和中药饮片除外。实施批准文号管理的中药材、中药饮片品种目录由国务院药品监督管理部门会同国务院中医药管理部门制定。

药品生产企业在取得药品批准文号后，方可生产该药品。

第三十二条　药品必须符合国家药品标准。中药饮片依照本法第十条第二款的规定执行。

国务院药品监督管理部门颁布的《中华人民共和国药典》和药品标准为国家药品标准。

国务院药品监督管理部门组织药典委员会，负责国家药品标准的制定和修订。

国务院药品监督管理部门的药品检验机构负责标定国家药品标准品、对照品。

《药品管理法实施条例》相关规定如下。

第二十八条 药物非临床安全性评价研究机构必须执行《药物非临床研究质量管理规范》，药物临床试验机构必须执行《药物临床试验质量管理规范》。《药物非临床研究质量管理规范》、《药物临床试验质量管理规范》由国务院药品监督管理部门、商国务院科学技术行政部门和国务院卫生行政部门制定。

第二十九条 药物临床试验、生产药品和进口药品，应当符合《药品管理法》及本条例的规定，经国务院药品监督管理部门审查批准；国务院药品监督管理部门可以委托省、自治区、直辖市人民政府药品监督管理部门对申报药物的研制情况及条件进行审查，对申报资料进行形式审查，并对试制的样品进行检验。具体办法由国务院药品监督管理部门制定。

第三十条 研制新药，需要进行临床试验的，应当依照《药品管理法》第二十九条的规定，经国务院药品监督管理部门批准。

药物临床试验申请经国务院药品监督管理部门批准后，申报人应当在经依法认定的具有药物临床试验资格的机构中选择承担药物临床试验的机构，并将该临床试验机构报国务院药品监督管理部门和国务院卫生行政部门备案。

药物临床试验机构进行药物临床试验，应当事先告知受试者或者其监护人真实情况，并取得其书面同意。

第三十一条 生产已有国家标准的药品，应当按照国务院药品监督管理部门的规定，向省、自治区、直辖市人民政府药品监督管理部门或者国务院药品监督管理部门提出申请，报送有关技术资料并提供相关证明文件。省、自治区、直辖市人民政府药品监督管理部门应当自受理申请之日起30个工作日内进行审查，提出意见后报送国务院药品监督管理部门审核，并同时将审查意见通知申报方。国务院药品监督管理部门经审核符合规定的，发给药品批准文号。

第三十二条 生产有试行期标准的药品，应当按照国务院药品监督管理部门的规定，在试行期满前3个月，提出转正申请；国务院药品监督管理部门应当自试行期满之日起12个月内对该试行期标准进行审查，对符合国务院药品监督管理部门规定的转正要求的，转为正式标准；对试行标准期满未按照规定提出转正申请或者原试行标准不符合转正要求的，国务院药品监督管理部门应当撤销该试行标准和依据该试行标准生产药品的批准文号。

第三十三条 变更研制新药、生产药品和进口药品已获批准证明文件及其附件中载明事项的，应当向国务院药品监督管理部门提出补充申请；国务院药品监督管理部门经审核符合规定的，应当予以批准。

第三十四条 国务院药品监督管理部门根据保护公众健康的要求，可以对药品生产企业生产的新药品种设立不超过5年的监测期；在监测期内，不得批准其他企业生产和进口。

第四十条 国家鼓励培育中药材。对集中规模化栽培养殖、质量可以控制并符合国务院药品监督管理部门规定条件的中药材品种，实行批准文号管理。

第四十一条 国务院药品监督管理部门对已批准生产、销售的药品进行再评价，根据药品再评价结果，可以采取责令修改药品说明书，暂停生产、销售和使用的措施；对不良反应大或者其他原因危害人体健康的药品，应当撤销该药品批准证明文件。

第四十二条 国务院药品监督管理部门核发的药品批准文号、《进口药品注册证》、《医药产品注册证》的有效期为5年。有效期届满，需要继续生产或者进口的，应当在有效期届满前6个月申请再注册。药品再注册时，应当按照国务院药品监督管理部门的规定报送相关资料。有效期届满，未申请再注册或者经审查不符合国务院药品监督管理部门关于再注册的规定的，注销其药品批准文号、《进口药品注册证》或者《医药产品注册证》。

根据《药品注册管理办法》的规定，注册分类及申报资料项目分别介绍如下。

第一节　中药、天然药物

一、注册分类

① 未在国内上市销售的从植物、动物、矿物等物质中提取的有效成分及其制剂。

② 新发现的药材及其制剂。

③ 新的中药材代用品。

④ 药材新的药用部位及其制剂。

⑤ 未在国内上市销售的从植物、动物、矿物等物质中提取的有效部位及其制剂。

⑥ 未在国内上市销售的中药、天然药物复方制剂。

⑦ 改变国内已上市销售中药、天然药物给药途径的制剂。

⑧ 改变国内已上市销售中药、天然药物剂型的制剂。

⑨ 仿制药。

说明：1. "未在国内上市销售的从植物、动物、矿物等物质中提取的有效成分及其制剂"是指国家药品标准中未收载的从植物、动物、矿物等物质中提取得到的天然的单一成分及其制剂，其单一成分的含量应当占总提取物的90％以上。

2. "新发现的药材及其制剂"是指未被国家药品标准或省、自治区、直辖市地方药材规范（统称"法定标准"）收载的药材及其制剂。

3. "新的中药材代用品"是指替代国家药品标准中药成方制剂处方中的毒性药材或处于濒危状态药材的未被法定标准收载的药用物质。

4. "药材新的药用部位及其制剂"是指具有法定标准药材的原动、植物新的药用部位及其制剂。

5. "未在国内上市销售的从植物、动物、矿物等物质中提取的有效部位及其制剂"是指国家药品标准中未收载的从单一植物、动物、矿物等物质中提取的一类或数类成分组成的有效部位及其制剂，其有效部位含量应占提取物的50％以上。

6. "未在国内上市销售的中药、天然药物复方制剂"包括：

① 中药复方制剂；

② 天然药物复方制剂；

③ 中药、天然药物和化学药品组成的复方制剂。

中药复方制剂应在传统医药理论指导下组方。主要包括：来源于古代经典名方的中药复方制剂、主治为症候的中药复方制剂、主治为病症结合的中药复方制剂等。

天然药物复方制剂应在现代医药理论指导下组方，其适应证用现代医学术语表述。

中药、天然药物和化学药品组成的复方制剂包括中药和化学药品、天然药物和化学药品，以及中药、天然药物和化学药品三者组成的复方制剂。

7. "改变国内已上市销售中药、天然药物给药途径的制剂"是指不同给药途径或吸收部位之间相互改变的制剂。

8. "改变国内已上市销售中药、天然药物剂型的制剂"是指在给药途径不变的情况下改变剂型的制剂。

9. "仿制药"是指注册申请我国已批准上市销售的中药或天然药物。

二、申报资料项目

1. 综述资料

① 药品名称。

② 证明性文件。

③ 立题目的与依据。

④ 对主要研究结果的总结及评价。

⑤ 药品说明书样稿、起草说明及最新参考文献。

⑥ 包装、标签设计样稿。

2. 药学研究资料

① 药学研究资料综述。

② 药材来源及鉴定依据。

③ 药材生态环境、生长特征、形态描述、栽培或培植（培育）技术、产地加工和炮制方法等。

④ 药材标准草案及起草说明，并提供药品标准物质及有关资料。

⑤ 提供植物、矿物标本，植物标本应当包括花、果实、种子等。

⑥ 生产工艺的研究资料、工艺验证资料及文献资料，辅料来源及质量标准。

⑦ 化学成分研究的试验资料及文献资料。

⑧ 质量研究工作的试验资料及文献资料。

⑨ 药品标准草案及起草说明，并提供药品标准物质及有关资料。

⑩ 样品检验报告书。

⑪ 药物稳定性研究的试验资料及文献资料。

⑫ 直接接触药品的包装材料和容器的选择依据及质量标准。

药理毒理研究资料：

⑬ 药理毒理研究资料综述。

⑭ 主要药效学试验资料及文献资料。

⑮ 一般药理研究的试验资料及文献资料。

⑯ 急性毒性试验资料及文献资料。

⑰ 长期毒性试验资料及文献资料。

⑱ 过敏性（局部、全身和光敏毒性）、溶血性和局部（血管、皮肤、黏膜、肌肉等）刺激性、依赖性等主要与局部、全身给药相关的特殊安全性试验资料和文献资料。

⑲ 遗传毒性试验资料及文献资料。

⑳ 生殖毒性试验资料及文献资料。

㉑ 致癌试验资料及文献资料。

㉒ 动物药代动力学试验资料及文献资料。

3. 临床试验资料

① 临床试验资料综述。

② 临床试验计划与方案。

③ 临床研究者手册。

④ 知情同意书样稿、伦理委员会批准件。

⑤ 临床试验报告。

第二节　化学药品

一、注册分类

（1）未在国内外上市销售的药品

① 通过合成或者半合成的方法制得的原料药及其制剂；

② 天然物质中提取或者通过发酵提取的新的有效单体及其制剂；

③ 用拆分或者合成等方法制得的已知药物中的光学异构体及其制剂；

④ 由已上市销售的多组分药物制备为较少组分的药物；

⑤ 新的复方制剂；

⑥ 已在国内上市销售的制剂增加国内外均未批准的新适应证。

（2）改变给药途径且尚未在国内外上市销售的制剂

（3）已在国外上市销售但尚未在国内上市销售的药品

① 已在国外上市销售的制剂及其原料药，和/或改变该制剂的剂型，但不改变给药途径的制剂；

② 已在国外上市销售的复方制剂，和/或改变该制剂的剂型，但不改变给药途径的制剂；

③ 改变给药途径并已在国外上市销售的制剂；

④ 国内上市销售的制剂增加已在国外批准的新适应证。

（4）改变已上市销售盐类药物的酸根、碱基（或者金属元素），但不改变其药理作用的原料药及其制剂

（5）改变国内已上市销售药品的剂型，但不改变给药途径的制剂

（6）已有国家药品标准的原料药或者制剂

二、申报资料项目

1. 综述资料

① 药品名称。

② 证明性文件。

③ 立题目的与依据。

④ 对主要研究结果的总结及评价。

⑤ 药品说明书、起草说明及相关参考文献。

⑥ 包装、标签设计样稿。

2. 药学研究资料

① 药学研究资料综述。

② 原料药生产工艺的研究资料及文献资料；制剂处方及工艺的研究资料及文献资料。

③ 确证化学结构或者组分的试验资料及文献资料。

④ 质量研究工作的试验资料及文献资料。

⑤ 药品标准及起草说明，并提供标准品或者对照品。

⑥ 样品的检验报告书。

⑦ 原料药、辅料的来源及质量标准、检验报告书。

⑧ 药物稳定性研究的试验资料及文献资料。

⑨ 直接接触药品的包装材料和容器的选择依据及质量标准。

3. 药理毒理研究资料

① 药理毒理研究资料综述。

② 主要药效学试验资料及文献资料。

③ 一般药理学的试验资料及文献资料。

④ 急性毒性试验资料及文献资料。

⑤ 长期毒性试验资料及文献资料。

⑥ 过敏性（局部、全身和光敏毒性）、溶血性和局部（血管、皮肤、黏膜、肌肉等）刺激性等特殊安全性试验资料和文献资料。

⑦ 复方制剂中多种成分药效、毒性、药代动力学相互影响的试验资料及文献资料。

⑧ 致突变试验资料及文献资料。

⑨ 生殖毒性试验资料及文献资料。

⑩ 致癌试验资料及文献资料。

⑪ 依赖性试验资料及文献资料。

⑫ 非临床药代动力学试验资料及文献资料。

4. 临床试验资料

① 国内外相关的临床试验资料综述。

② 临床试验计划及研究方案。

③ 临床研究者手册。

④ 知情同意书样稿、伦理委员会批准件。

⑤ 临床试验报告。

第三节　生物制品

一、治疗用生物制品

1. 注册分类

① 未在国内外上市销售的生物制品。

② 单克隆抗体。

③ 基因治疗、体细胞治疗及其制品。

④ 变态反应原制品。

⑤ 由人的、动物的组织或者体液提取的，或者通过发酵制备的具有生物活性的多组分制品。

⑥ 由已上市销售生物制品组成新的复方制品。

⑦ 已在国外上市销售但尚未在国内上市销售的生物制品。

⑧ 含未经批准菌种制备的微生态制品。

⑨ 与已上市销售制品结构不完全相同且国内外均未上市销售的制品（包括氨基酸位点突变、缺失，因表达系统不同而产生、消除或者改变翻译后修饰，对产物进行化学修饰等）。

⑩ 与已上市销售制品制备方法不同的制品（例如采用不同表达体系、宿主细胞等）。

⑪ 首次采用 DNA 重组技术制备的制品（例如以重组技术替代合成技术、生物组织提取或者发酵技术等）。

⑫ 国内外尚未上市销售的由非注射途径改为注射途径给药，或者由局部用药改为全身给药的制品。

⑬ 改变已上市销售制品的剂型但不改变给药途径的生物制品。

⑭ 改变给药途径的生物制品（不包括上述 12 项）。

⑮ 已有国家药品标准的生物制品。

2. 申报资料项目

（1）综述资料

① 药品名称。

② 证明性文件。

③ 立题目的与依据。

④ 研究结果总结及评价。

⑤ 药品说明书样稿、起草说明及参考文献。

⑥ 包装、标签设计样稿。

（2）药学研究资料

① 药学研究资料综述。

② 生产用原材料研究资料

a. 生产用动物、生物组织或细胞、原料血浆的来源、收集及质量控制等研究资料；

b. 生产用细胞的来源、构建（或筛选）过程及鉴定等研究资料；

c. 种子库的建立、检定、保存及传代稳定性资料；

d. 生产用其他原材料的来源及质量标准。

③ 原液或原料生产工艺的研究资料、确定的理论和实验依据及验证资料。

④ 制剂处方及工艺的研究资料、辅料的来源和质量标准及有关文献资料。

⑤ 质量研究资料及有关文献，包括参考品或者对照品的制备及标定，以及与国内外已上市销售的同类产品比较的资料。

⑥ 临床试验申请用样品的制造和检定记录。

⑦ 制造和检定规程草案，附起草说明及检定方法验证资料。

⑧ 初步稳定性研究资料。

⑨ 直接接触制品的包装材料和容器的选择依据及质量标准。

（3）药理毒理研究资料

① 药理毒理研究资料综述。

② 主要药效学试验资料及文献资料。

③ 一般药理研究的试验资料及文献资料。

④ 急性毒性试验资料及文献资料。

⑤ 长期毒性试验资料及文献资料。

⑥ 动物药代动力学试验资料及文献资料。

⑦ 遗传毒性试验资料及文献资料。

⑧ 生殖毒性试验资料及文献资料。

⑨ 致癌试验资料及文献资料。

⑩ 免疫毒性和/或免疫原性研究资料及文献资料。

⑪ 溶血性和局部刺激性研究资料及文献资料。

⑫ 复方制剂中多种组分药效、毒性、药代动力学相互影响的试验资料及文献资料。

⑬ 依赖性试验资料及文献资料。

（4）临床试验资料

① 国内外相关的临床试验资料综述。

② 临床试验计划及研究方案草案。

③ 临床研究者手册。

④ 知情同意书样稿及伦理委员会批准件。

⑤ 临床试验报告。

（5）其他

① 临床前研究工作简要总结。

② 临床试验期间进行的有关改进工艺、完善质量标准和药理毒理研究等方面的工作总结及试验研究资料。

③ 对审定的制造和检定规程的修改内容及修改依据，以及修改后的制造及检定规程。

④ 稳定性试验研究资料。

⑤ 连续 3 批产品制造及检定记录。

二、预防用生物制品

1. 注册分类

① 未在国内外上市销售的疫苗。

② DNA 疫苗。

③ 已上市销售疫苗变更新的佐剂，偶合疫苗变更新的载体。

④ 由非纯化或全细胞（细菌、病毒等）疫苗改为纯化或者组分疫苗。

⑤ 采用未经国内批准的菌毒种生产的疫苗（流感疫苗、钩端螺旋体疫苗等除外）。

⑥ 已在国外上市销售但未在国内上市销售的疫苗。

⑦ 采用国内已上市销售的疫苗制备的结合疫苗或者联合疫苗。

⑧ 与已上市销售疫苗保护性抗原谱不同的重组疫苗。

⑨ 更换其他已批准表达体系或者已批准细胞基质生产的疫苗；采用新工艺制备并且实验室研究资料证明产品安全性和有效性明显提高的疫苗。

⑩ 改变灭活剂（方法）或者脱毒剂（方法）的疫苗。

⑪ 改变给药途径的疫苗。

⑫ 改变国内已上市销售疫苗的剂型，但不改变给药途径的疫苗。

⑬ 改变免疫剂量或者免疫程序的疫苗。

⑭ 扩大使用人群（增加年龄组）的疫苗。

⑮ 已有国家药品标准的疫苗。

2. 申报资料项目

（1）综述资料

① 新制品名称。

② 证明性文件。

③ 选题目的和依据。

④ 药品说明书样稿、起草说明及参考文献。

⑤ 包装、标签设计样稿。

（2）研究结果总结及评价资料

（3）生产用菌（毒）种研究资料

① 菌（毒）种的来源、特性和鉴定资料。

② 种子批的建立和检定资料。

③ 菌（毒）种传代稳定性研究资料。

④ 中国药品生物制品检定所对生产用工作种子批的检定报告。

（4）生产用细胞基质研究资料

① 细胞基质的来源、特性和鉴定资料。

② 细胞库的建立和检定资料。

③ 细胞的传代稳定性研究资料。

④ 中国药品生物制品检定所对生产用细胞基质工作细胞库的检定报告。

⑤ 培养液及添加成分的来源、质量标准等。

（5）生产工艺研究资料

① 疫苗原液生产工艺的研究资料、确定的理论和实验依据及验证资料。

② 制剂的处方和工艺及其确定依据，辅料的来源及质量标准。

（6）质量研究资料，临床前有效性及安全性研究资料

① 质量研究及注册标准研究资料。

② 检定方法的研究以及验证资料。

③ 与同类制品比较研究资料。

④ 产品抗原性、免疫原性和动物试验保护性的分析资料。

⑤ 动物过敏试验研究资料。

⑥ 动物安全性评价资料。

（7）制造及检定规程草案，附起草说明和相关文献

（8）临床试验申请用样品的制造检定记录

（9）初步稳定性试验资料

（10）生产、研究和检定用实验动物合格证明

（11）临床试验计划、研究方案及知情同意书草案

（12）临床前研究工作总结

（13）国内外相关的临床试验综述资料

（14）临床试验总结报告，包括临床试验方案、知情同意书样稿、伦理委员会批准件等

（15）临床试验期间进行的有关改进工艺、完善质量标准等方面的工作总结及试验研究资料

（16）确定疫苗保存条件和有效期的稳定性研究资料

（17）对审定的制造和检定规程的修改内容及其修改依据，以及修改后的制造及检定规程

（18）连续 3 批产品的制造及检定记录

第四节　药品补充申请注册事项及申报资料要求

1. 国家食品药品监督管理局审批的补充申请事项

① 持有新药证书的药品生产企业申请该药品的批准文号。

② 使用药品商品名称。

③ 增加中药的功能主治、天然药物适应证或者化学药品、生物制品国内已有批准的适应证。

④ 变更用法用量或者变更适用人群范围但不改变给药途径。

⑤ 变更药品规格。

⑥ 变更药品处方中已有药用要求的辅料。

⑦ 改变影响药品质量的生产工艺。

⑧ 修改药品注册标准。

⑨ 替代或减去国家药品标准处方中的毒性药材或处于濒危状态的药材。

⑩ 进口药品、国内生产的注射剂、眼用制剂、气雾剂、粉雾剂、喷雾剂变更直接接触药品的包装材料或者容器；使用新型直接接触药品的包装材料或者容器。

⑪ 申请药品组合包装。

⑫ 新药的技术转让。

⑬ 修订或增加中药、天然药物说明书中药理毒理、临床试验、药代动力学等项目。

⑭ 改变进口药品注册证的登记项目，如药品名称、制药厂商名称、注册地址、药品有效期、包装规格等。

⑮ 改变进口药品的产地。

⑯ 改变进口药品的国外包装厂。

⑰ 进口药品在中国国内分包装。

⑱ 其他。

2. 省级食品药品监督管理部门批准国家食品药品监督管理局备案或国家食品药品监督管理局直接备案的进口药品补充申请事项

⑲ 改变国内药品生产企业名称。

⑳ 国内药品生产企业内部改变药品生产场地。

㉑ 变更直接接触药品的包装材料或者容器（除上述第⑩事项外）。

㉒ 改变国内生产药品的有效期。

㉓ 改变进口药品制剂所用原料药的产地。

㉔ 变更进口药品外观，但不改变药品标准的。

㉕ 根据国家药品标准或者国家食品药品监督管理局的要求修改进口药品说明书。

㉖ 补充完善进口药品说明书安全性内容。

㉗ 按规定变更进口药品包装标签。

㉘ 改变进口药品注册代理机构。

㉙ 其他。

3. 省级食品药品监督管理部门备案的补充申请事项

㉚ 根据国家药品标准或者国家食品药品监督管理局的要求修改国内生产药品说明书。

㉛ 补充完善国内生产药品说明书安全性内容。

㉜ 按规定变更国内生产药品包装标签。

㉝ 变更国内生产药品的包装规格。

㉞ 改变国内生产药品制剂的原料药产地。

㉟ 变更国内生产药品外观，但不改变药品标准的。

㊱ 其他。

第五节 药品再注册申报资料项目

一、境内生产药品

（1）证明性文件

① 药品批准证明文件及药品监督管理部门批准变更的文件。

②《药品生产许可证》复印件。

③ 营业执照复印件。

④《药品生产质量管理规范》认证证书复印件。

（2）5 年内生产、销售、抽验情况总结，对产品不合格情况应当作出说明

（3）5 年内药品临床使用情况及不良反应情况总结

（4）有下列情形之一的，应当提供相应资料或者说明

① 药品批准证明文件或者再注册批准文件中要求继续完成工作的，应当提供工作完成后的总结报告，并附相应资料；

② 首次申请再注册药品需要进行Ⅳ期临床试验的，应当提供Ⅳ期临床试验总结报告；

③ 首次申请再注册药品有新药监测期的，应当提供监测情况报告。

（5）提供药品处方、生产工艺、药品标准。凡药品处方、生产工艺、药品标准与上次注册内容有改变的，应当注明具体改变内容，并提供批准证明文件

（6）生产药品制剂所用原料药的来源。改变原料药来源的，应当提供批准证明文件

（7）药品最小销售单元的现行包装、标签和说明书实样

二、进口药品

（1）证明性文件

①《进口药品注册证》或者《医药产品注册证》复印件及国家食品药品监督管理局批准有关补充申请批件的复印件。

② 药品生产国家或者地区药品管理机构出具的允许该药品上市销售及该药品生产企业符合药品生产质量管理规范的证明文件、公证文书及其中文译本。

③ 药品生产国家或者地区药品管理机构允许药品进行变更的证明文件、公证文书及其中文译本。

④ 由境外制药厂商常驻中国代表机构办理注册事务的，应当提供《外国企业常驻中国代表机构登记证》复印件。

⑤ 境外制药厂商委托中国代理机构代理申报的，应当提供委托文书、公证文书及其中文译本，以及中国代理机构的营业执照复印件。

（2）5 年内在中国进口、销售情况的总结报告，对于不合格情况应当作出说明

（3）药品进口销售 5 年来临床使用及不良反应情况的总结报告

（4）首次申请再注册药品有下列情形之一的，应当提供相应资料或者说明

① 需要进行Ⅳ期临床试验的应当提供Ⅳ期临床试验总结报告；

② 药品批准证明文件或者再注册批准文件中要求继续完成工作的，应当提供工作总结报告，并附相应资料。

（5）提供药品处方、生产工艺、药品标准和检验方法。凡药品处方、生产工艺、药品标准和检验方法与上次注册内容有改变的，应当指出具体改变内容，并提供批准证明文件

（6）生产药品制剂所用原料药的来源。改变原料药来源的，应当提供批准证明文件

（7）在中国市场销售药品最小销售单元的包装、标签和说明书实样

（8）药品生产国家或者地区药品管理机构批准的现行原文说明书及其中文译本

第六节　新药监测期期限表

说明：除表 10-1～表 10-3 所列情形的新药不设立监测期。

表 10-1 设立 5 年的监测期的新药

中药、天然药物	化学药品	治疗性生物制品	预防用生物制品
1. 未在国内上市销售的从植物、动物、矿物等物质中提取有效成分的制剂	1. 未在国内外上市销售的药品中： 1.1 通过合成或者半合成的方法制得原料药的制剂； 1.2 天然物质中提取或者通过发酵提取的新有效单体的制剂； 1.3 用拆分或者合成等方法制得的已知药物中光学异构体的制剂	1. 未在国内外上市销售的生物制品	1. 未在国内外上市销售的疫苗

表 10-2 设立 4 年的监测期的新药

中药、天然药物	化学药品	治疗性生物制品	预防用生物制品
2. 新发现药材的制剂 4. 药材新药用部位的制剂 5. 未在国内上市销售的从植物、动物、矿物等物质中提取有效部位的制剂 6. 未在国内上市销售的中药、天然药物复方制剂中： 6.1 中药复方制剂； 6.2 天然药物复方制剂； 6.3 中药、天然药物和化学药品组成的复方制剂	1. 未在国内外上市销售的药品中： 1.4 由已上市销售的多组分药物制备为较少组分的药物； 1.5 新的复方制剂 2. 改变给药途径且尚未在国内外上市销售的制剂 3. 已在国外上市销售但尚未在国内上市销售的药品中： 3.1 已在国外上市销售的制剂，和/或改变该制剂的剂型，但不改变给药途径的制剂	2. 单克隆抗体 3. 基因治疗、体细胞治疗及其制品 4. 变态反应原制品 5. 由人的、动物的组织或者体液提取的，或者通过发酵制备的具有生物活性的多组分制品 6. 由已上市销售生物制品组成新的复方制品 7. 已在国外上市销售但尚未在国内上市销售的生物制品 8. 含未经批准菌种制备的微生态制品 9. 与已上市销售制品结构不完全相同且国内外均未上市销售的制品（包括氨基酸位点突变、缺失，因表达系统不同而产生、消除或者改变翻译后修饰，对产物进行化学修饰等） 10. 与已上市销售制品制备方法不同的制品（例如采用不同表达体系、宿主细胞等） 11. 首次采用 DNA 重组技术制备的制品（例如以重组技术替代合成技术、生物组织提取或者发酵技术等） 12. 国内外尚未上市销售的由非注射途径改为注射途径给药，或者由局部用药改为全身给药的制品	2. DNA 疫苗 3. 已上市销售疫苗变更新的佐剂，偶合疫苗变更新的载体 4. 由非纯化或全细胞（细菌、病毒等）疫苗改为纯化或者组分疫苗 5. 采用未经国内批准的菌毒种生产的疫苗（流感疫苗、钩端螺旋体疫苗等除外） 6. 已在国外上市销售但未在国内上市销售的疫苗 7. 采用国内已上市销售的疫苗制备的结合疫苗或者联合疫苗 8. 与已上市销售疫苗保护性抗原谱不同的重组疫苗

表 10-3 设立 3 年的监测期的新药

中药、天然药物	化学药品	治疗性生物制品	预防用生物制品
7. 改变国内已上市销售中药、天然药物给药途径的制剂 8. 改变国内已上市销售中药、天然药物剂型的制剂中采用特殊制剂技术者，如靶向制剂、缓释制剂、控释制剂	3. 已在国外上市销售但尚未在国内上市销售的药品中： 3.2 已在国外上市销售的复方制剂，和/或改变该制剂的剂型，但不改变给药途径的制剂； 3.3 改变给药途径并已在国外上市销售的制剂 4. 改变已上市销售盐类药物的酸根、碱基（或者金属元素），但不改变其药理作用的原料药的制剂 5. 改变国内已上市销售药品的剂型，但不改变给药途径的制剂中采用特殊制剂技术者，如靶向制剂、缓释制剂、控释制剂	14. 改变给药途径的生物制品（不包括12）	9. 更换其他已批准表达体系或者已批准细胞基质生产的疫苗；采用新工艺制备并且实验室研究资料证明产品安全性和有效性明显提高的疫苗 10. 改变灭活剂（方法）或者脱毒剂（方法）的疫苗 11. 改变给药途径的疫苗

依据《药品注册管理办法》，药品注册申报程序如下。

第五十六条　申请人完成药物临床试验后，应当填写《药品注册申请表》，向所在地省、自治区、直辖市药品监督管理部门报送申请生产的申报资料，并同时向中国药品生物制品检定所报送制备标准品的原材料及有关标准物质的研究资料。

第五十七条　省、自治区、直辖市药品监督管理部门应当对申报资料进行形式审查，符合要求的，出具药品注册申请受理通知书；不符合要求的，出具药品注册申请不予受理通知书，并说明理由。

第五十八条　省、自治区、直辖市药品监督管理部门应当自受理申请之日起5日内组织对临床试验情况及有关原始资料进行现场核查，对申报资料进行初步审查，提出审查意见。除生物制品外的其他药品，还需抽取3批样品，向药品检验所发出标准复核的通知。

省、自治区、直辖市药品监督管理部门应当在规定的时限内将审查意见、核查报告及申报资料送交国家食品药品监督管理局药品审评中心，并通知申请人。

第五十九条　药品检验所应对申报的药品标准进行复核，并在规定的时间内将复核意见送交国家食品药品监督管理局药品审评中心，同时抄送通知其复核的省、自治区、直辖市药品监督管理部门和申请人。

第六十条　国家食品药品监督管理局药品审评中心收到申报资料后，应当在规定的时间内组织药学、医学及其他技术人员对申报资料进行审评，必要时可以要求申请人补充资料，并说明理由。

经审评符合规定的，国家食品药品监督管理局药品审评中心通知申请人申请生产现场检查，并告知国家食品药品监督管理局药品认证管理中心；经审评不符合规定的，国家食品药品监督管理局药品审评中心将审评意见和有关资料报送国家食品药品监督管理局，国家食品药品监督管理局依据技术审评意见，作出不予批准的决定，发给《审批意见通知件》，并说明理由。

第六十一条　申请人应当自收到生产现场检查通知之日起6个月内向国家食品药品监督管理局药品认证管理中心提出现场检查的申请。

第六十二条　国家食品药品监督管理局药品认证管理中心在收到生产现场检查的申请后，应当在30日内组织对样品批量生产过程等进行现场检查，确认核定的生产工艺的可行性，同时抽取1批样品（生物制品抽取3批样品），并进行该药品标准复核的药品检验所检验，并在完成现场检查后10日内将生产现场检查报告送交国家食品药品监督管理局药品审评中心。

第六十三条　样品应当在取得《药品生产质量管理规范》认证证书的车间生产；新开办药品生产企业、药品生产企业新建药品生产车间或者新增生产剂型的，其样品生产过程应当符合《药品生产质量管理规范》的要求。

第六十四条　药品检验所应当依据核定的药品标准对抽取的样品进行检验，并在规定的时间内将药品注册检验报告送交国家食品药品监督管理局药品审评中心，同时抄送相关省、自治区、直辖市药品监督管理部门和申请人。

第六十五条　国家食品药品监督管理局药品审评中心依据技术审评意见、样品生产现场检查报告和样品检验结果，形成综合意见，连同有关资料报送国家食品药品监督管理局。国家食品药品监督管理局依据综合意见，作出审批决定。符合规定的，发给新药证书，申请人已持有《药品生产许可证》并具备生产条件的，同时发给药品批准文号；不符合规定的，发给《审批意见通知件》，并说明理由。

改变剂型但不改变给药途径，以及增加新适应证的注册申请获得批准后不发给新药证书；靶向制剂、缓释、控释制剂等特殊剂型除外。

第三节 新药监测期

第六十六条 国家食品药品监督管理局根据保护公众健康的要求,可以对批准生产的新药品种设立监测期。监测期自新药批准生产之日起计算,最长不得超过5年。

监测期内的新药,国家食品药品监督管理局不批准其他企业生产、改变剂型和进口。

第六十七条 药品生产企业应当考察处于监测期内的新药的生产工艺、质量、稳定性、疗效及不良反应等情况,并每年向所在地省、自治区、直辖市药品监督管理部门报告。药品生产企业未履行监测期责任的,省、自治区、直辖市药品监督管理部门应当责令其改正。

第六十八条 药品生产、经营、使用及检验、监督单位发现新药存在严重质量问题、严重或者非预期的不良反应时,应当及时向省、自治区、直辖市药品监督管理部门报告。省、自治区、直辖市药品监督管理部门收到报告后应当立即组织调查,并报告国家食品药品监督管理局。

第六十九条 药品生产企业对设立监测期的新药从获准生产之日起2年内未组织生产的,国家食品药品监督管理局可以批准其他药品生产企业提出的生产该新药的申请,并重新对该新药进行监测。

第七十条 新药进入监测期之日起,国家食品药品监督管理局已经批准其他申请人进行药物临床试验的,可以按照药品注册申报与审批程序继续办理该申请,符合规定的,国家食品药品监督管理局批准该新药的生产或者进口,并对境内药品生产企业生产的该新药一并进行监测。

第七十一条 新药进入监测期之日起,不再受理其他申请人的同品种注册申请。已经受理但尚未批准进行药物临床试验的其他申请人同品种申请予以退回;新药监测期满后,申请人可以提出仿制药申请或者进口药品申请。

第七十二条 进口药品注册申请首先获得批准后,已经批准境内申请人进行临床试验的,可以按照药品注册申报与审批程序继续办理其申请,符合规定的,国家食品药品监督管理局批准其进行生产;申请人也可以撤回该项申请,重新提出仿制药申请。对已经受理但尚未批准进行药物临床试验的其他同品种申请予以退回,申请人可以提出仿制药申请。

第五章 仿制药的申报与审批

第七十三条 仿制药申请人应当是药品生产企业,其申请的药品应当与《药品生产许可证》载明的生产范围一致。

第七十四条 仿制药应当与被仿制药具有同样的活性成分、给药途径、剂型、规格和相同的治疗作用。已有多家企业生产的品种,应当参照有关技术指导原则选择被仿制药进行对照研究。

第七十五条 申请仿制药注册,应当填写《药品注册申请表》,向所在地省、自治区、直辖市药品监督管理部门报送有关资料和生产现场检查申请。

第七十六条 省、自治区、直辖市药品监督管理部门对申报资料进行形式审查,符合要求的,出具药品注册申请受理通知书;不符合要求的,出具药品注册申请不予受理通知书,并说明理由。

已申请中药品种保护的,自中药品种保护申请受理之日起至作出行政决定期间,暂停受理同品种的仿制药申请。

第七十七条 省、自治区、直辖市药品监督管理部门应当自受理申请之日起5日内组织对研制情况和原始资料进行现场核查,并应当根据申请人提供的生产工艺和质量标准组织进行生产现场检查,现场抽取连续生产的3批样品,送药品检验所检验。

样品的生产应当符合本办法第六十三条的规定。

第七十八条 省、自治区、直辖市药品监督管理部门应当在规定的时限内对申报资料进行审查，提出审查意见。符合规定的，将审查意见、核查报告、生产现场检查报告及申报资料送交国家食品药品监督管理局药品审评中心，同时通知申请人；不符合规定的，发给《审批意见通知件》，并说明理由，同时通知药品检验所停止该药品的注册检验。

第七十九条 药品检验所应当对抽取的样品进行检验，并在规定的时间内将药品注册检验报告送交国家食品药品监督管理局药品审评中心，同时抄送通知其检验的省、自治区、直辖市药品监督管理部门和申请人。

第八十条 国家食品药品监督管理局药品审评中心应当在规定的时间内组织药学、医学及其他技术人员对审查意见和申报资料进行审核，必要时可以要求申请人补充资料，并说明理由。

第八十一条 国家食品药品监督管理局药品审评中心依据技术审评意见、样品生产现场检查报告和样品检验结果，形成综合意见，连同相关资料报送国家食品药品监督管理局，国家食品药品监督管理局依据综合意见，作出审批决定。符合规定的，发给药品批准文号或者《药物临床试验批件》；不符合规定的，发给《审批意见通知件》，并说明理由。

第八十二条 申请人完成临床试验后，应当向国家食品药品监督管理局药品审评中心报送临床试验资料。国家食品药品监督管理局依据技术意见，发给药品批准文号或者《审批意见通知件》。

第八十三条 已确认存在安全性问题的上市药品，国家食品药品监督管理局可以决定暂停受理和审批其仿制药申请。

第六章　进口药品的申报与审批
第一节　进口药品的注册

第八十四条 申请进口的药品，应当获得境外制药厂商所在生产国家或者地区的上市许可；未在生产国家或者地区获得上市许可，但经国家食品药品监督管理局确认该药品安全、有效而且临床需要的，可以批准进口。

申请进口的药品，其生产应当符合所在国家或者地区药品生产质量管理规范及中国《药品生产质量管理规范》的要求。

第八十五条 申请进口药品注册，应当填写《药品注册申请表》，报送有关资料和样品，提供相关证明文件，向国家食品药品监督管理局提出申请。

第八十六条 国家食品药品监督管理局对申报资料进行形式审查，符合要求的，出具药品注册申请受理通知书，并通知中国药品生物制品检定所组织对3个生产批号的样品进行注册检验；不符合要求的，出具药品注册申请不予受理通知书，并说明理由。

国家食品药品监督管理局可以组织对其研制和生产情况进行现场检查，并抽取样品。

第八十七条 中国药品生物制品检定所收到资料和样品后，应当在5日内组织进行注册检验。

第八十八条 承担进口药品注册检验的药品检验所在收到资料、样品和有关标准物质后，应当在60日内完成注册检验并将药品注册检验报告报送中国药品生物制品检定所。

特殊药品和疫苗类制品的样品检验和药品标准复核应当在90日内完成。

第八十九条 中国药品生物制品检定所接到药品注册检验报告和已经复核的进口药品标准后，应当在20日内组织专家进行技术审查，必要时可以根据审查意见进行再复核。

第九十条 中国药品生物制品检定所完成进口药品注册检验后，应当将复核的药品标准、药品注册检验报告和复核意见送交国家食品药品监督管理局药品审评中心，并抄送申请人。

第九十一条 国家食品药品监督管理局药品审评中心应当在规定的时间内组织药学、医学及其他技术人员对申报资料进行审评，必要时可以要求申请人补充资料，并说明理由。

第九十二条　国家食品药品监督管理局药品审评中心依据技术审评意见和样品检验结果等，形成综合意见，连同相关资料报送国家食品药品监督管理局，国家食品药品监督管理局依据综合意见，作出审批决定。符合规定的，发给《药物临床试验批件》；不符合规定的，发给《审批意见通知件》，并说明理由。

第九十三条　临床试验获得批准后，申请人应当按照本办法第三章及有关要求进行试验。

临床试验结束后，申请人应当填写《药品注册申请表》，按照规定报送临床试验资料及其他变更和补充的资料，并详细说明依据和理由，提供相关证明文件。

第九十四条　国家食品药品监督管理局药品审评中心应当在规定的时间内组织药学、医学及其他技术人员对报送的临床试验等资料进行全面审评，必要时可以要求申请人补充资料，并说明理由。

国家食品药品监督管理局依据综合意见，作出审批决定。符合规定的，发给《进口药品注册证》。中国香港、澳门和台湾地区的制药厂商申请注册的药品，参照进口药品注册申请的程序办理，符合要求的，发给《医药产品注册证》；不符合要求的，发给《审批意见通知件》，并说明理由。

第九十五条　申请进口药品制剂，必须提供直接接触药品的包装材料和容器合法来源的证明文件、用于生产该制剂的原料药和辅料合法来源的证明文件。原料药和辅料尚未取得国家食品药品监督管理局批准的，应当报送有关生产工艺、质量指标和检验方法等规范的研究资料。

第二节　进口药品分包装的注册

第九十六条　进口药品分包装，是指药品已在境外完成最终制剂生产过程，在境内由大包装规格改为小包装规格，或者对已完成内包装的药品进行外包装、放置说明书、粘贴标签等。

第九十七条　申请进口药品分包装，应当符合下列要求：

（一）该药品已经取得《进口药品注册证》或者《医药产品注册证》；

（二）该药品应当是中国境内尚未生产的品种，或者虽有生产但是不能满足临床需要的品种；

（三）同一制药厂商的同一品种应当由一个药品生产企业分包装，分包装的期限不得超过《进口药品注册证》或者《医药产品注册证》的有效期；

（四）除片剂、胶囊外，分包装的其他剂型应当已在境外完成内包装；

（五）接受分包装的药品生产企业，应当持有《药品生产许可证》。进口裸片、胶囊申请在国内分包装的，接受分包装的药品生产企业还应当持有与分包装的剂型相一致的《药品生产质量管理规范》认证证书；

（六）申请进口药品分包装，应当在该药品《进口药品注册证》或者《医药产品注册证》的有效期届满1年前提出。

第九十八条　境外制药厂商应当与境内药品生产企业签订进口药品分包装合同，并填写《药品补充申请表》。

第九十九条　申请进口药品分包装的，应当由接受分包装的药品生产企业向所在地省、自治区、直辖市药品监督管理部门提出申请，提交由委托方填写的《药品补充申请表》，报送有关资料和样品。省、自治区、直辖市药品监督管理部门对申报资料进行形式审查后，符合要求的，出具药品注册申请受理通知书；不符合要求的，出具药品注册申请不予受理通知书，并说明理由。

省、自治区、直辖市药品监督管理部门提出审核意见后，将申报资料和审核意见报送国家食品药品监督管理局审批，同时通知申请人。

第一百条　国家食品药品监督管理局对报送的资料进行审查，符合规定的，发给《药品补充申请批件》和药品批准文号；不符合规定的，发给《审批意见通知件》，并说明理由。

第一百零一条　进口分包装的药品应当执行进口药品注册标准。

第一百零二条　进口分包装药品的说明书和标签必须与进口药品的说明书和标签一致，并且应当标注分包装药品的批准文号和分包装药品生产企业的名称。

第一百零三条　境外大包装制剂的进口检验按照国家食品药品监督管理局的有关规定执行。包装后产品的检验与进口检验执行同一药品标准。

第一百零四条　提供药品的境外制药厂商应当对分包装后药品的质量负责。分包装后的药品出现质量问题的，国家食品药品监督管理局可以撤销分包装药品的批准文号，必要时可以依照《药品管理法》第四十二条的规定，撤销该药品的《进口药品注册证》或者《医药产品注册证》。

第七章　非处方药的申报

第一百零五条　申请仿制的药品属于按非处方药管理的，申请人应当在《药品注册申请表》的"附加申请事项"中标注非处方药项。

第一百零六条　申请仿制的药品属于同时按处方药和非处方药管理的，申请人可以选择按照处方药或者非处方药的要求提出申请。

第一百零七条　属于以下情况的，申请人可以在《药品注册申请表》的"附加申请事项"中标注非处方药项，符合非处方药有关规定的，按照非处方药审批和管理；不符合非处方药有关规定的，按照处方药审批和管理。

（一）经国家食品药品监督管理局确定的非处方药改变剂型，但不改变适应证或者功能主治、给药剂量以及给药途径的药品；

（二）使用国家食品药品监督管理局确定的非处方药活性成分组成的新的复方制剂。

第一百零八条　非处方药的注册申请，其药品说明书和包装标签应当符合非处方药的有关规定。

第一百零九条　进口的药品属于非处方药的，适用进口药品的申报和审批程序，其技术要求与境内生产的非处方药相同。

第八章　补充申请的申报与审批

第一百一十条　变更研制新药、生产药品和进口药品已获批准证明文件及其附件中载明事项的，应当提出补充申请。

申请人应当参照相关技术指导原则，评估其变更对药品安全性、有效性和质量可控性的影响，并进行相应的技术研究工作。

第一百一十一条　申请人应当填写《药品补充申请表》，向所在地省、自治区、直辖市药品监督管理部门报送有关资料和说明。省、自治区、直辖市药品监督管理部门对申报资料进行形式审查，符合要求的，出具药品注册申请受理通知书；不符合要求的，出具药品注册申请不予受理通知书，并说明理由。

第一百一十二条　进口药品的补充申请，申请人应当向国家食品药品监督管理局报送有关资料和说明，提交生产国家或者地区药品管理机构批准变更的文件。国家食品药品监督管理局对申报资料进行形式审查，符合要求的，出具药品注册申请受理通知书；不符合要求的，出具药品注册申请不予受理通知书，并说明理由。

第一百一十三条　修改药品注册标准、变更药品处方中已有药用要求的辅料、改变影响药品质量的生产工艺等的补充申请，由省、自治区、直辖市药品监督管理部门提出审核意见后，报送国家食品药品监督管理局审批，同时通知申请人。

修改药品注册标准的补充申请，必要时由药品检验所进行标准复核。

第一百一十四条　改变国内药品生产企业名称、改变国内生产药品的有效期、国内药品生产企业内部改变药品生产场地等的补充申请，由省、自治区、直辖市药品监督管理部门受理并审批，符合规定的，发给《药品补充申请批件》，并报送国家食品药品监督管理局备案；不符合规定的，发给《审批意见通知件》，并说明理由。

第一百一十五条　按规定变更药品包装标签、根据国家食品药品监督管理局的要求修改说明书等的补充申请，报省、自治区、直辖市药品监督管理部门备案。

第一百一十六条　进口药品的补充申请，由国家食品药品监督管理局审批。其中改变进口药品制剂所用原料药的产地、变更进口药品外观但不改变药品标准、根据国家药品标准或国家食品药品监督管理局的要求修改进口药说明书、补充完善进口药说明书的安全性内容、按规定变更进口药品包装标签、改变注册代理机构的补充申请，由国家食品药品监督管理局备案。

第一百一十七条　对药品生产技术转让、变更处方和生产工艺可能影响产品质量等的补充申请，省、自治区、直辖市药品监督管理部门应当根据其《药品注册批件》附件或者核定的生产工艺，组织进行生产现场检查，药品检验所应当对抽取的 3 批样品进行检验。

第一百一十八条　国家食品药品监督管理局对药品补充申请进行审查，必要时可以要求申请人补充资料，并说明理由。符合规定的，发给《药品补充申请批件》；不符合规定的，发给《审批意见通知件》，并说明理由。

第一百一十九条　补充申请获得批准后，换发药品批准证明文件的，原药品批准证明文件由国家食品药品监督管理局予以注销；增发药品批准证明文件的，原批准证明文件继续有效。

第九章　药品再注册

第一百二十条　国家食品药品监督管理局核发的药品批准文号、《进口药品注册证》或者《医药产品注册证》的有效期为 5 年。有效期届满，需要继续生产或者进口的，申请人应当在有效期届满前 6 个月申请再注册。

第一百二十一条　在药品批准文号、《进口药品注册证》或者《医药产品注册证》有效期内，申请人应当对药品的安全性、有效性和质量控制情况，如监测期内的相关研究结果、不良反应的监测、生产控制和产品质量的均一性等进行系统评价。

第一百二十二条　药品再注册申请由药品批准文号的持有者向省、自治区、直辖市药品监督管理部门提出，按照规定填写《药品再注册申请表》，并提供有关申报资料。

进口药品的再注册申请由申请人向国家食品药品监督管理局提出。

第一百二十三条　省、自治区、直辖市药品监督管理部门对申报资料进行审查，符合要求的，出具药品再注册申请受理通知书；不符合要求的，出具药品再注册申请不予受理通知书，并说明理由。

第一百二十四条　省、自治区、直辖市药品监督管理部门应当自受理申请之日起 6 个月内对药品再注册申请进行审查，符合规定的，予以再注册；不符合规定的，报国家食品药品监督管理局。

第一百二十五条　进口药品的再注册申请由国家食品药品监督管理局受理，并在 6 个月内完成审查，符合规定的，予以再注册；不符合规定的，发出不予再注册的通知，并说明理由。

第一百二十六条　有下列情形之一的药品不予再注册：

（一）有效期届满前未提出再注册申请的；

（二）未达到国家食品药品监督管理局批准上市时提出的有关要求的；

（三）未按照要求完成Ⅳ期临床试验的；

（四）未按照规定进行药品不良反应监测的；

（五）经国家食品药品监督管理局再评价属于疗效不确、不良反应大或者其他原因危害人体健康的；

（六）按照《药品管理法》的规定应当撤销药品批准证明文件的；

（七）不具备《药品管理法》规定的生产条件的；

（八）未按规定履行监测期责任的；

（九）其他不符合有关规定的情形。

第一百二十七条　国家食品药品监督管理局收到省、自治区、直辖市药品监督管理部门意见后，经审查不符合药品再注册规定的，发出不予再注册的通知，并说明理由。

对不予再注册的品种，除因法定事由被撤销药品批准证明文件的外，在有效期届满时，注销其药品批准文号、《进口药品注册证》或者《医药产品注册证》。

第十章　药品注册检验

第一百二十八条　药品注册检验，包括样品检验和药品标准复核。

样品检验，是指药品检验所按照申请人申报或者国家食品药品监督管理局核定的药品标准对样品进行的检验。

药品标准复核，是指药品检验所对申报的药品标准中检验方法的可行性、科学性、设定的项目和指标能否控制药品质量等进行的实验室检验和审核工作。

第一百二十九条　药品注册检验由中国药品生物制品检定所或者省、自治区、直辖市药品检验所承担。进口药品的注册检验由中国药品生物制品检定所组织实施。

第一百三十条　下列药品的注册检验由中国药品生物制品检定所或者国家食品药品监督管理局指定的药品检验所承担：

（一）本办法第四十五条（一）、（二）规定的药品；

（二）生物制品、放射性药品；

（三）国家食品药品监督管理局规定的其他药品。

第一百三十一条　获准进入特殊审批程序的药品，药品检验所应当优先安排样品检验和药品标准复核。

第一百三十二条　从事药品注册检验的药品检验所，应当按照药品检验所实验室质量管理规范和国家计量认证的要求，配备与药品注册检验任务相适应的人员和设备，符合药品注册检验的质量保证体系和技术要求。

第一百三十三条　申请人应当提供药品注册检验所需要的有关资料、报送样品或者配合抽取检验用样品、提供检验用标准物质。报送或者抽取的样品量应当为检验用量的3倍；生物制品的注册检验还应当提供相应批次的制造检定记录。

第一百三十四条　药品检验所进行新药标准复核时，除进行样品检验外，还应当根据药物的研究数据、国内外同类产品的药品标准和国家有关要求，对药物的药品标准、检验项目等提出复核意见。

第一百三十五条　要求申请人重新制订药品标准的，申请人不得委托提出原复核意见的药品检验所进行该项药品标准的研究工作；该药品检验所不得接受此项委托。

第十一章　药品注册标准和说明书
第一节　药品注册标准

第一百三十六条　国家药品标准，是指国家食品药品监督管理局颁布的《中华人民共和国药典》、药品注册标准和其他药品标准，其内容包括质量指标、检验方法以及生产工艺等技术要求。

药品注册标准，是指国家食品药品监督管理局批准给申请人特定药品的标准，生产该药品的药品生产企业必须执行该注册标准。

药品注册标准不得低于中国药典的规定。

第一百三十七条　药品注册标准的项目及其检验方法的设定，应当符合中国药典的基本要求、国家食品药品监督管理局发布的技术指导原则及国家药品标准编写原则。

第一百三十八条　申请人应当选取有代表性的样品进行标准的研究工作。

第二节　药品标准物质

第一百三十九条　药品标准物质，是指供药品标准中物理和化学测试及生物方法试验用，具有确定特性量值，用于校准设备、评价测量方法或者给供试药品赋值的物质，包括标准品、对照品、对照药材、参考品。

第一百四十条　中国药品生物制品检定所负责标定国家药品标准物质。

中国药品生物制品检定所可以组织有关的省、自治区、直辖市药品检验所、药品研究机构或者药品生产企业协作标定国家药品标准物质。

第一百四十一条　中国药品生物制品检定所负责对标定的标准物质从原材料选择、制备方法、标定方法、标定结果、定值准确性、量值溯源、稳定性及分装与包装条件等资料进行全面技术审核，并作出可否作为国家药品标准物质的结论。

第三节　药品名称、说明书和标签

第一百四十二条　申请注册药品的名称、说明书和标签应当符合国家食品药品监督管理局的规定。

第一百四十三条　药品说明书和标签由申请人提出，国家食品药品监督管理局药品审评中心根据申报资料对其中除企业信息外的内容进行审核，在批准药品生产时由国家食品药品监督管理局予以核准。

申请人应当对药品说明书和标签的科学性、规范性与准确性负责。

第一百四十四条　申请人应当跟踪药品上市后的安全性和有效性情况，及时提出修改药品说明书的补充申请。

第一百四十五条　申请人应当按照国家食品药品监督管理局规定的格式和要求、根据核准的内容印制说明书和标签。

第十二章　时　　限

第一百四十六条　药品监督管理部门应当遵守《药品管理法》、《行政许可法》及《药品管理法实施条例》规定的药品注册时限要求。本办法所称药品注册时限，是药品注册的受理、审查、审批等工作的最长时间，根据法律法规的规定中止审批或者申请人补充资料等所用时间不计算在内。

药品注册检验、审评工作时间应当按照本办法的规定执行。有特殊原因需要延长时间的，应当说明理由，报国家食品药品监督管理局批准并告知申请人。

第一百四十七条　药品监督管理部门收到申请后进行形式审查，并根据下列情况分别作出处理：

（一）申请事项依法不需要取得行政许可的，应当即时告知申请人不受理；

（二）申请事项依法不属于本部门职权范围的，应当即时作出不予受理的决定，并告知申请人向有关行政机关申请；

（三）申报资料存在可以当场更正的错误的，应当允许申请人当场更正；

（四）申报资料不齐全或者不符合法定形式的，应当当场或者在5日内一次告知申请人需要补正的全部内容，逾期不告知的，自收到申报资料之日起即为受理；

（五）申请事项属于本部门职权范围，申报资料齐全、符合法定形式，或者申请人按照要求提交全部补正资料的，应当受理药品注册申请。

药品监督管理部门受理或者不予受理药品注册申请，应当出具加盖药品注册专用印章和注明日期的书面凭证。

第一百四十八条　省、自治区、直辖市药品监督管理部门应当在受理申请后 30 日内完成对研制情况及原始资料的核查、对申报资料的审查、抽取样品、通知药品检验所进行注册检验、将审查意见和核查报告连同申请人的申报资料一并报送国家食品药品监督管理局等工作，同时将审查意见通知申请人。

第一百四十九条　药品注册检验的时间按照以下规定执行：

（一）样品检验：30 日；同时进行样品检验和标准复核：60 日；

（二）特殊药品和疫苗类制品的样品检验：60 日；同时进行样品检验和标准复核：90 日。

按照本办法第三十六条的规定由药品检验所进行临床试验用样品检验的，应当按照前款样品检验的时间完成。

第一百五十条　技术审评工作时间按照下列规定执行：

（一）新药临床试验：90 日；获准进入特殊审批程序的品种：80 日；

（二）新药生产：150 日；获准进入特殊审批程序的品种：120 日；

（三）对已上市药品改变剂型和仿制药的申请：160 日；

（四）需要进行技术审评的补充申请：40 日。

进口药品注册申请的技术审评时间参照前款执行。

第一百五十一条　在技术审评过程中需要申请人补充资料的，应当一次性发出补充资料通知，申请人对补充资料通知内容提出异议的，可以当面听取申请人的陈述意见。申请人应当在 4 个月内按照通知要求一次性完成补充资料，进入特殊审批程序的，按照特殊审批程序的要求办理。

收到补充资料后，技术审评时间应当不超过原规定时间的 1/3；进入特殊审批程序的，不得超过原规定时间的 1/4。

药品注册过程中申请人自行提出撤回申请的，其审批程序自行终止。

第一百五十二条　国家食品药品监督管理局应当在 20 日内作出审批决定；20 日内不能作出决定的，经主管局领导批准，可以延长 10 日，并应当将延长时限的理由告知申请人。

第一百五十三条　国家食品药品监督管理局应当自作出药品注册审批决定之日起 10 日内颁发、送达有关行政许可证件。

第十三章　复　审

第一百五十四条　有下列情形之一的，国家食品药品监督管理局不予批准：

（一）不同申请人提交的研究资料、数据相同或者雷同，且无正当理由的；

（二）在注册过程中发现申报资料不真实，申请人不能证明其申报资料真实的；

（三）研究项目设计和实施不能支持对其申请药品的安全性、有效性、质量可控性进行评价的；

（四）申报资料显示其申请药品安全性、有效性、质量可控性等存在较大缺陷的；

（五）未能在规定的时限内补充资料的；

（六）原料药来源不符合规定的；

（七）生产现场检查或者样品检验结果不符合规定的；

（八）法律法规规定的不应当批准的其他情形。

第一百五十五条 药品监督管理部门依法作出不予受理或者不予批准的书面决定，应当说明理由，并告知申请人享有依法提请行政复议或者提起行政诉讼的权利。

第一百五十六条 申请人对国家食品药品监督管理局作出的不予批准决定有异议的，可以在收到不予批准的通知之日起60日内填写《药品注册复审申请表》，向国家食品药品监督管理局提出复审申请并说明复审理由。

复审的内容仅限于原申请事项及原申报资料。

第一百五十七条 国家食品药品监督管理局接到复审申请后，应当在50日内作出复审决定，并通知申请人。维持原决定的，国家食品药品监督管理局不再受理再次的复审申请。

第一百五十八条 复审需要进行技术审查的，国家食品药品监督管理局应当组织有关专业技术人员按照原申请时限进行。

第十五章 附　则

第一百七十条 中药和天然药物、化学药品、生物制品、补充申请、再注册的申报资料和要求分别见本办法附件1、附件2、附件3、附件4、附件5，监测期的规定见附件6。

第一百七十一条 药品批准文号的格式为：国药准字 H（Z、S、J）＋4位年号＋4位顺序号，其中 H 代表化学药品，Z 代表中药，S 代表生物制品，J 代表进口药品分包装。

《进口药品注册证》证号的格式为：H（Z、S）＋4位年号＋4位顺序号；《医药产品注册证》证号的格式为：H（Z、S）C＋4位年号＋4位顺序号，其中 H 代表化学药品，Z 代表中药，S 代表生物制品。对于境内分包装用大包装规格的注册证，其证号在原注册证号前加字母 B。

新药证书号的格式为：国药证字 H（Z、S）＋4位年号＋4位顺序号，其中 H 代表化学药品，Z 代表中药，S 代表生物制品。

第一百七十二条 本办法规定由省、自治区、直辖市药品监督管理部门承担的受理、补充申请的审批、再注册的审批，均属国家食品药品监督管理局委托事项。国家食品药品监督管理局还可以委托省、自治区、直辖市药品监督管理部门承担药品注册事项的其他技术审评或者审批工作。

第一百七十三条 国家食品药品监督管理局对批准上市的药品实行编码管理。药品编码管理的规定另行制定。

第一百七十四条 麻醉药品、精神药品、医疗用毒性药品、放射性药品的注册申请，除按照本办法的规定办理外，还应当符合国家的其他有关规定。

具体操作实施介绍如下。

1. 填表填报

各制药企业根据不同的注册分类需要，填报药品注册申请表电子表格（填表说明附后）。登录国家食品药品监督管理总局网站（网址：http：//www.sfda.gov.cn），在"申请表及软件"一栏中选"药品"，选择下载需要的药品注册申请表报盘程序，按填表说明（填表说明附后），经认真填写核对后，保存打印，每更改打印一次，数据核对码就变更一次，打印前必须保存，同时把该软件生成的电子表格（.RVT）刻成光盘。切记，纸质申请表格与电子表格的数据核对码必须一致，申报时应当将打印表格连同该软件生成的电子表格一并提交。

2. 省局受理

按省食品药品监督管理局药品注册受理作息时间，在工作日到省局行政服务中心（受理大厅）药品注册受理窗口，按要求递交药品注册申报资料和电子版资料，5个工作日内完成申请材料受理审查。符合要求的，予以受理，出具受理通知书和样品检验通知单；不符合要求的，出具补正材料或不予受理通知书。

3. 申报资料要求

① 申报资料按《药品注册管理办法》附件的资料顺序编号；

② 使用 A4 纸张，4～5 号宋体字打印；

③ 每项资料单独装订一册，整套资料按套装入档案袋，贴上已正确填写内容的资料档案袋标签；

④ 申报资料排列顺序：技术资料目录、按项目编号排列的技术资料；

⑤ 注册申请报送资料要求：3 套完整申报资料（2 套原件，1 套复印件），药品注册申请表 3 份（所有表格放入第一套原件中）。

4. 样品检验

药品检验所在接到注册检验通知和样品后，应当在 30 日内完成检验，出具药品注册检验报告，并报送通知其检验的省或国家食品药品监督管理局，同时抄送申请人。特殊药品和疫苗类制品的注册检验可以在 60 日内完成。

需要进行样品检验和药品标准复核的，药品检验所应当在 60 日内完成。特殊药品和疫苗类制品的样品检验和药品标准复核可以在 90 日内完成。

5. 批复

省局正式受理后，按照不同的申请事项分类，转送国家总局或省局药品技术审评部门，按审评时限，必要时可以要求申请人补充资料。符合规定的作出相关批复，不符合规定的，发给《审批意见通知件》。

6. 关于化学药品注册 CTD 格式

2010 年 09 月 25 日，国家食品药品监督管理总局（国食药监注〔2010〕387 号）发出《关于按 CTD 格式撰写化学药品注册申报资料有关事项的通知》要求按《药品注册管理办法》附件 2 化学药品注册分类 3、4、5 和 6 的生产注册申请的药学部分申报资料，同时提交电子版。

第十一章 质量风险管理

质量风险管理由 ICH 制定，目前已经进入第四阶段（Step 4 2005 年 11 月 9 日），这对于行业及其监管有着重大意义，ICH 文件作为一种全球信息指导，被成熟市场所尊重，不受欧盟、美国和日本等地域限制。欧盟新 GMP 指南对质量风险管理增加了一个附录（附录 20），全面引用 ICH-Q9。该附录于 2008 年 3 月 1 日生效。中国新版 GMP 增加了质量风险管理的内容。

《药品生产质量管理规范（2010 年修订）》相关要求如下。

> 第十三条　质量风险管理是在整个产品生命周期中采用前瞻或回顾的方式，对质量风险进行评估、控制、沟通、审核的系统过程。
>
> 第十四条　应根据科学知识及经验对质量风险进行评估，以保证产品质量。
>
> 第十五条　质量风险管理过程所采用的方法、措施、形式及形成的文件应与存在风险的级别相适应。

(1) 质量风险管理定义　ICH-Q9 中关于质量风险管理（Quality Risk Management，QRM）的定义为质量风险管理是质量管理方针、程序及规范在评估、控制、沟通和回顾风险时的系统应用。

(2) 风险构成　"风险（Risk）"由两个关键因素构成：

a. 危害发生的可能性；

b. 危害发生的严重性。

有效地管理风险就是对风险的这两个因素的控制。

(3) 应用范围　质量风险管理（QRM）应用范围很广，可以贯穿于质量和生产的各个方面，包含多种方法和适应性。质量风险管理方法的应用，针对不同的风险所用的方法和文件可以有所不同。对质量风险的评估应该基于科学性和保护患者的出发点，质量风险管理流程和文件的复杂程度应该与所对应的风险程度相一致。质量风险管理方法的应用，针对不同的风险所用的方法和文件也可以有所不同。

质量风险管理可以应用但不仅限于以下方面：

a. 确定和评估产品或流程的偏差或产品投诉对质量和药政法规造成的潜在的影响，包括对不同市场的影响。

b. 评估和确定内部的和外部的质量审计的范围。

c. 厂房设施、建筑材料、通用工程及预防性维护项目或计算机系统的新建或改造的评估。

d. 确定确认、验证活动的范围和深度。

e. 评估质量体系，如材料、产品发放、标签或批审核的效果或变化。

f. 其他方面的应用。

质量风险管理（QRM）是通过掌握足够的知识、事实、数据后，前瞻性地推断未来可能会发生的湿件，通过风险控制，避免危害发生。

第一节　质量风险管理模式图

质量风险管理的模式由三部分组成（图 11-1）。

① 风险评估（Risk Assessment）。

② 风险控制（Risk Control）。

③ 风险审核，文件和沟通（Documentation and Communication）。

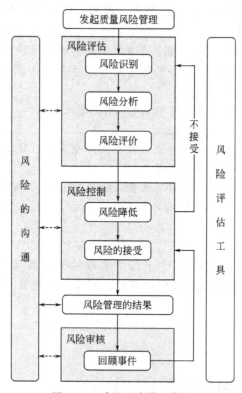

图 11-1　质量风险管理模式

根据质量风险管理的模式图，质量风险管理流程可以概括为以下基本步骤：风险识别、风险分析、风险评估、风险降低、风险接受、风险沟通和审核。

第二节　质量风险管理步骤的详细说明

一、风险识别

风险识别（Risk Identification）内容包括：

确定湿件并启动质量风险管理；

确定风险评估的问题（Define the Risk Question）；

收集和组织信息（Collect and Organize Information）。

在此阶段清楚地确定风险的问题或湿件对 QRM 的结果有很重要的影响。通常需要考虑的风险包括对患者的风险；产品不符合标准要求的风险；法规不符合的风险等。在此阶段还需收集背景信息并确定 QRM 项目小组人员及资源配置等。用于识别风险的信息可以包括历史数据、理论分析、成型的意见以及影响决策的一些利害关系等。

二、风险分析

在进行风险分析（Risk Analysis）时，将要评估风险发生和重现的可能性。也可以考虑测定风险发生或重现的能力。针对不同的风险项目需选择应用不同的分析工具。

选择风险评估的工具（Choose Risk Assessment tool）：参见后续介绍。

确定风险的因素（Determine Risk Factors）：如发生的可能性、危害的严重性、可测量性。

界定风险因素的范围（Define the Scales for the Risk Factors）。

界定风险的类型或确定风险的矩阵（Define the Risk Terms and/or Develop Matrix）。

确定采取的行动（Determine the Threshold for Action）。

三、风险评估

应用风险评估（Risk Evaluation）的工具（Apply the Tool）进行风险评价，风险评价可以确定风险的严重性，将已识别和分析的风险与预先确定的可接受标准比较。可以应用定性和定量的过程确定风险的严重性。风险评估的结果可以表示为总体的风险值，例如：定量地表示为具体的数字，如 0～10（或 0％～100％）；或定性地表示为风险的范围，如高、中、低。

四、风险降低

确定风险降低（Risk Reduction）的方法（Define Risk Mitigating Measures）。当风险超过可接受的水平时，风险降低将致力于减少或避免风险。包括采取行动降低风险的严重性或风险发生的可能性；应用一些方法和程序提高鉴别风险的能力。需要注意的是，风险降低的一些方法可能使系统引入新的风险或显著提高其他已存在的风险，因此风险评估必须重复进行以确定和评估风险的可能的变化。

五、风险接受

风险接受（Risk Acceptance）即确定可接受的风险的最低限度，设计理想的 QRM 策略来降低风险致可接受的水平，这个可接受水平由许多参数决定并应该具体情况分别对待。

六、风险沟通和审核

当应用风险沟通和审核（Ongoing Risk Review，QRM）时，应有必要的风险的沟通以及文件记录和批准（Document and Approve），QRM 的决定或行动基于当时的条件下作出，QRM 结果应根据新知识、新环境而更新，根据风险控制项目及水平在必要时进行回顾。

第三节　质量风险评估工具和方法的选择

一、常用统计工具

常用统计工具用于收集或组织数据、构建项目管理等，包括：流程图、图形分析、鱼骨图、检查列表等。如：帕雷托图模式（图 11-2）。

鱼骨图如图 11-3 所示。

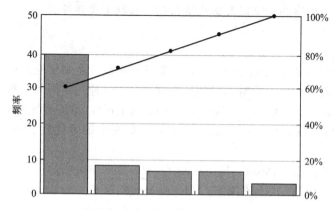

图 11-2　用于风险评估的帕雷托图

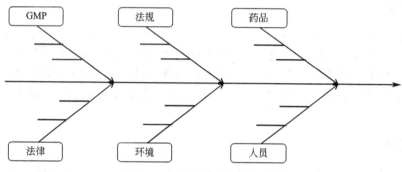

图 11-3　用于风险评估的鱼骨图

　　这些技术分析数据可用于汇总数据、分析趋势等以帮助完成不复杂的质量偏差、投诉、缺陷等的风险管理。

二、风险排列和过滤（RRF）

　　风险排列和过滤（RRF）方法是将风险因素进行排列和比较，对每种风险因素作多重的定量和定性的评价，权重因素并确定风险得分。

　　风险评价可以使用"低/中/高"或"1/2/3"的分类和简单的矩阵。

　　矩阵图如图 11-4 所示。

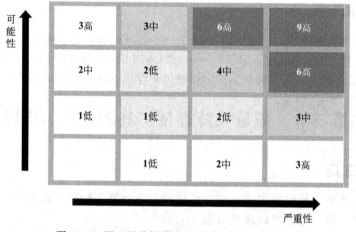

图 11-4　用于风险评估的矩阵图（Risk Matrix）

RRF 列表见表 11-1。

表 11-1　用于风险评估的 RRF 表

潜在的风险	风险分析		风险评价
	可能性	严重性	得分
风险 1	低(1)	高(3)	中(3)
风险 2	中(2)	低(1)	低(2)
风险 3	中(2)	中(2)	中(4)

RRF 适用于对湿件定性及定量的全面分析。

三、事先危害分析

事先危害分析（PHA）用于在事情发生前应用经验和知识对危害和失败进行分析以确定将来可能发生的危害或失败。这个方法基于在给定的条件下对风险矩阵的开发，包括：

严重性的定义和排列：严重、主要、次要、可忽略。

发生频次（可能性）的定义和排列：频繁、可能、偶尔、罕见。

风险的水平和定义：

高：此风险必须降低；

中：此风险必须适当地降低至尽可能低；

低：考虑收益和支出，降低至尽可能低；

微小：通常可以接受的风险。

事先危害分析的矩阵见表 11-2。

表 11-2　事先危害分析（PHA）

可能性	严重性			
	可忽略	次要	主要	严重
频繁	低	中	高	高
可能	低	中	高	高
偶尔	微不足道	中	中	高
罕见	微不足道	低	中	中

PHA 常用于评估产品、过程、厂房设施等前期设计阶段所存在的潜在缺陷。

四、失败模式效果分析

失败模式效果分析（FMEA）即评估潜在的失败模式和因此对产品性能或结果产生的影响。一旦失败模式被确定，可应用风险降低来消除、减少或控制潜在的失败。

FMEA 工具依赖于对产品和流程的深入了解，针对每种失败模式确定相应的风险得分。

FMEA 排列标准和失败得分举例见表 11-3。

失败模式效果分析的矩阵见表 11-4。

表11-3　失败模式效果分析（FMEA）打分表

序数排列	严重性	发生的频率	可测量性	风险得分
1	潜在的次要伤害且不是永久的伤害；次要的药政法规问题且可以改正	孤立发生	很容易被鉴别的风险并可采取行动避免	1
2	潜在的严要伤害但不是永久的伤害；显著的药政法规问题	发生的可能性中等	中等	8
3	潜在的死亡或永久的伤害；主要的药政法规问题	某种程度上不可避免	不容易被鉴别的风险，不易采取行动避免	27

表11-4　失败模式效果分析矩阵

风险	行　动	风险得分 Risk Scores
高	此风险必须降低	12,18,27
中	此风险必须适当地降至尽可能低	8,9
低	考虑费用和收益，此风险必须适当地降至尽可能低	3,4,6
微小	通常可以接受的风险	1,2

五、危害分析及主要控制点

危害分析及主要控制点（HACCP）共有7步，该工具的应用需基于对过程或产品有深刻的理解。

a. 列出过程每一步的潜在危害，进行危害分析和控制。

b. 确定主要控制点（CCP）。

c. 对主要控制点建立可接受限度。

d. 对主要控制点建立监测系统。

e. 确定出现偏差时的正确行动。

f. 建立系统以确定HACCP被有效执行。

g. 确定所建立的系统被持续维持。

HACCP用于产品的物理、化学性质等危害分析，只有对产品及过程有全面的了解和认识时方可正确地确定控制点，其输出结果可推广用于不同的产品生命周期阶段。

六、过失树分析

过失树分析（FAT）是鉴别假设可能会发生过失的原因分析方法。

FAT结合过失产生原因的多种可能假设，基于对过程的认识作出正确的判断。

基本图形见图11-5。

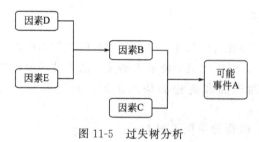

图11-5　过失树分析

FTA用于建立发现过失产生原因的路径，是评估复杂过程中多种因素分析的有效工具。

七、风险沟通和审核

文件和批准：更新设备校验规程并获得批准。

沟通：完成相关人员的讨论及培训。

新周期的风险审核：设备校验过程及使用过程中监控任何的偏差，如果出现偏差或增加设备校验的新条件或要求需重新评估。

第四节　CFDA摘录

近两年，药害事件频繁发生，原因各不相同，现结合几年来的监管实践，从分析药品质量风险的组成因素入手，设定科学评价指标，对药品生产企业进行产品质量风险评估，以期对药品质量风险提前预知，从而采取有效监管手段，从源头上消除风险或把风险损失降低到最低程度。

一、药品质量风险的构成

药品质量风险是药品在使用过程中给患者和社会带来的可能发生的危险。

药品生产企业的产品质量风险主要来自于两方面：固有风险和管理风险，两者均会造成药品在使用过程中的潜在危险。

(1) 固有风险　固有风险是药品与生俱来的，包括质量标准风险和不良反应风险。质量标准风险是因标准制订不够完善、非临床研究和临床研究资料不够全面、审批不够严格造成的，是药品上市之前就已成生的。《药品注册管理办法》于2007年实施，药品研制和注册申报资料更加真实、科学、规范，药品技术评价体系更加完善，药品研制原始数据和生产现场的检查力度也加大了，新批准药品的质量标准将更加完善。

药品不良反应风险是合格药品在正常用法用量情况下产生的，俗话说："是药三分毒"，这种风险是任何一种药品所固有的。《药品不良反应报告和监测管理办法》的实施，在全国范围内的药品生产企业、经营单位、医疗单位与各级药品不良反应监测机构之间建立了一个药品不良反应监测报告的常规工作体系，通过医务人员把病人用药后发生的可疑的药品不良反应逐级上报，药品监督管理部门组织有关专家对各种药品不良反应病例进行因果关系分析评价和药物流行病学调查，并将结果及时反馈，采取停止使用、修改说明书等措施，防止药品不良反应的重复发生。

药品固有风险是药品与生俱来的，通过药品注册过程的规范、注册专项整顿工作、药品不良反应监测工作的逐步开展将这类风险降低到最低程度。企业所能做的是如实规范上报药品注册申报材料，制订切实可行质量可控的药品质量标准，积极做好本企业药品不良反应监测工作，有效地降低本企业产品的固有风险。

(2) 管理风险　管理风险是企业从原辅料购进到成品出厂的全部过程中因管理问题而产生的药品质量潜在危险，主要来自于三方面：硬件、软件、人。硬件因素包括厂区周边环境、生产车间及辅助厂房、生产及辅助设备设施、检验设备及环境等。我国自强制实施GMP以来，生产企业在硬件设施上的投入比较大、比较到位，但是随着《药品GMP认证检查评定标准》于2008年1月1日实施，有些当时的设计思路已不符合现在的《评定标准》，势必会给产品带来质量风险，这些风险通过GMP认证检查可以体现出来。

软件因素包括企业的各种许可证件是否齐全，文件系统（管理类文件系统、标准类文件系统、记录类文件系统）是否相互支持，形成一个闭合的系统。软件因素对于一个企业很重要，需要做什么、怎样做、按照什么标准做、各部门之间怎样相互衔接相互制约都要靠文件系统规定，没有软件系统，一个企业就是一盘散沙。所以软件系统是否符合国家法律法规、符合企业实际、具有可操作性对产品质量风险起决定作用。安徽华源生物药业有限公司随意变更工艺规程，改变关键的灭菌工艺参数，产生了后果严重的"欣弗"事件。文件系统是否完善、企业是否按照文件规定进行管理，关键在于企业日常生产的执行过程，单靠GMP认证不可能完全体现，需要通过跟踪检查、飞行检查、专项检查和各种有因检查加以补充。

人的因素是三个因素中最容易被忽视的，企业所有人员应该严格按照各项管理规定在符合要求的硬件环境下使用规定设备完成规定工作，如实记录自己所做的工作，所有人员都应该具有与其岗位相适应的学历、专业知识、实践经验。工作都是由人来完成的，人的因素至关重要。"齐二药"事件中如果两个检验员之中的任何一个或者化验室主任责任心强一点，如果企业各级管理人员、采购人员法律意识强一点，就不会造成那样惨重的后果，使企业付出那样惨痛的代价。认证检查、跟踪检查、专项检查、飞行检查对人员方面的检查都有其局限性，只对表性因素和现场实践进行检查，缺少对人与人之间、部门与部门之间沟通能力和协调能力的考查，这一点应在对企业风险评估过程中加以考虑。

二、科学确定风险评价指标

要对一个企业做到公正全面地评价，就要确定科学的风险评价指标，为了能够尽量全地反映药品质量风险各个构成要素，便于正确预测药品质量风险，结合近几年的监管实践，确定以下评价指标。

1. 安全监管信息

GMP认证情况、跟踪检查情况、飞行检查情况、专项检查情况、日常监管情况、驻厂监督情况、重要岗位人员变更频次及培训情况。

2. 药品检验信息

评价性抽检不合格情况、监督抽验不合格情况。

3. 不良反应监测信息

不良反应监测情况、国家公布的不良反应品种情况。

4. 药品稽查信息

国家质量公告情况、群众举报案件情况、外省核查案件情况。

5. 药品注册信息

药品注册现场核查情况、申报资料真伪情况、违法违规使用标签说明书情况、违法违规使用内包材情况。

6. 市场监管信息

药品广告情况、市场反馈的辖区内企业药品质量问题。

以上指标基本可以反映企业可能存在的风险因素，将这些指标按不同结果进行量化打分，各项分值汇总形成总分，按得分将企业分为低风险企业、一般风险企业和高风险企业三个档次。

三、采取有效措施积极预防

① 对于认定为低风险的企业除专项检查和举报检查之外，可适当减少日常监督检查的

内容；在法律、法规允许的范围内，可适当优先办理行政审批、审核手续。

② 对于认定为一般风险的企业结案后进行回查；增加日常监督检查的频次，增加驻厂监督检查内容。

③ 对于认定为高风险的企业结案后进行回查；增加日常监督检查的频次，增加驻厂监督检查内容；列为重点监督检查对象，进行重点专项监督检查；对企业负责人进行约谈。

四、需要进一步解决的问题

（1）**产品剂型的差别** 一个管理比较好的注射剂生产企业和一个管理差的口服固体制剂生产企业相比，前者注射剂产品的固有风险较大，管理风险较小；后者固体制剂产品的固有风险较小，管理风险较大。两个企业之间的可比性较差，需要在进行风险评价时加以区分。

（2）**企业经营情况的差别** 经营状况好的企业产量大，销售覆盖面广，出现不合格检验报告和不良信息的基数大；经营状况差的企业产量小，只在局部地区销售药品，不被抽检或者没有不良反应报告。这并不意味后者风险小，前者风险大，所以需要进一步完善评价方法，使评价结果更真实地反映企业实际情况。

参 考 文 献

[1]　中华人民共和国卫生部．药品生产质量管理规范：2010 年修订．北京：中国医药科技出版社，2011．
[2]　中国药典委员会．中华人民共和国药典：2010 年版．北京：中国医药出版社，2010．
[3]　国家食品药品监督管理局药品认证管理中心．药品 GMP 指南．北京：中国医药出版社，2010．
[4]　朱玉玲．实用药品 GMP 基础．北京：化学工业出版社，2014．
[5]　万春艳．药品生产质量管理规范（GMP）：2010 年版教程．北京：化学工业出版社，2012．
[6]　李志宁．药品 GMP 简明教程．北京：中国医药科技出版社，2011．
[7]　梁毅．新版 GMP 教程．北京：中国医药科技出版社，2011．
[8]　中国职业技术教育学会医药专业委员会．药品 GMP 实务．北京：化学工业出版社，2008．
[9]　国家食品药品监督管理局培训中心．GMP 知识读本企业员工培训教材．北京：中国科学技术出版社，2004．
[10]　国家食品药品监督管理局．药品 GMP 认证方法．2005．